中国語と日本語における目的表現の対照研究

戦慶勝 著

白帝社

目　次

序　章 ……………………………………………………………… 1
 1 研究の目的と意義 ………………………………………… 1
 2 研究の範囲 ………………………………………………… 3
 3 研究方法 …………………………………………………… 4
 4 論文の構成 ………………………………………………… 5

第 1 編　中国語の一次的目的表現と二次的目的表現の意味・用法について

第 1 章　"为"類の目的表現の構文的分布 ……………………… 11
 1 はじめに …………………………………………………… 11
 2 先行研究と問題点 ………………………………………… 11
 3 "为"類の目的表現の生起環境 …………………………… 13
 4 "为了""为"の構文的分布 ……………………………… 20
 5 "为了＋不"の構文的分布 ………………………………… 32
 6 本章のまとめ ……………………………………………… 39

第 2 章　"以"類の目的表現の構文的分布 ……………………… 41
 1 はじめに …………………………………………………… 41
 2 先行研究と問題点 ………………………………………… 41
 3 "以"前置型の目的表現の分布状況 …………………… 45
  3.1 "以便""以期""以求"の構文的分布 ………………… 45
   3.1.1 主節と従属節が同一主語を共有する場合 ………… 47
   3.1.2 主節と従属節の主語が異なる場合 ………………… 50
  3.2 "以免""以防"の構文的分布 ………………………… 52
   3.2.1 主節と従属節が同一主語を共有する場合 ………… 53
   3.2.2 主節と従属節の主語が異なる場合 ………………… 55

4　"以"後置型の目的表現の分布状況 …………………………… 58
　5　"以"類の目的表現の接続詞化の度合い ……………………… 63
　6　本章のまとめ ………………………………………………………… 67

第3章　"免得""省得"の構文的分布 ……………………………… 69
　1　はじめに ……………………………………………………………… 69
　2　先行研究と問題点 …………………………………………………… 69
　3　"免得"と"省得"の品詞認定 …………………………………… 73
　4　"免得"と"省得"の分布状況 …………………………………… 78
　5　本章のまとめ ………………………………………………………… 86

第4章　"为"類の目的表現と"以"類の目的表現の
　　　　役割分担 …………………………………………………………… 88
　1　はじめに ……………………………………………………………… 88
　2　"为"類の目的表現しか使えないケース ……………………… 89
　　2.1　主節にモダリティを表す副詞が含まれた場合 ………… 91
　　2.2　主節が疑問文である場合 …………………………………… 94
　　2.3　"为了"が名詞を伴う場合 ………………………………… 96
　　2.4　"为了"が形容詞を伴う場合 ……………………………… 100
　　2.5　"为"類の目的表現が述語の一部として機能する場合 … 103
　3　"为"類の目的表現も"以"類の目的表現も使用可能なケース … 107
　4　"以"類の目的表現しか使えないケース ……………………… 118
　5　本章のまとめ ………………………………………………………… 122

第5章　"为了＋不"と"免得""省得"の使用条件 ……… 124
　1　はじめに ……………………………………………………………… 124
　2　"为了＋不"しか使えないケース ……………………………… 124
　3　"为了＋不"も"免得""省得"も使用可能なケース ……… 130
　4　"免得""省得"しか使えないケース ………………………… 132
　5　本章のまとめ ………………………………………………………… 135

第 2 編　日本語の一次的目的表現と二次的目的表現の意味・用法について

第 6 章　タメの構文的分布 ……………………………… 139
 1　はじめに ………………………………………………… 139
 2　先行研究と問題点 ……………………………………… 139
 3　タメの生起環境 ………………………………………… 142
 4　肯定形につくタメの構文的分布 ……………………… 150
  4.1　目的を表すタメの典型的な意味・用法 ………… 150
  4.2　目的を表すタメの非典型的な意味・用法 ……… 155
   4.2.1　主節に意志性が欠けた場合 ………………… 155
   4.2.2　従属節の述語が非意志的な動きを表す場合 ………… 159
   4.2.3　単文に用いられる場合 ……………………… 163
 5　否定形につくタメの構文的分布 ……………………… 165
  5.1　先行研究の再検討 ………………………………… 165
  5.2　否定形につくタメの分布状況 …………………… 169
 6　本章のまとめ …………………………………………… 176

第 7 章　ヨウニの構文的分布 …………………………… 179
 1　はじめに ………………………………………………… 179
 2　先行研究と問題点 ……………………………………… 179
 3　ヨウニの構文的分布 …………………………………… 183
  3.1　肯定形につく場合の分布状況 …………………… 183
  3.2　否定形につく場合の分布状況 …………………… 189
 4　本章のまとめ …………………………………………… 191

第 8 章　タメとヨウニの役割分担 ……………………… 193
 1　はじめに ………………………………………………… 193
 2　肯定形につくタメとヨウニの使用条件 ……………… 194
  2.1　先行研究 …………………………………………… 194
  2.2　タメしか使えないケース ………………………… 195

        2.3　ヨウニしか使えないケース ……………………………… 203
　　3　否定形につくタメとヨウニの使用条件 ………………………… 207
　　　3.1　先行研究 …………………………………………………… 207
　　　3.2　「Ｖ＋ナイ＋タメ」しか使えないケース ………………… 210
　　　　3.2.1　主節が疑問文である場合 …………………………… 210
　　　　3.2.2　タメの後が評価を表す形式のみになった場合 ……… 212
　　　3.3　「Ｖ＋ナイ＋ヨウニ」しか使えないケース ……………… 215
　　　3.4　「Ｖ＋ナイ＋タメ」も「Ｖ＋ナイ＋ヨウニ」も使えるケース … 217
　　4　本章のまとめ …………………………………………………… 221

第３編　中国語の目的表現と日本語の目的表現に関する総合的分析

第９章　一次的目的表現の対照分析 ……………………… 227
　　1　はじめに ………………………………………………………… 227
　　2　先行研究の再検討 ……………………………………………… 228
　　3　"为"類の目的表現とタメの共起制限の比較 ………………… 230
　　4　"为"類の目的表現の意味・用法の概観 ……………………… 233
　　5　目的を表すタメの意味・用法の概観 ………………………… 239
　　6　対照分析 ………………………………………………………… 244
　　7　本章のまとめ …………………………………………………… 250

第10章　二次的目的表現の対照分析 ……………………… 252
　　1　"以"類の目的表現とヨウニとの対応・非対応関係 ………… 253
　　　1.1　はじめに …………………………………………………… 253
　　　1.2　先行研究の再検討 ………………………………………… 253
　　　1.3　"以"類の目的表現の意味・用法の概観 ………………… 255
　　　1.4　目的を表すヨウニの意味・用法の概観 ………………… 259
　　　1.5　対照分析 …………………………………………………… 263
　　　1.6　まとめ ……………………………………………………… 271

2　"免得""省得"と「Ｖ＋ナイ＋ヨウニ」との対応・非対応関係 … 272
　　　　2.1　はじめに ………………………………………………… 272
　　　　2.2　先行研究の再検討 ……………………………………… 272
　　　　2.3　"免得""省得""为了＋不"の意味・用法の概観 ……… 275
　　　　2.4　「Ｖ＋ナイ＋ヨウニ」「Ｖ＋ナイ＋タメ」の意味・用法の概観… 278
　　　　2.5　対照分析 ………………………………………………… 281
　　　　2.6　まとめ …………………………………………………… 290
　　3　本章のまとめ …………………………………………………… 291

終　章　本研究の言語学的意義と言語教育学的意義 ……… 294

主要参考文献 …………………………………………………………… 297
用例出典 ………………………………………………………………… 302
あとがき ………………………………………………………………… 303
初出一覧 ………………………………………………………………… 306
索引 ……………………………………………………………………… 307

中国語と日本語における目的表現の対照研究

序　章

1　研究の目的と意義

　本論文のテーマは現代中国語の目的表現と現代日本語の目的表現のあり方に関する対照研究である。中国語と日本語，さらに英語では，目的を表す形式は1種類だけではない。中国語では"为了""为"のほかに，"以便""以期""以求""用以""借以""以防""以免""免得""省得"[1]なども目的を示す意味・機能を有し，日本語ではタメ[2]のほかに，ヨウニも目的を表す意味・用法を持っている[3]。同様に英語ではforのほかに，in order toも目的を表す形式としてとらえられる。

　中国語の"为了""为"，日本語のタメ，及び英語のforの主要な意味・機能は目的を表すことにあるのに対して，中国語の"以便""以期""以求""用以""借以""以防""以免""免得""省得"，日本語のヨウニ，及び英語のin order toは目的を表すことを主要な意味・機能とするものではない。意味・機能の観点から中国語の"为了""为"，日本語のタメ，及び英語のforを一次的目的表現と位置づければ，"以便""以期""以求""用以""借以""以防""以免""免得""省得"，及びヨウニ，さらにin order toは二次的目的表現として位置づけてよいように思われる。

　中国語の"为了""为"は目的を表す意味・機能のほかに，原因・理由を表す意味・機能を持っている。これと同じように，日本語のタメも目的のほかに，原因・理由を表す意味・機能を持っている。さらに英語の表現に目を向けると，forも目的と原因・理由の両方を表しうるのである。この点においては共通性がみられる。

　しかし，共通点ばかりではない。特異性もある。例えば，中国語の二

次的目的表現は接続詞として機能するのに対して，日本語のヨウニは単独で用いることができず，常に他の成分の後について用いなければならない。

　本研究は主に次の四つの問題について答えを導き出すことを目的としている。

　　Ⅰ．中国語の目的表現はどのような枠組みを有しているのか。目的を表す各形式間はどのような有機的関係で結ばれているのか。
　　Ⅱ．日本語の目的表現はどのような枠組みを有しているのか。目的を表すタメとヨウニはどのように関連し合っているのか。
　　Ⅲ．中国語の目的表現と日本語の目的表現の意味・機能はどのように共通し，どのように食い違っているのか。
　　Ⅳ．中国語の目的表現と日本語の目的表現との間の類似点や相違点は第二言語の習得にどのような影響を与える可能性があるのか。

　第Ⅲの問題と第Ⅳの問題に答える前に，まず中国語の一次的目的表現と二次的目的表現はどのように関わり合っているのか，日本語の一次的目的表現と二次的目的表現はどのように役割を分担し，どのように関連しているのか，という問題を解明しておかなければならない。本研究が，中国語の"为了""为"，或いは"为了不"が二次的目的表現としての"以便""以期""以求""用以""借以""以防""以免""免得""省得"などとどのように関連し，どのように異なっているか，日本語のタメとヨウニはどのように関連し，どのように異なっているかを研究課題とするのはこのためである。

　本研究の意義は次のように位置づけられる。中国語の一次的目的表現と二次的目的表現の共通点や相違点を解明することによって中国語学の研究に資することができ，日本語の一次的目的表現と二次的目的表現との関連を解明することによって日本語学の研究に資することができる。

さらに日本語のタメやヨウニは中国語における雑多な形式とどのように関連しているのかを明らかにすることを通して日・中両語の第二言語習得や教育の研究に寄与することができる。

2　研究の範囲

　透明性の高い議論を行うために，目的を表す諸形式の意味・機能によってカテゴリー化を行う必要がある。中国語の"为了""为"と日本語のタメは純粋に目的を表すといえ，"以便""以期""以求""用以""借以""以防""以免""免得""省得"やヨウニの目的用法は付随的なものといえるであろう。

　つまり，中国語の"以便""以期""以求""用以""借以""以防""以免""免得""省得"の目的用法は接続的機能から派生したものであるので，"为了""为"と同じカテゴリーのものではない。これと同じように，日本語のヨウニの目的用法は助動詞「ようだ」の連用形から派生的に生まれた[4]ので，タメとヨウニの意味・機能は同じカテゴリーのものではない。中国語の目的表現と日本語の目的表現を一次的目的表現，二次的目的表現のように，二つのカテゴリーに分けて考えるのはそのためである。

　そのカテゴリーに沿って，中国語の目的表現をさらに次のように分けて説明を行う。"为了""为"，さらに"为了不"には"为"という形態素が含まれ，"以便""以期""以求""用以""借以""以防""以免"には"以"という形態素が含まれているので，章立ての便宜上，この2つのグループを「"为"類の目的表現」，「"以"類の目的表現」のように呼ぶことにする。この2つのグループに含まれていない"免得""省得"については「その他の目的表現」と呼ぶことにする。

　なお，中国語の"用来""用作""用于"は動詞として機能するのが普通であるが，接続詞として「使用の目的」を表すこともある。また，"好"も"打扫干净好过年。"[5]のように，前件を受けて後件を展開させる意味・機能を持っている。しかし，これらのものは使用の幅が狭く，"用

来""用作"" 用于"はほとんどの場合において"用以"の意味・用法と似通っているので，本研究では取り上げないことにする。

　さらに本研究では，話し言葉であまり用いられない日本語の「べく」を研究の対象としない。また，現代日本語ではタメやヨウニのほかに，動詞の連用形に「に」が後接し，その直後に移動動詞がついて「遊びに行く」「見物しに出かける」のような意味構造も目的表現として数えられる。それと同じように，中国語では移動を表す動詞の後に動作動詞が後接し"去玩儿。""去买东西。"のように，移動の目的を表す表現のパターンがある。移動の目的を表す表現については中国語と日本語がほぼ対応し，教科書や先行研究での言及は充分であると認識しているので，本研究ではさらに取り上げることはしない。

3　研究方法

　対照研究を行うためには，まず個別言語にまつわる諸現象を記述し，それぞれの意味・用法を明らかにしておくことが前提条件であろう。そこで，本研究では，まず個別言語における一次的目的表現の構文的分布と二次的目的表現の構文的分布について記述し，それに基づいて類義語研究の観点から一次的目的表現の使用条件と二次的目的表現の使用条件を明らかにする。ただし，中国語の二次的目的表現については，新たに品詞分類を要すると判断した場合は，まず品詞分類を行い，それから意味・用法について具体的に記述する。

　中国語の目的表現と日本語の目的表現に関する具体的な検証方法として，中国語の目的表現については，"国家语委现代汉语语料库"や"人民网"などから抽出した6000以上の"为了""为""为了不"の用例，2000以上の"以便""以期""以求""用以""借以""以防""以免""免得""省得"の用例を対象とした。日本語の目的表現については『CD-ROM版新潮文庫100冊』，『朝日新聞』，asahi.comなどから抽出した1200以上のタメの用例，1000以上のヨウニの用例を対象とした。

　用例の観察によって仮説を導き，その妥当性を検証する。それによっ

て中国語の目的表現と日本語の目的表現の意味・用法の輪郭を示した後,習得研究の観点から,中国語の一次的目的表現と日本語の一次的目的表現,さらに中国語の二次的目的表現と日本語の二次的目的表現に焦点を当てて両者の類似点や相違点を明らかにする。

なお,個別研究としての第1編と第2編では,一次的目的表現と二次的目的表現の置き換えの可否による裏付けも試みる。日本語の用例の文法性判断は複数(8名)のネイティブの方に協力していただいた。判断が曖昧になった場合は6名以上の適格判断を以って自然な表現として見なした。中国語の用例の文法性判断はほとんど筆者自身の文法的直感によるが,ネイティブの方に協力していただいたものもある[6]。

4 論文の構成

本論文は3編に分けられ,序章と終章を含めて12章からなっている。第1編では,中国語の一次的目的表現の意味・用法と二次的目的表現の意味・用法について述べ,類義語研究の観点から目的を表す諸形式の使用条件を究明する。二次的目的表現については,それぞれの小分類の中で意味・用法を説明すると同時に,語の意味の説明,すなわち語釈も試みる。

第1章,第2章,第3章では,これまでの研究の問題点を指摘した上で,"为"類の目的表現と"以"類の目的表現の構文的分布,及び「その他の目的表現」としての"免得""省得"の構文的分布を明らかにする。これを踏まえ,第4章では"为"類の目的表現と"以"類の目的表現の使用条件についてルールを示し,第5章では,"为了不"と"免得""省得"の使い分けについてルールを示す。

具体的方法として,どんな場合に一次的目的表現が使えて二次的目的表現が使えないか,どんな場合に二次的目的表現が使えて一次的目的表現が使えないか,またどんな場合に一次的目的表現も二次的目的表現も使えるか,のように分けて検証し,一次的目的表現と二次的目的表現は互いに置き換えることが可能かどうかという手法を通じて,"为"類の

目的表現と"以"類の目的表現，及び"為"類の目的表現と「その他の目的表現」との間の共通点や相違点を明確にする。

　第2編では，日本語の一次的目的表現と二次的目的表現の意味・用法に焦点を当てて，タメとヨウニの使い分けを明らかにする。

　第6章では，目的を表すタメの構文的分布について述べ，第7章では目的を表すヨウニの構文的分布について述べる。タメとヨウニの構文的分布を明らかにしたうえで，さらに第8章では，タメとヨウニの役割分担の実態を明らかにし，両者の本質的な違いを浮き彫りにする。具体的に，どんな場合にタメのみが用いられ，どんな場合にヨウニしか使えないか，またどんな場合にタメもヨウニも用いられるかについてルール化を試みる。

　第3編では，習得研究の観点から中国語の目的表現と日本語の目的表現の意味・用法について総合的に分析を行う。個別研究としての第1編と第2編の分析の結果を踏まえ，第9章では，中国語の一次的目的表現は日本語の一次的目的表現，さらに日本語の二次的目的表現とどのように関連し，どのように相違しているかについて述べ，第10章では，中国語の二次的目的表現は日本語の二次的目的表現，さらに一次的目的表現とどのように関連し，どのように相違しているかについて具体的に検証する。

　終章では本研究の結果を総合的にまとめ，日本語母語話者が中国語を学ぶ場合，中国語母語話者が日本語を学ぶ場合に，どんな問題が起こりうるかを予測する。

注

1) "用来""用于""用作"は，"他们村里几乎每家每户都自己在院子里挖了一个水池，用来储存生活用水。""县、镇政府曾向国家发改委争取到了500万元补助资金，用于修自来水工程。""另预留3.2公顷用地，用作安置受发展计划影响的约1700户村屋居民。"のように接続詞として用途を表すこともある。しかし，これらのものは基本的には"用以"と似通っている。このような見解は"用以"と"用来""用于""用作"の比較をみても明らかである。

　例えば，"在江苏省淮安、宿迁一带，端午节家家户户都悬挂钟馗像，用以镇宅驱

邪。"のような文中における"用以"は"用来""用于""用作"で置き換えても意味はさほど変わらない。このことからも，"用来""用于""用作"の意味・機能は"用以"と大差がないといえる。このような理由で本研究では"用来""用于""用作"を項目として取り上げないことにする。

2) 目的を表すタメの形式について，前田直子 (2006)，日本語記述文法研究会 (2008) では，「ため（に）」のように表記されている。タメは複文に用いられる場合は「ため」と「ために」の2つの形式がありうるが，単文に用いられた場合は「ために」の形で使うことができない。連体修飾関係をつくる場合は「ため+の」の形で使わなければならず，述語の一部として機能する場合も「ため+だ」の形で使わなければならない。そのため，本研究はそれを一本化して，「タメ」という形で表記する。

3) 「べく」は「われわれは成長を<u>後押しするべく</u>，あらゆる可能な手段を活用すると決めた。」のように目的を表すことがあるが，話し言葉ではあまり用いられないので，取り上げないことにする。

4) 前田直子 (2006) では，形態論の観点から従属節において機能する「ように」を助動詞「ようだ」の連用形として位置づけられている。本研究もそれに倣い，目的を表すヨウニは助動詞の「ようだ」の活用形として認める。

5) 朱徳熙 (1982) では"打扫干净<u>好</u>过年。"のような文における"好"を助動詞として位置づけられている。確かに"好"も前件を受けて後件を展開させる意味・用法を持っているが，使用の幅が狭く"为"類の目的表現で置き換えにくいことが多いので，取り上げないことにする。

6) 中国語用例の文法性判断はほとんど筆者の内省によるものであるが，判断しづらい場合は（中国）大連外国語大学の修士課程在学中の中国語母語話者や鹿児島国際大学大学院博士前期課程・博士後期課程在学中の中国語母語話者に協力していただいた。

第 1 編
中国語の一次的目的表現と二次的目的表現の意味・用法について

第1章
"为"類の目的表現の構文的分布

1 はじめに

　"为"類の目的表現の意味・機能は主に"为了""为"及び"为了＋不"のような形式によって担われている[1]。"为了""为"を受けて目的節を構成する一部の動詞は"为了＋不"の後に生起することができない。一方，"为了＋不"を受けて目的節を構成する一部の動詞は"为了""为"の後に生起することができない。"为了""为"と"为了＋不"はどのような文環境に生起するのか，或いはしないのか，統語的にどのような構文的条件を要求するかという基本的な問題は未だ解決されていない。

　この章では，"为了""为"と"为了＋不"によって構成される目的表現の前節を従属節，または目的節と呼び，後節を主節と呼ぶことにし，"为了""为"と"为了＋不"の構文的分布を説明するために主節と従属節の主語が同じかどうか，従属節に利益・不利益の含意があるかないかの2つの仮説を提出し，その有効性を論じる。

2 先行研究と問題点

　中国語の目的表現に関する先行研究（吕叔湘1980，江天1983，古川裕2000）は，多くが意味分析の視点からなされており，その成果は例えば，"目的是要达到怎样"（何かを達成するためのもの），"目的是要避免怎样"（何かを回避するためのもの）（江天1983：287-289）といった

記述がある。こうした記述は必要であり，重要であるだろう。しかし，このような記述だけでは，"为了""为"と"为了＋不"の使用条件をとらえる上で充分ではないように思われる。

確かに"为了""为"が用いられる文には「何かを達成する」という意味が含まれ，"为了＋不"が用いられる文には「何かを回避する」という意味が含まれる。しかし，「回避」の成功も一種の「達成」である。その意味で言えば，"为了""为"と"为了＋不"は形式が異なっていても，目指すところ，或いはたどり着くところは同じだと認めなければならない。

第二言語教育の観点から考えれば，"为了""为"と"为了＋不"がどんなものと共起し，どんなものと共起しないか，目的節の述語と従属節の述語がどのように主語と意味関係を結ぶのかを記述することは誤用や誤解を予測するのに，現実的な意味をもつものである。一般的知識に照らしてみれば，"为了""为"は"连累""失误"のような動詞や"尴尬""难堪"のような形容詞を伴って目的節を構成することができず，"为了＋不"は"赢回""胜利"のような動詞や"健康""方便"のような形容詞を伴って目的節を構成することができない[2]。また，"为了"は"为了＋NP"のようなパターンをとることが可能であるのに引き換え，"为""为了＋不"が"为＋NP""为了＋不＋NP"のようなパターンをとることは不可能である。

(1) a 为了祖国的花朵，为了下一代，请在校车安全上多做文章，多花心思。(《人民日报》2012年3月15日)（子どものために，次世代のために，もっとスクールバスに力を入れ，もっと考えるべきだ。）
　　b ？为祖国的花朵，为下一代，请在校车安全上多做文章，多花心思[3]。
　　c ＊为了不祖国的花朵，为了不下一代，请在校车安全上多做文章，多花心思。

なぜ例(1)では"为""为了+不"が許容されないかについては、先行研究では説明がなされていない。さらに"为了""为"と"为了+不"の使用条件を考える場合も、その後に生起するものの意味特徴に着目する必要がある。本研究では大まかな意味分析から一歩進んで、"为了""为"と"为了+不"の生起環境に利益（不利益）の含意があるか否か、主節と従属節の主語は同じかどうかという観点から議論を進める。

以下、第3節で"为了""为"と"为了+不"の生起環境を概観した後、第4節では、具体的な用例分析に基づいて目的節を構成する場合の"为了""为"の構文的分布状況を明らかにし、第5節では、"为了+不"の構文的分布状況を明らかにする。第6節では、まとめを行う。

3 "为"類の目的表現の生起環境

この節では、"为了""为"と"为了+不"の生起環境を説明するための仮説を提出する。それは従属節の述語に利益が含まれているか、不利益が含まれているかということである。ここでいう「利益」「不利益」は主節の主体にとってのことであり、それが主に動詞や動詞フレーズに定められた意味によって顕現されるが、文脈において認知されなければならない場合もある。下記の用例をみよう。

(2) 为了保证林一的安全，几个情报站负责人都作了周密安排。(《人民网》2009年12月18日）（林一の安全を守るために、諜報部のリーダーたちが周到な配置をしていた。）
(3) 为保护未成年人以及受害者家长，文中所涉女学生、家长均为化名。(《中国青年报》2012年6月19日）（未成年者及び被害者の保護者を守るために、文中の女子生徒及び保護者の名前はいずれも仮名である。）
(4) 为了不留下遗憾，不少人特意准备了收音机。(《人民日报》2009年10月3日）（心残りがないように、多くの人がラジオを用意しておいた。）

(5) <u>为了不让上访的群众挨冷受冻</u>，安塞县信访局把冬天上午上班时间提前了20分钟。(《人民日报》2009年1月16日)（陳情に来る人たちが空腹に苦しんだり凍えたりといった目にあわないように，安塞県信訪（陳情）局は冬の勤務時間を20分繰り上げた。）

例(2)(3)では従属節の述語動詞自身が利益を含意し，例(4)では動詞フレーズの"留下遗憾"が不利益を含意するのである。また，例(5)では文脈からみて"让上访的群众挨冷受冻"ということが主節の主体にとって不利益であると推測できる。利益・不利益という仮説の観点から動詞・動詞フレーズの意味・内容を整理すると，3つのタイプに分類することができる。

タイプ1：利益が含意される動詞・動詞フレーズ
"赢得""胜利""争取""取得""考上""合格""获取""得到""赚取""克服""巩固""促进""督促""监督""晋升""呵护""确保""保证""保障""保护""守卫""守护""维护""击败""纠正""根治""挽回""弥补""赚钱""治病""疗伤""排毒""解毒""去火""除病""恢复疲劳""止血""除害""越狱""筹款""养颜""强身""护肤""取暖""得奖""夺冠""保持清洁""有效利用""降低成本""辟谣""避邪""消灾""抗灾""防盗""救市""减排""保密"……

タイプ2：不利益が含意される動詞・動詞フレーズ
"失去""失败""丢失""延误""贻误""误伤""误判""遗漏""漏掉""弄丢""饿死""输掉""浪费""感染""病倒""上当""穿帮""惊扰""赔本""迟到""辜负""连累""伤及""殃及""损害""出事故""错过时机""引起误会""留遗憾""留把柄""露馅儿""露丑""受迫害""受委屈""遭受损失""树敌""留后遗症""扩大分歧""丢面子""迷路""碰钉子""生病""误事""出问题""惹麻烦""影响工作""增加成本""走漏消息""引起怀疑""荒废学业"

……

タイプ3：利益・不利益について中間的な動詞

　　a（行為を表す動詞）：“唱”"进行""卖""买""切""去""吃""喝""使用""生产""继续""说""说出""炒""煮""蒸""看""听"
……

　　b（状態・変化を表す動詞）：“流淌”"倒塌""坍塌""散架""传来""看得上""管得着""漂浮""飘扬""松弛""弯曲""癫狂""生疏""凋零""凋落""枯萎""繁茂""下垂""翘起""吹拂""高涨""闪烁""刮风""下雨" ……

　タイプ1の動詞・動詞フレーズは，利益を含意しているため，"为了""为"を受けて目的節を構成することが可能である。しかし，利益が含意されているがゆえに，"为了＋不"を受けて目的節を構成することはできない。例（6）の"赢得"は利益を含意する動詞である。

(6)　a 2005年，建发金属营业额为 4.55 亿元。<u>为了赢得</u>更大的市场，建发金属实施走出去的经营战略。(《厦门商报》2012年3月9日)
　　（2005年，建発金属は 4.55 億元の売り上げがあった。更なる市場を手に入れるために，建発金属は海外に進出するという経営戦略を立てた。）
　　b＊<u>为了不赢得</u>更大的市场，建发金属实施走出去的经营战略。

　一方，タイプ2の動詞・動詞フレーズには，明らかに不利益が含意されている。そのため，"为了""为"を受けて目的節を構成することができない。しかし，"为了＋不"を受けて目的節を構成することができる。そのような場合は不利益が生じないことの実現を目指すという意味を示すのである。例(7)の"浸坏"は不利益を含意する動詞にほかならない。

(7)　a 在街口的公交车站，一些女孩<u>为了不浸坏</u>鞋子，扶着男朋友的肩

凳站在车站的长凳上，举着花伞，形成一道独特的风景。(《人民日报》2003年7月5日)（ブロック内のバスステーションで，女の子たちは靴を浸さぬように，ボーイフレンドの肩に寄りかかって，傘を差していながらベンチに立っている。ユニークな景観が形成されている。）
b＊一些女孩<u>为了浸坏鞋子</u>，扶着男朋友的肩膀站在车站的长凳上，举着花伞，形成一道独特的风景。

次は動詞フレーズの意味情報に焦点を当てる。タイプ1の動詞フレーズは，さらに動詞に後接する名詞の表す事態の回避，或いは排除を目的とするものと，名詞の表す事態の発生，或いは継続を目的とするものの2つに分けて考えられる。"治病""疗伤""排毒""解毒""去火""除病""除害""恢复疲劳"などが前者であり，"拿金牌""得奖""获奖""夺冠""守法""保持清洁"などが後者である。

このように，動詞フレーズの意味情報も取り上げる理由はほかでもなく，利益の含意がない動詞も他の要素と相互に作用を及ぼすことによって利益の意味情報が形成されるからである。"病""伤""毒""疲劳"と"金牌""奖""冠""法""清洁"は利益・不利益という点においては対立しているものの，特定の動詞と共起することによって，どちらも利益を含意するものになりうる。タイプ1の動詞フレーズは"为了""为"を受けて目的節を構成することができるが，"为了＋不"を受けて目的節を構成することはできない。

(8) a <u>为了恢复疲劳</u>，他每天去按摩一次。(《人民网》2007年12月8日)（疲労回復のため，彼は毎日マッサージに行く。）
b＊<u>为了不恢复疲劳</u>，他每天去按摩一次。

タイプ2の動詞フレーズは目的節を構成する場合の生起環境がタイプ1の動詞フレーズと逆である。"出""引起""产生"のような動詞はそ

れ自身が利益・不利益を含意しないが, "故障""怀疑""事故""误会""意外"のような不利益を含意する名詞と共起したら, 動詞フレーズ全体が不利益な意味情報を持つことになる。このタイプに属する動詞フレーズは"为了＋不"の後に生起するが, "为了""为"とはなじまない関係にある。

(9) a 由于路况太差，经过 7 小时车程，蒋红军他们才到达距离煤矿大约 5 公里的地段。<u>为了不引起怀疑</u>，他们仔细检查了随身物品，并安排好其他两名战士接应的地点。(《重庆晚报》2011 年 1 月 24 日）(道路の状況があまりにも悪いので, 蒋紅軍たちは 7 時間かかって, やっと炭鉱から 5 キロの地点にたどり着いた。疑われることがないように, 彼らは所持品を詳細にチェックし, 2 人の隊員の援護する場所を決めておいた。)

　　b *<u>为了引起怀疑</u>，他们仔细检查了随身物品，并安排好其他两名战士接应的地点。

　タイプ 1 とタイプ 2 を除いたものがタイプ 3 に入る。タイプ 3 の動詞は利益・不利益との関わりにおいては, 中間的なものである。タイプ 1 の動詞フレーズとタイプ 2 の動詞フレーズは動詞と名詞との相互作用によって利益・不利益の意味情報を含有することになるが, タイプ 3 の動詞は名詞と共起しても利益・不利益の意味情報を含有することはない。このタイプに属する動詞は, さらに語彙的意味に基づいて行為を表すものと状態を表すものに二分することができる。a グループが前者であり, b グループが後者である。

　タイプ 3 a グループの動詞は目的節を構成できるか否かに関して, 多くの場合において文脈的意味の制約を受けなければならない。つまり, 利益を含意する文脈であれば, "为了""为"を受けて目的節を構成することができ, 不利益を含意する文脈であれば, "为了＋不"を受けて目的節を構成することができる。

(10) 他辞职后，<u>为了去</u>网吧，每天都装模作样地按上下班时间出门、回家。(《襄阳晚报》2012年4月1日）（彼は会社を辞めた後，ネットカフェに行くために，毎日出勤するふりをし，時間通りに家を出たり帰宅したりしていた。)

(11) 王某一听，知道事情不好，<u>为了不去</u>派出所，答应给这个小伙1000元。(《辽沈晚报》2003年4月28日）（王はそれを聞いて危ないと思った。交番に行かずにすませるために，彼はその若者に1000元をあげると約束をした。)

(12) 房主是位老太太。老伴去世了，膝下有四个儿女，<u>为了卖</u>这套房子，四个儿女分别签字表示放弃对这套房子的继承权。(《检查日报》2012年2月1日）（大家さんはお年寄りの女性だ。旦那さんが亡くなった。娘が4人いる。この家を売却するため，4人の娘はそれぞれ相続の権利を放棄するとサインをした。)

(13) 公司濒临倒闭，<u>为了不卖</u>厂房，她把自己的私房钱全拿了出来。(作例)（会社は破産寸前だった。工場を売らないですむように，彼女はへそくりを全部出した。)

　例(10)(11)や例(12)(13)では，従属節の述語動詞が同じ"去"，または"卖"でありながら，文脈的意味情報の違いによって，"去"，または"卖"が要求する前置のマーカーが異なっている。例(10)(12)のような文環境では，"为了""为"しか容認されず，例(11)(13)のような文環境では，"为了＋不"しか容認されない。
　タイプ3ｂグループの動詞は目的節を構成することができない。"管得了""管得着""来得及""看得上""吃得起""买得到"のような状況的に可能であるという意味を表す動詞[4]，"凋落""枯萎""繁茂""抽穂"のような非情物の動きを表す動詞，"刮风""下雨""地震""雷鸣"のような自然現象を表す動詞は目的を表す"为了""为""为了＋不"と共起することができない。いわば，意志に左右されない状況では"为"類の目的表現が生起せず，目的節を構成することが不可能である。以上のタ

イプ別の分類を整理すると，次表のようになる。

表1 "为"類の目的表現の共起制限

タイプ別 前置形式	タイプ1	タイプ2	タイプ3	
			a	b
"为了""为"	○	×	○	×
"为了不"	×	○	○	×

　第4節と第5節で詳しく述べるが，表1の結果には，利益・不利益が強く関わっているのである。タイプ1の動詞や動詞フレーズは"为了""为"を受けて目的節を構成することができるが，タイプ2の動詞や動詞フレーズはそのように使うことができない。また，タイプ2の動詞や動詞フレーズは"为了＋不＋V"型の目的節を構成することができるのに対して，タイプ1に属する動詞や動詞フレーズは"为了＋不＋V"型の目的節を構成することができない。

　タイプ3aグループの動詞は文脈的意味の制約を受けながら，"为了＋V"型の目的節を構成したり"为了＋不＋V"型の目的節を構成したりすることが可能である。しかし，タイプ3bグループの動詞は意志的コントロールのできない状態や変化を表すため，"为了""为""为了＋不"を伴って目的節を構成することが不可能である。

　さらに，例(1)〜(13)では主節述語の表す事柄と従属節述語の表す事柄は同じ主体によってコントロールされていると考えられる。これらの意味・内容は統語的に主節と従属節が同一主語を共有するという形として現れている。つまり，"为了""为""为了＋不"による目的表現の成立には，主節と従属節が同一主語を共有するか否かという構文的条件も絡んでいるのかもしれない。

　以下では，主節と従属節が同一主語を共有し，従属節の述語に話し手や主節の主体にとって利益が含意される場合には，"为了＋V"型の目的節が成立し，主節と従属節が同一主語を共有し，かつ不利益が想定で

きる場合には，"为了＋不＋V"型の目的節が成立するという仮説を立て，"为了""为"と"为了＋不"の構文的分布を明らかにする。

4 "为了""为"の構文的分布

　単音節の"为"は"为了"に比べて，新聞などの事実を伝える硬い文章で使用されることが多く，日常会話では現れにくい。"为了""为"による目的表現においては，主節述語の描写する事柄に対して従属節述語の描写する事柄が先に発生することはなく，後に発生するものでしかありえない。

　前述したように"为了""为"の生起環境には主節の主体や話し手にとって利益になるような事柄の存在が必要不可欠である。この仮説の妥当性は以下の例によって支持される。

（14）<u>为了抓好</u>全国的人口控制，毛泽东还建议采取一些重大的行政措施。（《百年潮》2009年第12期）（全国の人口コントロールを強化するため，毛沢東は行政措置について数多くの提案をした。）

（15）大头鱼<u>为了逃命</u>，正在使劲地挣扎。（高士其《科学文艺作品选》下）（タラが逃げようとして，一生懸命にもがいている。）

（16）<u>为了巩固</u>地盘，正以伪装的面貌争取工人对他的支持。（黄庆云《刑场上的婚礼》）（縄張りを強化するために，仮面をかぶって労働者の支持を取り付けようとしている。）

（17）<u>为了养病</u>，盖了一间地下室。（《人民文学》1982年第10期）（静養のために，地下室をつくった。）

（18）在上犹，他们碰到一个要饭的老头，姓吴。<u>为了找个掩护</u>，宋任穷和康健就拜这个吴老头为师，跟着他一起要饭。（常浩如《宋任穷传奇人生》）（彼らは上猶で呉という年配の乞食に出会った。身を隠すために，宋任穷と康健は呉という年老いた男性に弟子入りし，一緒に物乞いをしていた。）

(19) 为了解除消费者的后顾之忧，我们在全国建立了二百多个维修点。（《天津日报》1986年2月3日）（消費者の不安を解消するために，われわれは全国で200以上のアフター・サービス拠点をつくった。）

(20) 为培养设计人才，纺织部组织了48个设计培训班。（《新观察》1988年第8期）（設計者を養成するため，紡績省は48の養成クラスを組織した。）

(21) 大山同学为欢迎后辈，做了一篇讲演。（《作品》1983年第2期）（大山君は後輩を迎えるために，スピーチをした。）

(22) 路这边，为防止水土流失，老信伯亲手栽上行行杨柳；路那边，为阻挡石块滚落，老信伯亲手钉起排排栅栏。（《北方文学》1979年第9期）（道のこちらでは，信さんが土壌の侵食を防ぐため，シダレ柳をたくさん植え，道の向こうでは，信さんが土石流を防ぐため，柵をめぐらした。）

　"抓好""逃命""巩固""培养""欢迎""防止"などはタイプ1に属する動詞であり，"养病""找掩护""解除后顾之忧"などはタイプ1に属する動詞フレーズである。これらの動詞，動詞フレーズはいずれも主節の主体にとって利益という含意を持つものである。そのような動詞または動詞フレーズは"为了""为"を受けて目的節を構成できるが，"为了＋不"とはなじまない関係にある。

　さらに主語の状況に注目すれば，例(14)〜(22)では主節と従属節の主語が同じであることに気付かされる。いわば，主節の主語は主節の述語とだけではなく，従属節の述語とも意味関係を結んでいるのである。

　"为了""为"は"为了〜而〜""为〜而〜"の形で使われることもある。"为了〜而〜""为〜而〜"のような構造も目的と原因・理由の2つの解釈が許される。2つの解釈を許す原因は，前件としての従属節と後件としての主節の時間的順序に由来する。いわば，"而"の後のqの表す事がらは先行のpの表す事柄より後に発生するならば目的を表し，逆の場合は原因・理由を表すことになる。例(23)(24)に関する解釈は目的と

原因・理由の両方とも可能である。

(23) 有的是<u>为了</u>进行反革命活动<u>而</u>杀人；有的是<u>为了</u>抢劫财物<u>而</u>杀人。（张若愚《法学基本知识讲话》）
(24) 我<u>为</u>采访<u>而</u>在人流中奔走。（《当代》1986年第12期）

　例(23)における"进行反革命活动","抢劫财物"という事柄が"杀人"という事柄より先に発生するという認知にもとづいて解釈するならば，従属節と主節との意味関係は因果関係となり，"为了～而～"は"因为～而～"で置き換えることができる。一方，"进行反革命活动","抢劫财物"が"杀人"という事柄の後に発生するという認知に基づいて解釈するならば，従属節と主節の意味関係は目的関係となり，そのような場合は"因为～而～"で置き換えて言うことができない。

　例(23)(24)は原因・理由を表すものとして解釈するのなら，「反革命活動を行っているがために人を殺すケースもあれば，金品を略奪しているがために人を殺すケースもある。」「取材しているがために，人ごみの中を駆け回った。」のように訳すべく，目的を表すものとして解釈するのなら，「反革命活動を行うために殺人するケースもあれば，金品を略奪するために殺人するケースもある。」「取材するため，人ごみの中を駆け回った。」のように訳さなければならないだろう。そのような場合は従属節の表す行為が主節の主体にとって利益になると解される。

　"为了"と"为"は同時に従属節に用いられることもある。そのような場合は"为了"が必ず"为"より先に現れなければならない。

(25) 区政府法制办公室干部邵太豹，<u>为了</u>便于<u>为</u>残疾人服务，自学盲文和手语。（《人民日报》1992年5月3日）（区役所法制弁公室の邵太豹さんは，身体障がい者にサービスしやすいように，点字と手話を独学した。）

"为了"と"为"が同じ文に現れた場合，"为了"が"为"で置き換えられず，"为"も"为了"で置き換えられない。例 (25) においては"为了"の意味・機能が主節としての"自学盲文和手语"にまで及ぶのに対して，"为"はいわゆる介詞フレーズを構成し従属節の内部においてしか機能しないのである。

例 (26)(27) のような文環境では従属節の述語自身が利益と直接に関係しない。利益の有無の判断は文脈に頼らなければならない。

(26) 广州市委党校副校长李俐：<u>为了</u>让学员在食堂就餐，我们也想尽了办法。进食堂刷卡，出食堂还要刷卡，以此杜绝走过场。但这些都是外在约束，关键要内化为自觉行动。(《人民日报》2009年12月8日)（広州市共産党大学校副学長の李俐さんの話：学生たちに学食を利用してもらうために，われわれはあの手この手を打った。食堂に入るときにタイムカードを打たせ，出るときもタイムカードを打たせる。これをもっていい加減にその場をごまかすことを杜絶しようとしている。しかし，これは外部からの制約で，肝心なのはそのような自覚を持たないといけない。）

(27) 现在拆迁和农村征地发生群体性事件比较多，有的地方政府<u>为了卖地</u>，从老百姓手里低价拿地，反手一卖几十倍的高价，老百姓当然不服气。所以政府大量地与民争利，垄断行业背靠政府与民争利，成为群体性事件的导火索。(《学习时报》2009年12月22日)（現在立ち退きと農村部での土地徴用をめぐってトラブルが多発している。一部の地方政府は土地で金を稼ぐため，庶民から低価格で土地を徴用し，それを数十倍の価格で売却する。当然のことながら，庶民たちは不満がある。だから，政府が庶民と利益を奪い合っていること，独占企業が政府をバックに庶民と利益を奪い合っていることは抗議活動のきっかけとなっている。）

"让""卖"はタイプ3aグループに属する動詞である。例 (26)(27) の

"为了"は原因・理由を表すものとして解釈することはできない。文脈からみて後置の"让""卖"が話し手や主節の主体にとって利益の含意を持っているがゆえに，目的表現として成立するのである。これも利益の含意の有無という仮説の妥当性を示す例である。さらに例(26)(27)は主節と従属節が同じ主語を共有しているので，これも主節と従属節が同一主語を共有しなければならないという仮説を裏付けるものである。

以上は主節と従属節が同じ主語を共有するケースである。つまり，"为了""为"は基本的には同一主語を共有する文環境を要求するのである。しかし，可能の意味を表す助動詞の"能"や"能够"が従属節に現れた文環境では主節と従属節の主語が異なっていてもかまわない[5]。

(28) 为了你能够弄清她信里的两个地方，我告诉你以下的情况。(《马克思全集》第30卷)（あなたが彼女の手紙の2ヶ所の意味を理解できるように，以下のことを教えておきます。)

(29) 领导们为了他能早日恢复健康，总是嘱咐我们多加个菜，可是有时做点好菜，他总说不爱吃。(何滨，何立群《跟随周副主席在南方局》)（幹部たちは彼が早く回復できるように，料理を増やしなさいと言いつける。しかし，おいしい料理を出したら，彼は必ず好きではないと言う。)

(30) 我们都是军人，要学会坚强，妈妈为了你能完成受阅任务，独自在家忍受煎熬50多天，你一定要挺住，这样才能让你妈妈少些悲痛。(《扬子晚报》2009年10月5日)（おれたちは軍人だぞ。強くならないといけない。お母さんは君が軍事パレードの任務を遂行できるように，家で50日以上苦痛に耐えてきた。君，頑張り続けなさい。そうすれば，お母さんの苦痛が和らげられるのだ。)

(31) 原安徽省政协副主席王昭耀，出身于贫苦农民家庭，体弱多病的母亲为了他能吃口饱饭，食堂发一个窝头都要留着他放学回来吃。(《人民日报》2007年6月6日)（前安徽省政治協商会議副主席の王昭耀は貧しい農家の出身である。体が弱く病気がちの母は彼が飢えないよ

うに，食堂から「窩頭」⁶⁾をもらっていても必ず彼が学校から帰ってくるのを待って彼に食べさせたのだった。)

(32) 2001年中考结束，小凯被县中学录取。但父母为了他能有一个更好的将来，托人找关系把他送进了省重点中学——巢湖一中。(《安徽市场报》2006年12月26日) (2001年の入学試験で，凱君は県立中学校に合格した。しかし，親は彼の明るい将来のために，コネをつけて彼を省の重点学校——巢湖第一中学校に入れた。)

例(28)～(32)では主節と従属節の主語が異なっている。例(28)の主節の主語は"我"であり，従属節の主語は"你"である。例(29)では"领导们"が主節の主語であり，"他"が従属節の主語である。例(30)(31)(32)をみても，主節の主語はそれぞれ"妈妈""母亲""父母"であり，従属節の主語は"你"や"他"である。

主節と従属節の主語が異なるケースは従属節に可能を表す助動詞の"能""能够"が現れた場合に限っているようである。コーパスを調べた結果，助動詞の"能"や"能够"が現れた場合を除いて，"为"類の目的表現は常に主節と従属節の主語が同じであるという文環境を要求することを突き止めた。

"为了"は"健康""方便""谨慎""稳重""稳妥""安全""凉快""暖和""舒服""高兴""幸福""开心"のような形容詞を伴って目的節を構成することができる。

(33) 为了方便，我们在这里一并论及。(翟墨《艺术家的美学》) (便宜上，ここで併せて論じることにする。)
(34) 为了谨慎起见，我还特意走访了有关部门。(《羊城晚报》1981年4月18日) (念のために，われわれは特別に関係部署を尋ねた。)
(35) 为了自由，为了幸福，我们愿和我们的美国朋友一起战斗到底。(王树增《解放战争》) (自由のために，幸福のために，われわれはアメリカの友人たちと戦い抜きたいです。)

（36）<u>为了</u>祖国的<u>安宁</u>，为了全国人民的<u>幸福</u>，我们甘愿献出一切。（《解放军报》1991年8月11日）（祖国の安泰のために，国民の幸福のために，わたしたちはすべてを捧げても惜しまない。）

（37）<u>为了</u><u>安全</u>，陈绍禹（王明）要租下整个一层楼……中共中央为此支付了一笔可观的租金。（《同舟共进》2009年第11期）（安全のために，陳紹禹（王明）はワンフロアーをレンタルした。中共中央がこのために相当な金額の代金を支払った。）

（38）天气热得要命，<u>为了</u><u>凉快</u>，我决定理成平头。（《京华时报》2005年7月1日）（天気は暑すぎる。涼しくするため角刈りにすることにした。）

　話し言葉では"为方便""为自由""为幸福""为安全""为凉快"のようには言わない。例(34)は"起见"がなければ"为"で置き換えられない。いわば，話し言葉では"健康""方便""谨慎""安宁""幸福""稳妥""开心""凉快""暖和""舒服"などが2音節のままだと，単音節の"为"とは共起しにくい。"为"の後に生起するのなら，その前後に音節を増やさなければならない。

　例(33)～(38)では，従属節の述語としての形容詞が主節の主体の状態や感覚を表している。しかし，目的節に現れる形容詞は主節主体以外の人の状態や自然の状況を表すことがある。そのような場合は，"为了"の後に使役を表すマーカーとしての"使"や"让"を入れるのが普通である。"使"や"让"の介入によって，形容詞の表す状態は明確に働きかけのねらいとなるのである。

（39）a 不法分子<u>为了</u>使腐竹产量<u>高</u>，卖相<u>好</u>，竟用化学物质加工生产。（《人民网》2012年6月27日）（不法業者が湯葉の産出量を高めるために，見た目をよくするために，大胆にも化学物質を使って加工している。）
　　　b？不法分子<u>为了</u>腐竹产量<u>高</u>，卖相<u>好</u>，竟用化学物质加工生产。

(40) a 此外，<u>为了使手机录入更加便捷与轻松</u>，GN777还特别配备了原笔手写功能。(《人民网》2012年6月21日)（それから，携帯電話のダウンロードがより速くより手軽にするために，ＧＮ777には手書き機能が備え付けられている。）

　　 b？<u>为了手机录入更加便捷与轻松</u>，GN777还特别配备了原笔手写功能。

(41) a <u>为了宣传效果更好</u>，我们从网络的发展、现实的需求等方面进行了有益的探索。(《人民日报》2012年6月19日)（さらに宣伝効果をあげるために，われわれはネットの将来性と現実のニーズなどの観点から実りのある模索をした。）

　　 b？<u>为了宣传效果更好</u>，我们从网络的发展、现实的需求等方面进行了有益的探索。

(42) a 比如，北方的面<u>为了使面更筋道</u>，会加一些盐来"醒面"，这并不会破坏面的营养，所以不必担心。(《人民网》2012年5月28日)（例えば，北部の麺はもっとこしがあるようにするために，塩を入れて麺をねかせる。こうしても麺の栄養分が破壊される心配はない。）

　　 b？北方的面<u>为了面更筋道</u>，会加一些盐来"醒面"。

(43) a <u>为了让场面更热烈</u>，企业还给员工放假半天，统一到现场参加仪式。(《人民日报》2012年6月27日)（会場が沸き立つようにするために，企業が操業を停止し社員全員をセレモニーに出席させた。）

　　 b？<u>为了场面更热烈</u>，企业还给员工放假半天，统一到现场参加仪式。

(44) a <u>为了让西瓜好看好卖</u>，黑心商贩把针头对准了未成熟的西瓜。(《广州日报》2012年6月27日)（スイカが見栄えよく，よく売れるようにするために，腹黒い販売業者は注射の針を未熟のスイカに向けた。）

　　 b？<u>为了西瓜好看好卖</u>，黑心商贩把针头对准了未成熟的西瓜。

(45) a <u>为了让楼房更加气派威严</u>，2009年下半年，三亚中院启动了一项宏伟的装修、改造计划。(《人民日报》2012年6月26日)（ビ

ルディングがもっと立派で，もっと威風があるようにするため，三亜市中級裁判所は2009年の下半期に大きな改築計画を立てた。）

b？<u>为了</u>楼房更加<u>气派威严</u>，2009年下半年，三亚中院启动了一项宏伟的装修、改造计划。

(46) a <u>为了</u>让小陈<u>安心</u>，冯丽提出让殷某留下陪着他们。(《新法制报》2012年6月13日)（陳君を安心させるために，馮麗は殷という人を残して彼らに付き添ってもらった。）

b？<u>为了</u>小陈<u>安心</u>，冯丽提出让殷某留下陪着他们。

例(39)～(46)に示すように，"使"や"让"の使用によって主節と従属節の事柄が同じ主体によってコントロールされることになる。また，例(33)～(46)に示すように，"为了"は形容詞を伴って目的節を構成した場合，"为了"の後に生起しうる形容詞は利益を含意するものに限る。このことはコーパスによる検索では，反例を見出していないことによって裏付けられる。

さらに"为了"は名詞を伴って"为了＋NP"のようなパターンで目的節を構成することがある。"为"には同様な意味・用法がみられない。

(47) a <u>为了心中的梦想</u>，2008，北京见！(《陕西日报》2007年9月3日)（夢を実現させるために，2008年，北京でお会いしましょう。）

b＊<u>为心中的梦想</u>，2008，北京见！

(48) a <u>为了艺术</u>，我们太需要千万个冯巩了。(《中国青年报》1991年4月17日)（芸術のためにも，われわれが無数の馮鞏のような人物を必要としている。）

b＊<u>为艺术</u>，我们太需要千万个冯巩了

(49) a 带头从自身做起，能少开车则少开车，<u>为了环境</u>，应少一些借口，多一些行动。(《新京报》2012年2月8日)（自ら率先してやり出さなければならない。可能な限り車を使わないほうがよい。環境のために，なるべく言い逃れをせず，もっと行動をとらなければならない。）

b*带头从自身做起，能少开车则少开车，<u>为环境</u>，应少一些借口，多一些行动。
(50)　a 他不想让自己像头困兽一样困死在温室里。<u>为了技术</u>、<u>市场</u>和属于他自己的<u>理想</u>，他不放弃任何一次在海外寻求突围的机会。(《中国经济和信息化》2011年12月13日)（彼は檻に入れられた動物のように死にたくないという。技術のために，市場のために，また自分の夢のために，海外で突破できるいかなるチャンスもけっして見逃さない。）
　　　b*<u>为技术</u>、<u>市场</u>和属于他自己的<u>理想</u>，他不放弃任何一次在海外寻求突围的机会。

　ただし、目的を表す"为了"はすべての名詞や名詞フレーズと共起するわけではない。共起できるのは主節の主体や話し手にとって利益になるという意味が内在している名詞や名詞フレーズに限る。"为了梦想""为了艺术""为了环境""为了技术""为了市场""为了理想"のような表現が成り立つのは，名詞や名詞フレーズに理念として追求し続けるところの，望ましい状態の意味が含まれているからであろう。
　一方，"一点小事""一句玩笑"のような名詞フレーズは理念として追求し続けるべき状態を表さないから，"为了"と共起しても原因・理由しか表さない。
　例(47)(48)(49)(50)の"为了＋NP"は従属節の述語が省略された構造だと考えられる。"为了"は形容詞を伴う場合も名詞を伴う場合も，従属節の表す事柄が主節の主体によってコントロールされ，主節と従属節の主語が同じであるという特徴を持っている。
　さらに，"她""孩子""父母""公司""球队"のような「人」や「団体」を表す名詞も"为了"を受けて目的節を構成することができる。このような意味・用法においては"为了＋NP"の中のNPが目的の所在を示すと同時に，主節主体の行為によって利益を受けるものでもある。例(51)(52)(53)(54)のような構文において，"为了"に続いている"她""妈

妈""学校和孩子们""球队""自己"は主節の主体が行為を成し遂げることによって，間接ながら利益を受けると考えられる。

(51) <u>为了她</u>，他愿意在战场上同敌人厮杀而流尽最后一滴血。(《解放军报》1989年8月6日)（彼女のために，彼は戦場で血を流して最後まで敵と戦う覚悟である。）
(52) 望着冻得瑟瑟发抖的妈妈，我突然想，如果自己死了，妈妈怎么办？<u>为了妈妈</u>，我决定活下来。(《齐鲁晚报》2009年6月11日)（ぶるぶると震えている母をみて，ふと自分が死んだら母がどうなるかと考えた。母のために，わたしは生き延びなければならないと思った。）
(53) <u>为了学校和孩子们</u>，她东奔西走，甘受委屈，不怕受气。(《人民网》2012年6月6日)（学校のために，子供たちのために，彼女は不当な仕打ちを受けても怒られても東奔西走し続けた。）
(54) 伦敦是我职业生涯可以期盼的最后一届奥运会了。<u>为了伦敦</u>，<u>为了球队</u>，也<u>为了自己</u>，重新开始吧！(《新闻晨报》2011年12月26日)（ロンドンはわたしにとって最後のオリンピックになります。ロンドンに行くために，チームのために，また自分自身のために，ゼロからスタートしましょう。）

　従属節に動詞や動詞フレーズがなく，もっぱら形容詞や名詞しか現れていない場合の"为了"は"为"で置き換えることができない。このように，名詞や形容詞を伴い目的節を構成する場合の意味・用法について，"为了"と"为"との間に違いがあると認めざるをえない。
　ついでに触れておくが，"为"は単文において名詞と共起し，"为＋NP＋VP"のようなパターンで機能することが可能である。

(55) 那个警察忽然又<u>为我</u>解开手铐，把我放出拘留所。(陈迹《鹿回头》)
　　（その警官は突然手錠をはずしてくれて，わたしを拘置所から釈放してくれた。）

(56) 只见他蹲下来，轻轻地<u>为妈妈</u>脱下鞋、袜，并细心地问："水凉不？"（《东方今报》2010年3月8日）（彼はしゃがみこんで母親の靴と靴下をゆっくりと脱がした。「つめたくないか。」とやさしく聞いた。）

(57) 需要住院手术治疗，家人和朋友已经<u>为他</u>联系好了医院和主刀医生。（《新华日报》2012年6月12日）（入院して手術治療をする必要がある。家族や友人たちは彼のために病院と執刀医を手配しておいた。）

(58) 一部分电力义工还走进教室，<u>为学校</u>更换了损坏的日光灯。（《人民网》）（一部の電気関係のボランティアが教室に入り，故障した蛍光灯を換えた。）

"为＋NP＋V"のような構造においても"为了"が容認されない。しかし，利益の受け手を導く機能を有する介詞の"给"や"替"で置き換えられる。つまり，単文に用いられる"为"はもっぱら利益の受け手を導くというはたらきをするので，異なる性格のものとして扱わなければならない。

(55') 那个警察忽然又<u>为（给／替）</u>我解开手铐，把我放出拘留所。

(56') 只见他蹲下来，轻轻地<u>为（给／替）</u>妈妈脱下鞋、袜，并细心地问："水凉不？"

(57') 需要住院手术治疗，家人和朋友已经<u>为（给／替）</u>他联系好了医院和主刀医生。

(58') 一部分电力义工还走进教室，<u>为（给／替）</u>学校更换了损坏的日光灯。

"为＋NP＋V"における"为"は目的を表すものではないので，当然のことながら例(55)(56)(57)(58)における"为"は"为了"で置き換えることができない。

このように"为了"と"为"は名詞と意味関係を結ぶ場合に，単文か複文かの制約を受けなければならない。"为了＋NP""为＋NP"の分

布状況は統語機能に基づいて次のように図示することができる。

表2 "为了＋NP""为＋NP"の分布状況

文の種類 共起関係	単文	複文
为了＋NP	×	○
为＋NP	○	×

"为"は"为＋NP"のような形で複文に用いることがなく，"为了"は"为了＋NP"のような形で単文に用いることがない。ちなみに"为了＋不"は単文，複文を問わず"为了＋不＋NP"のようなパターンをとることはできない。

5 "为了＋不"の構文的分布

以上，"为了""为"の構文的分布を説く上で利益という仮説が有効に働くことを示した。しかし，生起環境に着目すれば，利益という仮説だけでは説明しきれない部分があることが明らかである。それは本節で扱う"为了＋不"の構文的分布に関する問題である。

第3節で述べたように，"为了＋不"の生起環境には従属節の述語が不利益を含意するという前提条件が必要である。不利益の含意の有無という仮説に関して，次のような例を挙げて証明することができる。

(59) 为了不连累你们，我放弃了机会。(《收获》1983年第7期)（あなたたちを巻き添えにしないように，わたしは今回のチャンスを断念しました。）

(60) 为了不消耗灾区资源，他们自带帐篷、自带食物，静悄悄地把巨大的物质与心理支持奉献给灾区（《人民日报海外版》2008年6月4日）（被災地の資源を消耗しないために，彼らは自分用のテントや食品を持

参し，目立たぬ形で被災地へ物資と精神の面で支援した。）

(61) <u>为了不伤到</u>幸存者，官兵们用双手掏、挖、刨。(《人民日报海外版》2008年5月26日)（生存者を傷つけないように，軍人たちは手探りで取り出したり掘り起こしたりした。）

(62) 二十三岁的桑金秋是河南濮阳人，<u>为了不饿死</u>，十九岁那年参加了共产党领导的军队。(王树增《解放战争》)（23歳の桑金秋は河南省濮陽の出身である。19歳のとき，餓死しないために，共産党の軍隊に入隊した。）

(63) <u>为了不留下遗憾</u>，不少人特意准备了收音机。(《人民日报》2009年10月3日)（悔しい思いをしないように，多くの人がラジオを準備しておいた。）

(64) <u>为了不引起她的伤心</u>，我对生活的艰苦竭力轻描淡写。(胡尹强《情人们和朋友们》)（彼女を悲しませないように，わたしはなるべく苦しい生活について適当にお茶を濁した。）

(65) 他们也没办法，<u>为了不影响婚礼进行</u>，店方已进行了联系，准备租用一台发电机应急。(《华商报》2012年6月18日)（彼らも困っている。披露宴の進行に影響を与えないために，店のほうでは発電機のレンタルを手配した。）

(66) 某大城市一所重点小学有一千多人，<u>为了不出事故</u>，学校规定篮球不准打，足球不准踢，高年级学生不准在操场上跑步，以免撞倒低年级学生。(《法制日报》2005年3月17日)（ある大都会の重点小学校には1000名以上の児童がいる。事故が起こることを恐れて，学校ではバスケットボールを禁止，サッカーを禁止という禁止令を出している。さらに低学年の生徒にぶつかることが起こらないように，高学年の生徒が運動場を走ってはいけないという規定もつくっている。）

例(59)～(66)では主節の主語と従属節の主語が同じである。話し言葉では"为+不"はあまり用いられない。いわば，例(59)～(66)の"为了+不"は"为+不"で置き換えることができない。さらに，共起制限の

観点からみれば，例(59)(60)(61)(62)の従属節における"连累""消耗""伤到""饿死"は不利益を含意する動詞であり，例(63)(64)(65)(66)の従属節における"留下遺憾""引起伤心""影响婚礼进行""出事故"は不利益を含意する動詞フレーズである。このような意味特徴を有することが"为了＋不"を受けて目的節を構成する場合の前提条件である。

"为了＋不"は事態発生の回避を通じて結果的に利益の実現を目指すという意味を表す形式であり，目的そのものを否定する形式ではない。例えば，例(59)の主節述語としての"放弃"の目的は"连累你们"のようなことの回避によって結果的に利益の保全を追求するのである。いわば，不利益を含意するものと"为了＋不"との共起が不利益を回避するという意味で，利益を生じるという相乗効果を呼び起こすのである。このことから，利益を目指すという点においては，"为了""为"と"为了＋不"の表す究極の意味が共通していると言える。

例(67)(68)(69)(70)に示すように，"NP1 被 NP2 ＋ VP"のような不利益を表す構造においては，NP1 が被害者である。"被 NP2 ＋ VP"のような不利益のことを回避し，それによって利益を求める場合は，"被 NP2 ＋ VP"の前に"为了＋不"を置くことが可能である。

(67) 为了不被敌人察觉，他率部夜行昼伏。(《人民日报》2009 年 11 月 23 日）（敵に気付かれないように，彼は部隊を率いて昼は潜伏し夜は行軍した。）

(68) 为了不被别人认出这些诗，爸爸就横着写、竖着写，大字、小字拌合着写，把整张整张的报纸涂成墨色。(董良翚《忆我的爸爸董必武》)（これらの詩の意味がばれないように，父は横に書いたり縦に書いたり，大きく書いたり小さく書いたりしてすべての新聞紙を黒く塗っていた。）

(69) 但也让人产生这样的疑问：如果某些领导为了不被问责，千方百计阻止问题曝光，怎么办？(《光明日报》2008 年 3 月 18 日）（しかし，次のような疑問が生じる。もし一部分の指導幹部が責任を追及されない

ように，あの手この手を弄して問題を覆い隠そうとしたら，どうしよう。)

(70) 据缉私警察透露，<u>为了不被海关发现</u>，团伙首脑吴某曾多次更换住址。(《羊城晚报》2012年6月12日)(査察官の話によると，税関に見つからないように，犯罪グループの主犯者が頻繁に住所を変更したという。)

　通常，受身表現といえば，主体が他から働きかけられるだけで，消極的なものと思われがちであるが，"被NP2 + VP"の前に"为了+不"が置かれた場合は，主節の表す事柄だけではなく，従属節の表す事柄も主節の主体に意志的コントロールができると考えられる。つまり，"被NP2 + VP"のようなことの回避は主節主体の意志がまったく関与できないということになれば，"为"類の目的表現が成り立つ前提条件を満たさない。

　しかし，主節の主体が従属節の表すことを意志的にコントロールできるということになれば，"为"類の目的表現の成り立つ条件が満たされる。そのような場合は，構文的に主節と従属節が同一主語を共有するという構図にならなければならない。例(67)(68)(69)(70)では，主節と従属節が同一主語を共有していると考えられる。

　また，"被敌人察觉""被别人认出""被问责""被海关发现"のようなことはいずれも主節の主体にとって不利益なことである。不利益を含意するがゆえに，例(67)(68)(69)(70)のような文環境では"为了""为"が許容されない。

　しかし，例(71)(72)については，文環境が例(67)(68)(69)(70)とやや異なっている。例(71)(72)では従属節の述語に含まれた不利益の意味情報が文の前後のつながりに基づいて判断されなければならない。文脈的に不利益が含意されているため，"为了+不"が許容されるが，"为了""为"は排除されるのである。

（71）出事现场距离宁陕县城约20公里。6时半左右，县110首先赶到了现场，镇卫生院送来了氧气包。是原地等候120，还是中间转运。<u>为了不拖延时间</u>，上官卫国让大家先将刘颖运送上110车。10分钟后，刘颖在途中被转运到了救护车上。7时零5分，刘颖被送进了县医院急救室，开始展开全方位的救治。(《陕西日报》2010年2月1日）（事故現場は寧陕県から20キロ離れている。6時半ごろ，県のパトカーがまず現場に到着し，鎮の医務所も酸素ボンベを届けてきた。現場で救急車を待つのか，搬送するのか。時間を無駄にしないように，上官衛国は劉潁さんをパトカーに乗せることにし，10分後，劉潁さんは途中で救急車に移された。7時5分，劉潁さんは県立病院に搬送され，全面的な応急手当が始まった。）

（72）也是在这次神舟四号任务中，战士胡晓明、张海波被派往预设阵地看守信标机。五六米高的信标杆竖立在草原上十分醒目。突然，暴风雪袭来，信标杆被刮得东摇西歪，<u>为了不让它倒下</u>，他们用自己的双手紧紧把信标杆抱在怀里，一直在风雪中坚守了3个小时。(《人民日报》2009年7月5日）（今回の神舟4号プロジェクトで兵士の胡曉明さん，張海波さんは信号機のメンテナンスのために予定の陣地に配置された。草原では高さ5,6メートルの電柱はとても目立っている。突然吹雪きはじめた。電柱は揺れた。それが倒れないように，彼らは電柱をしっかりと抱いて，吹雪の中で3時間ほど頑張っていた。）

　文脈的に例（71）（72）の従属節における"拖延时间""让它倒下"は不利益を含意するものと認められる。しかし，文脈的意味情報の支えを抜きにして考えれば，利益を含意する可能性はなくもない[7]。
　"为了＋不"は"尴尬""倒霉""难堪""无聊"のような不利益の含意を持った形容詞を伴って目的節を構成することができる。ただし，"方便""谨慎""幸福""安全"のような利益の含意を持つ形容詞とは共起しない。

(73) 那时工地上连女厕所都没有。<u>为了不尴尬</u>，她每天早上出门时坚持不喝水，晚上回宿舍第一件事就是抱着水猛灌。(新华社《成为"极限战士"的五个关键词》)（当時，工事現場には女性トイレさえなかった。トイレで困らないように，彼女は出勤時には水を飲まず，帰宅すると，まず水をたくさん飲んだ。）

(74) 多年<u>为了不倒霉</u>，我战战兢兢地工作，悬发刺股地学习，没别的想法，怕出事怕倒霉。前途中无财途，无官途，只熬了个头秃。(《新华网》2009年1月8日)（怒られることがないように，注意深く慎重に仕事をし，ひたすらに研鑽を積んできた。目的はほかでもなく，事故が起こることを恐れて不運なことを恐れているからである。未来には財運がなく，出世運もない。ただ疲労困憊で頭が禿げただけだ。）

(75) 近日，笔者参加了某媒体举办的一个答题送TD手机的活动，……。<u>为了不难堪</u>，笔者选择了初级题目。(《人民网》2008年7月8日)（この間，筆者はあるメディア主催のTD携帯電話を景品とするクイズ番組に参加した。……。困ることがないように，筆者は初級の問題を選んだ。）

(76) 她的脸红了红，<u>为了不那么难为情</u>，把情丝塞给他，认真地讲解编法。(雪灵芝《结缘》)（彼女の顔に一時赤みがさした。恥じていることがばれないように，愛の糸を彼に握らせ，まじめに編み方を説明した。）

(77) 天很冷，他们就紧紧地靠在一起，<u>为了不无聊</u>，就打开手机听歌。(《新华网》2012年2月15日)（天気はとても寒い。退屈にならないように，彼らは寄りかかりあって携帯電話で歌を聴いた。）

　"为"類の目的表現は基本的には主節と従属節が同一主語を共有する文環境において機能するので，目的節述語としての形容詞が他人の状態や感覚・感情を表す場合は"为了＋不"の後にさらに使役を表す"使"や"让"のようなものを入れて同一主体による動きという形にしなければならない。

(78) a 正在这个时候，本来就有备而来的江青不顾一切地要求在大会上"讲几句"（会议没安排江青讲话），而且摆出了非讲不可的架势。<u>为了不使大家难堪</u>，开幕式主持者华国锋只好应允。(《党史文苑》2012 年 6 月 1 日)（そのとき，準備してきた江青は強引に大会で「一言言いたい」（もともと江青の演説という計画はなかった）と申し入れ，絶対に譲れない姿勢だった。開幕式の議長を務める華国鋒は皆を困らせないように，やむを得ず許可をした。)

b＊<u>为了不大家难堪</u>，开幕式主持者华国锋只好应允。

(79) a 经过这场非人的摧残，爸爸的腰伸不直了，打伤的右腿一瘸一拐地拖着，只能双手扶着走廊的窗台一步一步蹭着移动。<u>为了不使我们难过</u>，一见到我们老远在望着他，他就放开双手，强伸起腰，那豆大的汗珠直往下淌。(《人民网》2012 年 4 月 6 日)（拷問を受けた父親は腰を屈めて足を引きずりながら廊下の窓台に手を付きながらゆっくりと歩いてきた。しかし，わたしたちがそれをみていることに気付くと，わたしたちを悲しませないように，手を放して腰を伸ばした。大粒の汗をたらたらと流していた。)

b＊<u>为了不我们难过</u>，一见到我们老远在望着他，他就放开双手，强伸起腰，那豆大的汗珠直往下淌。

(80) a <u>为了不使杜鲁门为难</u>，蒋建议在香港的日军应"向我本人的代表投降"，并邀请英、美代表出席受降式。(《人民网》2012 年 3 月 20 日)（トルーマンを困らせないように，蒋介石は香港在住の日本軍に「わたしの代理人に投降するように」と提案し，合わせてイギリス，アメリカの代表が投降の調印式に出席するよう，招請した。)

b＊<u>为了不杜鲁门为难</u>，蒋建议在香港的日军应"向我本人的代表投降"，并邀请英、美代表出席受降式。

(81) a <u>为了不使研制费用过高</u>，核动力采用与凯旋级战略核潜艇相同的反应堆。(《新华网》2011 年 7 月 29 日)（研究開発費が高すぎないように，「凱旋」級戦略潜水艦と同じ型の原子炉を採用している。)

b＊<u>为了不研制费用过高</u>，核动力采用与凯旋级战略核潜艇相同的

反応堆。

(82) a 为防止走漏消息，也<u>为了不使匪徒们胆怯</u>，匪首们隐瞒事情真相，对外只是说去崂山伏击过路的汽车，打劫货物。(《世纪风采》2011年3月14日) (情報がもれないように，また強盗たちが怖がらないように，強盗のボスが真相を隠し，崂山へ行って通り過ぎる車を待ち伏せて強奪すると言いふらした。)

b *为防止走漏消息，也<u>为了不匪徒们胆怯</u>，匪首们隐瞒事情真相，对外只是说去崂山伏击过路的汽车，打劫货物。

(83) a 因为这是群众性的舞会，<u>为了不使跳舞场地太拥挤</u>，我们只选派了机关、工厂和学校的代表来参加，到场的领导和工人代表大约有100多人。(《文史参考》2011年3月1日) (これは大衆的なダンスパーティーである。会場が込み合うことがないように，わたしたちは政府機関，工場，学校の代表を選抜して派遣した。出席した役人や職員の代表が100名ほどいた。)

b *因为这是群众性的舞会，<u>为了不跳舞场地太拥挤</u>，我们只选派了机关、工厂和学校的代表来参加，到场的领导和工人代表大约有100多人。

例(78)(79)(80)(81)(82)(83)に示すように，従属節に"使"や"让"がないと，"为了＋不"は直接に名詞フレーズを伴うことになり，非文になってしまうのである。このように形容詞の場合も，異なる生起環境を要求し，"为了＋不"型の目的節に生起するものの意味的特徴は不利益の含意に特化するのである。

6 本章のまとめ

以上，"为"類の目的表現の構文的分布を説明するために，利益・不利益の含意の有無，及び主節と従属節の主語の状況に基づいて仮説を提出し，その有効性を検証した。"为了""为""为了＋不"の構文的分布

は従属節の述語について定められた語彙情報に依存し，そのほか文脈の意味情報にも依存しなければならない。

　話し言葉では，"为了"と"为了＋不"の対立が存在しているが，"为"と"为＋不"の対立は存在しない。複文においては"为＋NP"のような構造が成り立たず，単文においては"为了＋NP"のような構造が成り立たない。

　また構文的条件の角度からみれば，"为"類の目的表現は助動詞の"能"や"能够"と共起する場合を除いて，主節と従属節の主語が同じでなければならない。

注
1) 江天（1983：287-289）では，"为的是""是为了"も目的マーカーとして扱われている。しかし，"他这么作<u>为的是</u>讨好领导。""他这么作<u>是为了</u>讨好领导。"のような表現では"为的是""是为了"は主語について叙述するもので，判断の内容の一部にすぎない。単文に用いられるか，複文に用いられるかという観点からみれば，"为的是""是为了"の意味・機能は"为了""为"と同じレベルのものではない。
2) あらかじめ考えたもくろみ，或いは思惑の場合はこの限りではない。たとえば，"为了不获胜,特意为对方制造了射门的机会。""为了放跑敌人,假装睡着了。"のような結果の発生を意図した場合である。しかし，そのような場合も結果的に主節の主体にとって間接ながら利益になることである。
3) この論文で，不自然な表現には，「＊」「？」をつける。「＊」は不自然な表現を表し，「？」はやや不自然な表現を表す。
4) "为了""为"は"管得了""来得及"のような状況的に可能であるという意味を表すものを伴い目的節を構成しえない。しかし，能力的に可能であるという文環境であれば，"能""能够"を伴い"为了能～"の形で目的節を構成することが可能である。例えば，"为了能考上研究生,他拼命学习。"（修士課程に受かるように，彼は一生懸命に勉強している。）は能力的に可能という意味を表す文である。
5) コーパスを調べた結果，"为了＋不"が"能""能够"を伴い目的節を構成する用例が見当たらなかった。
6) "窝头"は"窝窝头"とも言い，トウモロコシの粉やコウリャンの粉を水でこねて円錐形につくって蒸して食べる食品である。
7) 主節の主体の角度からみて"拖延时间""让它倒下"が利益の含意があれば，"为了拖延时间""为了让它倒下"のように表現することが可能だし，不利益の含意があれば，"为了不拖延时间""为了不让它倒下"のように表現することも可能である。

第2章
"以"類の目的表現の構文的分布

1 はじめに

　この章では，"以便""以期""以求""以免""以防""借以""用以"の構文的分布を記述する。序章で述べたように，目的を表す"以便""以期""以求""以免""以防""借以""用以"は品詞的に接続詞として認められる。しかし，各形式の意味・用法に関しては多様な解釈が可能なので，それぞれがどのように使い分けるべきか，構文的に，これらの接続詞がどのように分布しているのか，また接続詞としての成熟度が同じかどうかについては，これまでの研究では必ずしも明らかにされたとはいえない。

　以下では，"以便""以期""以求""以免""以防""借以""用以"によって構成される目的表現の前節を主節と呼び，後節を従属節または目的節と呼ぶことにし，それぞれが構文的にどのように分布しているかを明らかにする。それにあわせて，この語群がどのような意味体系をなしているのか，それが中国語の目的表現の中でどのような位置づけにあるのかについても考えてみたい。

2 先行研究と問題点

　"以"類の目的表現に関する研究は江天（1983），邢福义（2001）に散見されるが，体系的に扱った記述的研究はみられない。第1章で触れたように，江天（1983：287-289）では，表現内容の違いによって，中国

語の目的表現を，"目的是要达到怎样"（何かを達成するためのもの）と，"目的是要避免怎样"（何かを回避するためのもの）のように二分されている。「達成」を表すものとして"为了""为的是""是为了""以便""借以""用以""以"などが取り上げられ，回避を表すものとして"以免""免得""省得"が取り上げられているが，"以期""以求""以防"については言及されていない。

確かに"为了""为的是""是为了""以便""借以""用以""以"には，何かを達成するという含みがあり，"以免""免得""省得"には何かを回避するという含みがある。この点について，江天（1983）の指摘は妥当だといえる。しかし，統語的には"为"類の目的表現が複文の前件において機能するのに対して，"以"類の目的表現が常に後件の文頭において，先行の文と後続の文との意味関係を示すので，両者の構文的分布は異なっていることが明らかである。

つまり"为"類の目的表現と"以"類の目的表現，さらに"以"類の目的表現の内部における各形式はどのように関連し，どのように相違しているかについて，単に「達成」と「回避」の視点だけでは充分に説明することができない。

さらに，"借以""用以"は例(1)のように動詞として機能することもあるので，"以"類の目的表現に属する諸形式の意味・用法を画一的に処理してよいかどうかという問題も見逃してはならない。

(1) 商标是<u>用以</u>区别不同商品生产者所生产的不同商品的标志。(《中国知识产权》2008 年第 11 期)（トレードマークは異なる業者が造った異なる商品を区別するためのマークである。）

このことから，"以"類の目的表現を単にその意味内容そのものに基づいて二分することは現象の包括的な記述に甚だ不十分といわざるを得ない。意味的特徴のほかに，統語的特徴も視野に入れておくべきであろう。

一方，邢福义（2001：126-134）では，「広義的因果関係」[1]を表すものとして"以便""以使""以免""以防""借以""用以"について記述がなされ，これらの表現はすべて一語として扱われている。だが，例(2)においては，"以"と"使"が別々の語として働きを異にしていると認めなければならない。

(2) 2008年，石家庄市决定投资1400亿元人民币进行城市建设，<u>以使</u>城市面貌"三年大变样"。(《检察日报》2009年9月1日）（3年かけて都市の様相を一新するため，2008年，石家荘市が1400億元の都市建設資金の拠出を決めた。）

　つまり，ここで接続詞として機能しているのは"以"だけで"使"が動詞として機能しているのである。この見解はさらに例(2)の"以使"を"为了"で置き換えてみた場合，<u>"为了使城市面貌三年大变样"</u>のように"以"のみが置き換えられ"使"は置き換えられないことによっても裏付けられる。
　"以使"に限らず，"以求""以免""以防"なども先行研究では（江天1983，邢福义2001，現代汉语规范词典2004）一接続詞とされている。しかし，実際の用例を観察してみると，例(3)(4)(5)に示すように一接続詞として機能しない場合もある。

(3) 因为不是空调车，不少市民一坐下便拉开车窗，<u>以求</u>一丝凉意。(《都市时报》2012年5月21日）（冷房車でないので，涼しさを求めるために，座ったらすぐ窓を開ける市民が少なくない。）
(4) 脾胃虚弱、虚寒体质的人，应该少吃，<u>以免</u>寒气过重。(《人民网》2012年6月27日）（胃腸の弱い人，冷え症のある人は冷えがひどくならないように，なるべく食べないほうがよい。）
(5) 他只得也跑出洞外，登在悬崖上瞭望着各方的动静，<u>以防</u>意外。(《中国现代作家儿童文学精选》）（万一のことを防ぐために，彼はや

むをえず洞窟の外に出て崖を攀じ登って高所から周りの動きを監視していた。）

　例（3）（4）（5）においては"以求""以免""以防"の後に名詞の"一丝凉意""寒气过重""意外"しか現れていない。そのような場合は"以"と"求""免""防"がそれぞれ独自の意味・機能を持っていると考えられる。つまり，"以求""以免""以防"の後に動きを表す要素が欠けた場合は，"以"だけが接続詞として機能し，"求""免""防"が動詞として機能すると認めるべきである。先行研究では，"以求"についての言及が見当たらない[2]。

　このように辞書の記述も含め，先行研究では"以"類の目的表現の文法的特徴の全容が明らかにされていないといえる。"为"類の目的表現と同様に，"以便""以期""以求""以免""以防""借以""用以"の意味・用法を考える場合も，従属節の述語に話し手や主節の主体にとって利益の含意があるかないか，主節と従属節が同一主語を共有するか否かということが重要なポイントとなるのである。

　本研究では，"以"類の目的表現の語構成的特徴に基づいて"以便""以期""以求""以免""以防"を"以"前置型の目的表現と名づけ，"借以""用以"を"以"後置型の目的表現と名づける。このような分類を踏まえ，それぞれがどのように分布しているかを明らかにし，さらに統語的に主節と従属節が同一主語を共有するか否かという観点を導入し，"为了""为""为了＋不"とのつながりを究明する。それに合わせて接続詞化の度合いという観点から各形式間の相違を見出すことを試みたい。

　以下3では，具体的な用例に基づいて"以"前置型の目的表現の構文的分布について考察し，4では"以"後置型の目的表現の構文的分布について論じる。5では，"以"類の目的表現の接続詞化の度合いを検証し，6では，これらによって新たに得られた知見をまとめる。

3 "以"前置型の目的表現の分布状況

　この節では，"以"前置型の"以便""以期""以求""以免""以防"の意味・用法に焦点を当てる。意味的には"以便""以期""以求"は"为了""为"で置き換えられることがあり，"以免""以防"は"为了＋不"で置き換えられることがあるが，統語機能の観点からみれば，主節と従属節が同一主語を共有するか否かによって"以"類の目的表現が"为了""为""为了＋不"で置き換えられる場合と置き換えられない場合がある。まず"以便""以期""以求"の分布状況について考察を加える。

3.1　"以便""以期""以求"の構文的分布

　第1章で述べたように，"为""为了"は利益を含意する動詞や動詞句としか共起しない。それと同様に，"以便""以期""以求"も常に利益を含意する動詞や動詞句の後続を要求し，そうすることによって後件に続けることが可能になるのである。"以便""以期""以求"の目的用法については以下の用例が挙げられる。

(6) 目前，各国政府正在推出各种政策，<u>以便稳定国际金融市场</u>。(《南方日报》2008年12月25日)（目下，各国の政府は国際金融市場を安定させるために，色々な政策を打ち出している。）

(7) 但只要有机会，她就让秘书给她读报纸和刊物，<u>以便掌握宣传动态</u>。(《党史博览》2012年6月21日)（しかし，チャンスさえあれば，広報の新しい動きを把握するために，彼女は秘書に新聞や雑誌を読み聞かせてもらったりする。）

(8) 他总是无情地解剖自己，<u>以期</u>引起党内同志的警戒。(《人民日报》2009年2月19日)（党内の注意を喚起するため，彼はいつも容赦なく自己批判をしていた。）

(9) 另一支特种部队从阿富汗潜入伊朗东部，<u>以期</u>能侦察到可能隐藏在该地区地下的核设施、生化设施和导弹阵地。(《北京日报》2012

年 2 月 15 日）（地下に隠れた核施設や生物化学施設及びミサイルの拠点を把握するために，もう 1 つの部隊がアフガニスタンからイランの東部に潜入した。）

(10) 这两年中，各地采取了许多措施和办法，<u>以求</u>优化本地区的信用环境。（《上海证券报》2003 年 6 月 20 日）（この 2 年間，信用状況を向上化させるため，各地では色々な措置が取られた。）

(11) 钢厂与钢贸商均在降价出售钢材，<u>以求</u>暂稳市场份额。（《国际金融报》2012 年 6 月 20 日）（市場でのシェアの一時的安定化を図るため，鉄鋼メーカーと鋼材の貿易商が価格を下げて販売している。）

　上の 6 つの例文における"以便""以期""以求"は後件としての従属節の文頭において機能するという点においては共通している。しかし，意味上の相違がないわけではない。この 3 つの形式の意味性格について，次のように説明する。

　"以便"が用いられた場合，主節の述語は従属節の表す事柄が手間もなく行えるように，都合の良い処置ができるように，障害を取り除く，または便宜をはかるという含みを持つことになる。例(6)に基づいて説明すれば，主節の"推出各种政策"には従属節の"稳定国际金融市场"ということを実現させるために便宜をはかる，障害を取り除くという意味が含まれている。

　一方，"以期"は従属節の事柄が現実のものになるように期待して態勢を整える，または望みをかけて物事を処理するという含みを持っている。例えば，例(8)については，主節の"无情地解剖自己"は従属節の"引起党内同志的警戒"という事柄が現実になるために態勢を整えるものとして解されうる。

　さらに，"以求"はそうあってほしいと希望し，手間をかけたり努力したり，相手に行動を促したりするという意味を含み持つものである。また"以求"は願いがかなうように自ら結果を追い求めるという積極的な意味合いが強いのに対して，"以期"は好ましい事態の実現をあてに

して準備して待つというニュアンスを伴っている。

　第1章で述べたように，"为"類の目的表現は"能""能够"を伴う場合を除いて，主節と従属節が同じ主語を共有する文にしか生起しえない。しかし，"以便""以期""以求"はこのような制限を受けないようである。つまり，"以便""以期""以求"は主節と従属節が同一主語を共有する文にも異なる主語を有する文にも生起しうるのである。

　次は主節と従属節が同一主語を共有する場合と共有しない場合に分けて"以便""以期""以求"の構文的分布状況をみる。

3.1.1　主節と従属節が同一主語を共有する場合

　利益を含意する述語を伴い従属節の表す事柄の発生を目指すという意味を表す点において"以便""以期""以求"は似通っている。しかし，共通点はこれだけではない。"以便""以期""以求"の統語機能に目を転じてみると，例えば，例(12)〜(17)に示すように，接続詞のすぐ後に動詞フレーズが現れた場合，主節と従属節が同一主語を共有することになるということも共通した特徴である。

(12) 目前，蒋官屯派出所已向上级业务部门汇报，<u>以便</u>对这些子弹进行专业处置。(《人民网》2012年6月20日)（目下，これらの銃弾を専門的に処分するために，蒋官屯派出所は上の担当部署に報告した。）

(13) 警方还提取了马尼奥塔的DNA，<u>以便</u>确认其是否和其他凶杀案有关。(《人民网》2012年6月20日)（警察では余罪があるかないかを確認するため，マニオタ容疑者のDNA鑑定が行われた。）

(14) 兰州市早在2006年就已着手建设海窑隧道工程，<u>以期</u>改善当地的交通状况，只因历史遗留问题影响项目的进展。(《人民日报》2012年6月21日)（地元の交通状況を改善するために，蘭州市は早くも2006年ごろから海窑トンネルの建設プロジェクトを始めた。しかし，長年にわたって解決されていない問題が原因でプロジェクトが順調に進んでいない。）

(15) 中国制定了雄心勃勃的航天计划，<u>以期</u>实现跨越式发展。(《参考消息》2012年6月13日)（中国は飛躍的な発展を目指して，意気込みにあふれた宇宙開発計画を立てている。）
(16) 土方正就这一事件与叙方接触，<u>以求</u>尽快找到两名失踪飞行员。(《南方日报》2012年6月25日)（なるべく早く行方不明のパイロットが見つかるように，トルコがシリアと交渉している。）
(17) 第二个要领是保持微笑。王京晔便咬着筷子，<u>以求</u>达到最完美的笑容，绝不让自己有丝毫放松的念头。(《新安晚报》2012年6月11日)（第2のポイントは微笑みを保つことである。最高の微笑みを浮かばせるために，王京晔はお箸を嚙んで絶対気を緩めないように工夫していた。）

"以便""以期""以求"の統語機能は主節と従属節が同一主語を共有している場合と共有していない場合とで違いがみられる。その違いは"为了""为"で置き換えてみた場合に明らかになる。つまり，主節の述語と従属節の述語が同一主語を共有している場合の"以便""以期""以求"は"为了""为"で置き換えることが可能であるが，共有していない場合は，"为了""为"で置き換えることが不可能である（この章の3.1.2を参照されたい）。例えば，例(12)(13)(14)(15)(16)(17)における"以便""以期""以求"は例(12')(13')(14')(15')(16')(17')のように前件を後件に変え，後件を前件に変えるという条件で"为了""为"で置き換えることが可能である[3]。

(12') 目前，<u>为了</u>对这些子弹进行专业处置，蒋官屯派出所已向上级业务部门汇报。
(13') <u>为了</u>确认其是否和其他凶杀案有关，警方还提取了马尼奥塔的DNA。
(14') <u>为了</u>改善当地的交通状况，兰州市早在2006年就已着手建设海窑隧道工程，只因历史遗留问题影响项目的进展。

(15')　<u>为了</u>实现跨越式发展，中国制定了雄心勃勃的航天计划。
(16')　<u>为了</u>尽快找到两名失踪飞行员，土方正就这一事件与叙方接触。
(17')　第二个要领是保持微笑。<u>为了</u>达到最完美的笑容，王京晔便咬着筷子，绝不让自己有丝毫放松的念头。

　例(12)(13)(14)(15)(16)(17)では主節と従属節の意味関係が時間の前後，発生のあとさきとも関係し，主節としての前件の表す事柄が従属節としての後件の表す事柄より先に発生するが，"为了""为"で置き換えた場合は，前件の事柄が後件の事柄より後に発生することになる。
　また，例(12)と(12')においては主節の表す事柄と従属節の表す事柄が同じ主体によってなされ，いわば従属節における"对这些子弹进行专业处置"ということも主節における"向上级业务部门汇报"ということも"蒋官屯派出所"によってなされているのである。例(13)(14)(15)(16)(17)と(13')(14')(15')(16')(17')についても，主節述語の表す動きと従属節述語の表す動きが同じ主体によってコントロールされていると解されうる。
　さらに，"以便""以期""以求"と"为了""为"は同じ文に現れることがある。そのような場合は"为了""为"を含む節が"以便""以期""以求"を含む節より常に先行し，両者を前後に入れ替えることができない。

(18)　<u>为了</u>与徐有芝保持关系，<u>以求</u>在工程上得到照顾，蒋新忠还借徐有芝家里办丧事之机，送去１万元钱。(《检察日报》2009年４月９日)
　　　(徐有芝との関係を維持し，入札時に配慮してもらうために，蒋新忠は徐有芝家の葬式を機会に１万元を送った。)

　例(18)の"以求"を含む節は，例(18')のように主節の後に置くことも可能である。ただし，主節の後に続く場合は"以"類の目的表現を含む節の表す動きは主節の表す動きに続いて起こるということになるのである。

(18') <u>为了</u>与徐有芝保持关系，蒋新忠还借徐有芝家里办丧事之机，送去1万元钱，<u>以求</u>在工程上得到照顾。

　また，例(18)の主語の状況をみても，主節と従属節が同一主語を共有しているのである。そのため，"以求"は"为了""为"で置き換えることが可能である。つまり，"为了""为"は"为了～，为了～""为～，为～"のような形で2つ以上の従属節を並立させることが可能である。

3.1.2　主節と従属節の主語が異なる場合

　統語機能の観点からみれば，二次的目的表現としての"以便""以期""以求"と一次的目的表現としての"为了""为"との根本的な違いは後件の文頭において機能しなければならないことと，主節と従属節が同一主語を共有しない文にも現れうることである。主節と従属節の主語が異なる場合は，接続詞の後には動詞や動詞フレーズが続くのではなく，主述構造が後接するのである。

(19) <u>宋子文</u>在这时提出异议，极力让周恩来说服杨虎城，<u>以便蒋介石和宋美龄</u>在当天同走。(《中共党史研究》2007年第2期) (宋子文はその時反対意見を述べた。蒋介石と宋美齢が当日一緒に出発できるように，周恩来に楊虎城を極力説得するように頼んだ。)

(20) <u>民政厅</u>将通过网上寻亲专栏统一向社会发布，<u>以便流浪乞讨人员与亲属</u>及时相认。(《新安晚报》2012年6月20日) (ホームレスがその家族と早く連絡がとれるように，「民政庁」(厚生部)がネット上の肉親捜しゾーンを利用して統一的に情報を発信することにしている。)

(21) 去世前夕，<u>她</u>把这件事记在了本子上，<u>以期家人</u>将来把钱还上。(《人民日报》2009年2月27日) (家族が将来金を返すように，彼女は世を去る前にそのことを手帳に書いておいた。)

(22) <u>北约</u>正在对忠于卡扎菲的部队进行"攻心战"，<u>以期他们</u>放下武器放弃反抗。(《中国新闻网》2011年5月18日) (カダフィの部隊が

抵抗をやめるように，NATOは人心をとらえる政策を行っている。)

(23) 训练地通常选在野外各种陌生的地形上，<u>以求新兵</u>能掌握识图用图的真本事。(《中国国防报》2003年8月26日)(新兵が設計図の識別と運用を身につけるように，訓練は通常野外の不案内なところが選ばれた。)

(24) <u>山东大学</u>在录取通知书里还附上了大学党委书记和校长的照片，<u>以求学生</u>能第一时间就可以和大学领导"面对面"。(《中国青年报》2011年8月5日)(学生たちが一番最初に大学の指導部と「対面」できるように，山東大学は入学通知書に大学の党委員会書記長の写真と学長の写真を同封した。)

　主節の表す事柄と従属節の表す事柄が異なる主体によってなされている場合は，主節の主体（主語）も従属節の主体（主語）も顕在化しなければならない。例(19)を例に取ってみても，主節の主体（主語）は"宋子文"であり，従属節の主体（主語）は"蒋介石和宋美齢"である。従属節の主語が顕在的に出現するということは，従属節述語の表す行為が主節の主体と直接に関わりを持たず，別の主体によってなされていることを示すためだと考えられる。

　主節と従属節が同一主語を共有する場合と違って，異なる主語を有する場合の"以便""以期""以求"は目的を表す"为了""为"で置き換えることができない。ただし，例(19')(20')(21')(22')(23')(24')に示すように，"为了""为"の後にさらに使役を表す"让"や"使"を入れれば成立する[4]。

(19') <u>为了（让／使）</u>蒋介石和宋美龄在当天同走，宋子文在这时提出异议，极力让周恩来说服杨虎城。

(20') <u>为了（让／使）</u>流浪乞讨人员与亲属及时相认，民政厅将通过网上寻亲专栏统一向社会发布。

(21') <u>为了（让／使）</u>家人将来把钱还上，去世前夕，她把这件事记在了

本子上。
(22')　<u>为了（让／使）</u>他们放下武器放弃反抗，北约正在对忠于卡扎菲的部队进行"攻心战"。
(23')　<u>为了（让／使）</u>新兵能掌握识图用图的真本事，训练地通常选在野外各种陌生的地形上。
(24')　<u>为了（让／使）</u>学生能第一时间就可以和大学领导"面对面"，山东大学在录取通知书里还附上了大学党委书记和校长的照片。

　例(19')(20')(21')(22')(23')(24')が成り立つのは動詞の"让""使"の介入によって，主節述語の表す事柄と従属節述語の表す事柄が同一主体によってコントロールされることになるからだと考えられる。

3.2　"以免""以防"の構文的分布

　前述のように，「達成」と「回避」はただ表面的認識に基づいた分類にすぎない。"以"前置型の目的表現の内部の意味・機能の違いは共起制限にも現れる。具体的にいえば，例(25)～(29)のように，いわゆる「達成」を表す"以便""以期""以求"は常に利益が含意される動詞や動詞フレーズと共起するのに対して，いわゆる「回避」を表す"以免""以防"は逆に不利益の意味合いを含み持つ動詞や動詞フレーズとのみ共起するのである。もう一度"以便""以期""以求"と"以免""以防"の共起制限をみる。

(25)　我们想拍下你在悬崖间采蜜的惊险过程，<u>以便</u>世人永远记得尼泊尔采蜜人的故事。(《青年文摘》1985年6月6日)（ネパール人の養蜂業者のストーリーを永遠に人々に覚えてもらうために，崖で蜂蜜を採るスリリングなシーンを撮っておきたい。）
(26)　发达国家加快调整科技和产业发展战略，<u>以求</u>塑造新的竞争优势。(《河南日报》2010年4月12日)（新たな競争力を生み出すために，先進国が科学技術政策と産業促進戦略の調整を加速させている。）

(27) 西方国家政府正在积极探索和发展电子民主，以期发挥更大的效用。(《中国行政管理》2010 年 4 月 24 日)（もっと大きな効果を生み出すために，欧米の各国の政府は電子民主主義の模索と促進に取り組んでいる。）

(28) 不要公开成立群众团体，不要进行土地改革，以防敌人摧残群众。(《毛泽东选集第四卷》)（敵側が群衆に害を与えないように，公然と群衆の団体をつくるな。公然と土地改革を行うな。）

(29) 但老二老三绝不提起一句，以免别人误会。(《文摘报》2010 年 4 月 21 日)（しかし，ほかの人たちが誤解しないように，2 番目の子と 3 番目の子はそのことについて一言も言及しなかった。）

　例(25)(26)(27)の従属節の述語には結果的に利益になることが含意され，例(28)(29)の従属節の述語には不利益なことが含意されている。人間の社会にあって，常識的には不利益なことを目指して努力することは考えられない。例(25)～(29)のような事実は"以"類の目的表現の成立には，発話される文脈に依存する意味的・機能的・語用論的といった，複数の要因が関わっていることを示す例と言える。

　共起制限についていう限り，"以免""以防"は"以便""以期""以求"と異なっている。しかし，構文的分布についていえば，"以免""以防"も主節と従属節が同一主語を共有する場合と共有しない場合の 2 つに分布している。"免得""省得"も"以防""以免"とさほど変わらぬ意味・機能を持っているが，"以"類の目的表現ではないから，この章では触れないことにする。

3.2.1　主節と従属節が同一主語を共有する場合

　"以免""以防"はともにいわゆる「回避」を表すといえるけれども，両者はまったく同じ意味・用法を有しているわけではない。"以免"には好ましくないことを被らずに逃れるという控えめな意味合いが感じられ，必ずしも自ら進んで働きかけるとは限らない。それに対して，"以

防"は不測事態の発生に備えて積極的に手段を講じて何かを守る，または用心深く前もって計画を立てて事態の発生を食い止めるという意味合いが強いようである。さらに"以免"は程度が低い事柄を表す場合に用いられるのに対して，"以防"は程度の高い事柄を表す場合に用いられる。意味・用法の相違は次の対比によって明らかである。

(30) 孔从周默默地坐在一旁望着他，<u>以免</u>干扰他。(《人物》2008 年第 10 期)(彼の邪魔にならないように，孔従周は黙って傍に座って彼を眺めていた。)

(31) 首先对中奖人来说，他们一般不想公开自己的信息，<u>以免</u>给自己带来不必要的麻烦。(《新京报》2012 年 6 月 23 日)(まず，賞にあたった人にとっては，厄介なことを避けるために，自分の情報を公開しないのが普通である。)

(32) 我只想尽快澄清，<u>以免</u>误人子弟！(《西安晚报》2012 年 6 月 21 日)(人々を誤らせないために，ただ早く真相をはっきりさせたいだけです。)

(33) 每台挖掘机上除了司机外，都坐着一个消防官兵，死盯工作面，<u>以防</u>错过遇难者遗体。(《华商报》2011 年 9 月 21 日)(掘削機は運転手のほかに，消防隊員も乗っている。遭難者の遺体を見逃さないように，じっと切り場を見つめている。)

(34) 应避免暴饮暴食，<u>以防</u>损伤脾胃。(《人民网》2012 年 6 月 5 日)(胃腸を傷つけないためには，暴飲暴食を避けるべきだ。)

(35) 初时，走在前面的轿夫小心翼翼地"择地而行"，<u>以防</u>弄脏他脚上的新鞋。(《人民网》2012 年 5 月 16 日)(最初は新しい靴を汚さないように，前方のかごかきは注意深く道を選んで歩いていた。)

"以免"を用いた(30)は自然であるが，それを"以防"に置き換えると，目的節としては不適格となる。

(30') *孔从周默默地坐在一旁望着他，<u>以防</u>干扰他。

一方，例(33)は例(33')のように"以防"を"以免"で置き換えても，目的節としては成り立つのである。

(33') 毎台挖掘机上除了司机外，都坐着一个消防官兵，死盯工作面，<u>以免</u>错过遇难者遗体。

なぜこのような適格性の違いが生じるのだろうか。このことについては，"以防""以免"の意味素性の観点から説明しなければならない。

"以防""以免"は主節と従属節が同一主語を共有する場合も，共有しない場合も用いられる。しかし，例(30)に示すように，従属節述語の表す事柄が取るに足らない事柄であれば，"以防"が生起しにくい。"以防"の語彙的意味には程度が高いという含意が含まれている。そのため，それと共起する後続の動詞も程度の高い事柄を表すものでなければならない。しかし，例(30)における"干扰他"はささいなこととして認めなければならない。つまり，"以防"で置き換えると，大げさに取り上げるという感じになってしまうのである。

次に，なぜ例(33)のような文では"以防"と"以免"の両方が適格であるかをみる。例(33)における"错过遇难者遗体"は「用心深く計画を立てて事態の発生を食い止める」べきこととしてとらえられるし，「自ら進んで働きかける」必要がないこととしてもとらえられる。前者の文脈であれば，"以防"が用いられ，後者の文脈であれば，"以免"を用いてもかまわないのである。

それから，もう１つ，例(30)～(35)のような同一主語を共有する文における"以免""以防"の統語機能は"为了＋不"で置き換えることが可能である。このことも"为"類の目的表現が基本的には同一主語を共有する場合に用いられるという統語特徴の裏付けになると考えられる。

3.2.2 主節と従属節の主語が異なる場合

主節と従属節の主語が異なる場合は，"以免""以防"の後に動詞や動

詞フレーズが現れるのではなく，主述構造が続くのである。この点においては"以便""以期""以求"と共通している。例（36）（37）（38）（39）（40）（41）は主節と従属節がそれぞれ独自の主語を有している文なので，文中の"以防""以免"は"为了＋不"で置き換えることができない。

(36) a <u>部队</u>乘车赶到蓝田、临潼之间的油坊街一带布防封锁，<u>以防蒋介石</u>从这里逃出。（李云峰《西安事变史实》）（蒋介石がここから脱走しないように，部隊は車で臨潼と藍田の間にある油坊街に行って封鎖をした。）
  b* <u>为了不蒋介石</u>从这里逃出，部队乘车赶到蓝田、临潼之间的油坊街一带布防封锁。
(37) a <u>他们</u>近期一边忙于烹炒煎炸各种鸭、鹅肝菜品，一边还要做好保密工作，<u>以防动物保护人士</u>抗议。（《广州日报》2012年6月19日）（彼らは最近，動物保護団体に抗議されないように，各種のフォアグラ料理をつくりながら秘密を守らなければならなかった。）
  b* <u>为了不动物保护人士</u>抗议，他们近期一边忙于烹炒煎炸各种鸭、鹅肝菜品，一边还要做好保密工作。
(38) a <u>他们</u>走访学校、工作场所及其他地点进行宣传，<u>以防它们</u>灭绝。（《中国新闻网》2012年6月15日）（それらの動物が絶滅しないように，彼らは学校や会社の現場などを訪問して宣伝活動を行った。）
  b* <u>为了不它们</u>灭绝，他们走访学校、工作场所及其他地点进行宣传。
(39) a 通常情况下，<u>父母</u>会竭尽全力保护自己心爱的孩子，<u>以免他们</u>受到意外伤害。（《新华网》2012年6月15日）（通常，子供が被害を受けないように，親は全力を尽くして可愛い我が子を守るはずだ。）
  b* 通常情况下，<u>为了不他们</u>受到意外伤害，父母会竭尽全力保护自己心爱的孩子。
(40) a 船体倾斜得十分厉害，<u>我</u>不得不拉住其他乘客，<u>以免他们</u>从走廊中掉入海里。（《新京报》2012年1月16日）（船がだいぶ傾いて

いる。その他のお客さんが海に落ちないように，わたしは彼らをしっかりと掴まなければならなかった。）

  b *船体傾斜得十分厉害，<u>为了不他们</u>从走廊中掉入海里，我不得不拉住其他乘客。

(41) a 一待敌人进入我伏击地区时，则扼止其先头，<u>以免其</u>逃出伏击圈。《刘伯承军事文选》（敵が待ち伏せから逃れないように，敵が待ち伏せ地に入ったらその先頭を阻止する。）

  b *<u>为了不其</u>逃出伏击圈，一待敌人进入我伏击地区时，则扼止其先头。

  例(36)b(37)b(38)b(39)b(40)b(41)bはいずれも非文である。3.1.2で述べたように，主節と従属節が別々の主語をとる場合は，2つの主語を明確に標示する必要がある。このことはさらに例(36)(37)(38)(39)(40)(41)によっても裏付けられる。例(36)では，主節の主語が"部队"であり，従属節の主語が"蒋介石"である。例(37)(38)(39)(40)(41)をみても，主節の主語と従属節の主語が明らかに異なっているのである。ただし，例(41)では，"逃出"の主語は"其"であるのに対して，"扼止"の主語は形としては現れていない。"我""我们"のようなものが省略されたのだろう。

  ここで構文的分布に基づいて，"以"前置型の目的表現と"为"類の目的表現との関わりを以下のようにまとめる。

(42) 主節と従属節が同一主語を共有する場合は，従属節が[CONJ+VF]のような構造になり，"以"類の目的表現は"为了""为""为了+不"で置き換えることが可能である。

(43) 主節と従属節が同一主語を共有しない場合は，従属節が[CONJ+NP + VP]のような構造になり，"以"類の目的表現は"为了""为""为了+不"で置き換えることが不可能である。

このように，"以"前置型の目的表現の構文的分布を考える場合，単に「達成」「回避」のような捉え方でうまく処理できない問題も，従属節の述語に利益の含意があるかないか，主節と従属節が同一主語を共有するか否かという観点から論述すれば，容易に説明がつくのである。

4　"以"後置型の目的表現の分布状況

目的を表す意味・機能において，"用来""用作""用于"は"借以""用以"と類義関係にある。序章で述べたように，"用来""用作""用于"はほとんどの場合において"用以"と似通っているので，本研究では取り上げないことにする。

この節では，"以"後置型の"借以""用以"の目的用法に焦点を当てて，"以"前置型としての"以便""以期""以求"の目的用法との関連や"为了""为"との関連について述べる。《现代汉语规范词典》(2004)では"借以""用以"が動詞として分類され，邢福义(2001)では接続詞として扱われているが，どちらも"借以""用以"の文法的な性格を充分に捉えているとはいえない憾みがある。

実際，"借以""用以"は例(44)(45)(46)(47)(48)(49)のように接続詞として機能することもあれば，例(50)(51)(52)(53)(54)(55)のように動詞として機能することもある。なぜこのような二面性を有しているかについては，文法上の性質に基づいて説明を加えることが可能である。それは単文に現れるか，複文に現れるか，という機能上の違いによるものと考えられる。

(44) 让人民币适度升值，<u>借以</u>缓解进口商品价格上涨的影响。《中国经济时报》2009 年 4 月 7 日）（輸入品の価格上昇を緩和させるために，人民元を適切に切り上げる。）

(45) 犯罪嫌疑人张利表情渐渐变得暴燥，企图用开水灌身进行自残，<u>借以</u>逃避法律责任。(《南国都市报》2012 年 3 月 21 日）（張利容疑者

はしだいに荒っぽくなってきた。法的責任を逃れるために，熱湯を体にかけて自分の体を傷つけようとした。）

(46) 不久，他整理出版了《环球视察记》，<u>借以抒发他忧国报国的热情</u>。（《内蒙古日报》2011年12月1日）（国を憂い国に報いる気持ちを表そうと思い，彼は間もなく『世界一周視察記』を整理し出版した。）

(47) 将更多的资源调配到自主创新阶段，<u>用以改善科研条件</u>，完善技术创新体系建设。（《黑龙江日报》2008年12月1日）（科学研究の条件を改善し技術開発の新たな体系を完備させるために，自主的に開発するプロセスに多くの資源を配置した。）

(48) 在江苏省淮安，宿迁一带，端午节家家户户都悬挂钟馗像，<u>用以镇宅驱邪</u>。（《人民网》2012年6月20日）（江蘇省の淮安，宿遷あたりでは，家を鎮め魔除けをするために，端午の節句になると，どの家も鍾馗の像を掲げる。）

(49) 除此之外，日产还推出了一款4门版本的第四代Skyline GT-R，<u>用以庆祝日产公司成立40周年</u>。（《汽车之家》2012年6月27日）（このほか日産は会社成立40周年を祝うために，4ドアバージョンの第4代のSkyline GT-Rを発表した。）

例(44)(45)(46)(47)(48)(49)中の"借以""用以"は"以"前置型としての"以便""以期""以求"で置き換えていうことが可能である。ただし，"以便"で置き換えたら，従属節の表す事柄の発生のために，便宜を図るという意味合いを帯びることになり，"以期"で置き換えたら，従属節の事柄の発生を待ち望んで体制を整えるという意味合いを帯びることになる。また，"以求"で置き換えられたら，従属節の表す事柄の発生を希望し，努力するという含みを持つことになるのである。

さらに，接続詞としての"借以""用以"は主節の述語と従属節の述語が同一主語を共有する複文にしか現れないという統語的特徴を持っている。そのため，例(44)(45)(46)(47)(48)(49)の中における"借以""用以"は前件を後件に変え，後件を前件に変えるという条件で，"为了"

"为"で置き換えることが可能である。

(44')　为了缓解进口商品价格上涨的影响，让人民币适度升值。
(45')　犯罪嫌疑人张利表情渐渐变得暴燥，为了逃避法律责任，企图用开水灌身进行自残。
(46')　不久，为了抒发他忧国报国的热情，他整理出版了《环球视察记》。
(47')　为了改善科研条件，完善技术创新体系建设，将更多的资源调配到自主创新阶段。
(48')　在江苏省淮安、宿迁一带，为了镇宅驱邪，端午节家家户户都悬挂钟馗像。
(49')　除此之外，为了庆祝日产公司成立40周年，日产还推出了一款4门版本的第四代Skyline GT-R。

ただし、"借以"と"用以"の間に相違点がないわけではない。"借以"は主節の表す事柄を手段や方法、或いは対策として生かすという含みを持っているのに対して、"用以"は金や物がどんな範囲で使われるかという含みを持っているのである。つまり、「使い道」を表す意味・機能も持っているのである。そのため、例(44)(45)の従属節における"借以"は"用以"で置き換えると、据わりの悪い表現になってしまうのである[5]。

(44")　?让人民币适度升值，用以缓解进口商品价格上涨的影响。
(45")　?犯罪嫌疑人张利表情渐渐变得暴燥，企图用开水灌身进行自残，用以逃避法律责任。

しかし、"借以"と"用以"はまったく相いれない関係にあるわけではない。例えば、例(46)のような文環境では、"借以"と"用以"の両方が生起しうるし、例(47)(48)のような文環境では"借以"を用いても成立するのである。

(46″) 不久，他整理出版了《环球视察记》，<u>用以抒发他忧国报国的热情</u>。
(47″) 将更多的资源调配到自主创新阶段，<u>借以改善科研条件</u>，完善技术创新体系建设。
(48″) 在江苏省淮安、宿迁一带，端午节家家户户都悬挂钟馗像，<u>借以镇宅驱邪</u>。

ただし，例(46)は"用以"で置き換えたら，金や物の使い道を表すものとして解釈しなければならず，例(47)(48)は"借以"で置き換えたら，主節の表す事柄は手段や方法，または対策として解釈しなければならない[6]。

単文に現れた"借以""用以"は，文と文を連結する働きをしないため，"以"後置型の目的表現と区別して扱わなければならない。例(50)(51)(52)(53)(54)(55)においては，判断動詞の"是"を含めた成分が"借以""用以"に先行し，動詞フレーズが目的語として"借以""用以"に後接している。このような意味・用法の"借以""用以"は，むしろ動詞的な振る舞いをしていると認めるべきである。

(50) 我只<u>是他们借以</u>透视中国改革和命运的一个象征，一个符号。(《中国青年报》2009年1月23日)（わたしは，ただ彼らの中国の改革，中国の運命を観察するシンボルであり記号であるにすぎない。）
(51) 章太炎此次讲学，虽自称<u>是借以</u>自娱，实则从未忘记与袁世凯斗争。(《北京日报》2012年3月12日)（章太炎の今回の学術講演は自分一人で楽しむと称しながらも，実際は袁世凱との戦いを一度も忘れることはなかった。）
(52) 787和A380分别是波音和空客推出的最新机型，<u>也是两家公司借以</u>争夺航空市场的新利器。(《羊城晚报》2012年12月1日)（787とA380はボーイングとエアバスが発表した最新型の飛行機であり，シェアを争うための目玉商品でもある。）
(53) 这个学校<u>是国民党用以</u>培训政治干部的地方。(冷夏 辛磊《金庸

传》）（この学校は国民党が政治活動要員を養成する場である。）

(54) 父亲的形象和"胡子"有着千丝万缕的关系，胡须也是男士用以表现自己气质、风度的一种标志，而剃须刀也在父亲节成为了送礼首选。(《浙江日报》2012年6月15日)（父親のイメージは「ヒゲ」と密接に関係している。ヒゲは男性が自分の風格，人柄をアピールするしるしであり，そのため，ひげそりは父の日のプレゼントとしてもっとも人気がある。）

(55) "幽默"不过是他用以调节课堂气氛的手段。(《北京青年报》2008年9月10日)（「ユーモア」は単に彼が授業の雰囲気をコントロールする手段にすぎない。）

　単文に用いられた"借以""用以"は"以便""以期""以求"で置き換えることができない。意味的相違が原因の1つであるが，統語機能が接続詞と相いれない関係にあることも原因の1つとして考えられる。つまり，"以便""以期""以求"で置き換えられないことも"借以""用以"が接続詞ではないことを裏付けている。

　例(44)〜(49)と例(50)〜(55)の比較を通じてみたように，"借以""用以"は，複文に用いられる場合，接続詞的機能を果たすのに対し，単文に用いられる場合は，動詞として機能するという結論が得られる。これは統語機能と意味機能との相関を示すものであり，本研究の立場も，これによっていっそう支持されるものと思われる。

　このことによって，"借以""用以"の品詞について，〔接続詞・動詞〕と規定するほうがその文法的な性格を充分に反映させることができると考える。ただし，動詞として用いられても，副詞の"不"の修飾を受けず，必ず動詞フレーズを目的語として取るため，普通の動詞と比べてやはり異質な存在であることも認めなければならない。

5 "以"類の目的表現の接続詞化の度合い

　先にも指摘したように，従来"以便""以期""以求""以免""以防""借以""用以"などは接続詞とされているが，すべての用例について，画一的に処理することができるわけではない。例えば，"以期""以求""以免""以防"は共起するものの性格の違いによって，"以"と"期""求""免""防"がそれぞれ単独に意味・機能を担うことがある。

　行動の目的を示すのが"以"類の目的表現の基本である。そのため，意志によって左右される行為を表す動詞が"以"類の目的表現の後に続くのが普通である。しかし，例(56)～(63)に示すように，"以期""以求""以免""以防"の後の表現に意志性がみられない場合がある。

(56) 蒋介石提出"和平谈判"，发动"和平攻势"，<u>以求喘息之机</u>。(朱维群《让历史告诉未来》)（息をつく機会を得るため，蒋介石は「和平交渉」を持ちかけ，「平和攻勢」を始めた。）

(57) 有的把口号、数字、报告搞得大张旗鼓，<u>以求轰动效应</u>。(《人民网》2012年5月23日)（センセーションを巻き起こすために，スローガンや数字，または報告などを大がかりにする場合もある。）

(58) 这位老先生家被抄，人被打，但他还想咬牙坚持下去，<u>以期柳暗花明</u>。(《北方文学》1986年第2期)（そのお年よりは家財が没収され，暴力を受けたにもかかわらず，転機が訪れるのを心待ちして歯を食いしばって頑張っている。）

(59) 左宗棠提出把浮桥改建成铁桥，<u>以期一劳永逸</u>。(《西部商报》2012年4月9日)（左宗棠は一度の苦労でその後は楽にできるように，浮き橋を鉄橋に変える案を提出した。）

(60) 在趋势未明朗之前，不要追加资金，<u>以免雪上加霜</u>。(《中国证券报》2008年9月11日)（泣きっ面に蜂という事態にならないように，成り行きが不透明なうちは増資してはならない。）

(61) 如果首长去得不多，男演员可以带着女演员跳，<u>以免冷场</u>。(《羊城

晚報》2012年6月21日）（高級幹部の出席者が少ない場合は，ダンスホールがしらけないように，男性の役者が女性の役者と一緒に踊ってもよいことになっている。）

(62) "金砖四国"提出了一系列近期和长远策略，<u>以防危机重演</u>。(《国际金融报》2009年3月31日）（危機が再来しないように，ブリックスの4国が短期計画と長期計画を提出した。）

(63) 此前，主审法官通过走访民警和被告人的家人，得知被告人病情加重，有时达到三五天一发的严重程度，遂联系医院派出医护人员参与庭审，<u>以防意外</u>。(《江南都市报》2012年6月29日）（先日，裁判官が警察と被告人の家族を訪ねた。そして被告人の病状が悪化し，時々3日か5日おきに発病するということを知った。思いがけないことが起こらないように，病院に対し医者を法廷に派遣することを要請した。）

例(56)～(63)の従属節における"喘息之机""轰动效应""柳暗花明""一劳永逸""雪上加霜""冷场""危机重演""意外"といったものには意志性が認められない。しかし，"以期""以求""以免""以防"を加えた従属節全体の単位で見た場合，明らかに意志性が認められる。しかも，従属節は先行の主節と同一主語を共有するのである。

第2節で触れたように，"以期""以求""以免""以防"の後に動詞が現れていない場合は，"以"のみが接続詞として機能し，"期""求""免""防"はやはり動詞として機能していると見るほうが適切である。つまり，例(56)～(63)のような文における"以期""以求""以免""以防"については，一接続詞として捉えるのではなく，"以"と"期""求""免""防"が別々の意味・機能を有するものとして捉えなければならない。

一方，"以"後置型の目的表現としての"借以""用以"，及び"以便"にはこのような現象が見られないのはなぜだろうか。これは両者の，接続詞としての成熟度に差があることを示唆していると考えられる。

"以"の目的を表す表現としての用法は，もっとも古くは漢の時代に

遡れるといわれている（罗端［Redouane Djamouri］（2009:3-9））[7]。そうだとすれば，本研究で扱っている"以"類の目的表現は恐らくすべてそれ以降，いくつかの段階に分かれて派生してきたものだろうと考えられる。

そして，現代語においても，これらの目的表現の接続詞化の度合いが異なるのではないかと予想される。例えば，例(56)(57)(58)(59)中の"以求""以期"が"以便"で置き換えられないのもその接続詞化の度合いの違いに起因していると考えれば，説明が付く。ちなみに，"国家語委現代汉语语料库"のコーパスから抽出した548例の"以便"の用例を分析した結果，その後に常に意志動詞が現れることを突き止めることができた。

つまり，これは，単なる品詞認定の問題にとどまらず，"以"類の目的表現の統語的特徴とも密接に関係することである。この場合，接続詞か動詞か，という品詞の認定が，端的に当の形式が複文にも単文にも用いられるものなのか，それとも単文にしか用いられないのか，従属節の述語が意志性のあるものかどうか，さらに主節と従属節が同じ主語を共有するかどうか，といったいくつかの構文的条件にかかっているのである。

ここで，これらの構文的条件に基づいて，"以便"のほか，さらに"以期""以求""以免""以防""借以""用以"についてもそれぞれの構文的分布を調査した結果をまとめると，表1のようになる。

表1を通してみると，"以便"は主節と従属節が同一主語を共有する場合にも共有しない場合にも用いられるが，常に意志動詞の後続を要求し，その上，単文に現れることがない。"以便"はこのような統語的特徴を有しているので，接続詞化の度合いがもっとも高いと考えられる。

一方，"借以""用以"は複文にも単文にも用いられるが，主節と従属節が同一主語を共有していない場合は用いることができない。つまり，品詞としては，未だ動詞としての側面を濃厚に残していながら，接続詞としても用いられる程度に留まっているように，これらの形式のなかで

表1 "以"類の目的表現の構文的分布 (+は可, -は不可)

構文的条件　形式	複文での使用			単文での使用
	同一主語	非同一主語	"以"のみが接続詞	
以便	+	+	-	-
以期	+	+	+	-
以求	+	+	+	-
以免	+	+	+	-
以防	+	+	+	-
借以	+	-	-	+
用以	+	-	-	+

接続詞化の度合いがもっとも低いものと考えられる。

"以便"と"借以""用以"を両極とみれば，"以期""以求""以免""以防"は単文に現れることはないが，意志動詞を伴わない場合は，"期""求""免""防"が動詞として働くことに留まるので，接続詞としての成熟度は"以便"ほど高くはない。しかしそれでも，"借以""用以"に比べて，主節と従属節が同一の主語を共有しない場合に用いられるなど，若干接続詞化の度合いが高いように考えてよさそうである。"以"類語の接続詞化の度合いを図示すると，以下表2のようになる。

表2 "以"類の目的表現の接続詞化の度合い

(強) ←以便, 以期, 以求, 以免, 以防, 借以, 用以→ (弱)
(中　間　的)

概して，接続詞化の度合いが弱いほど動詞としての色合いが濃くなり，接続詞化の度合いが強いほど動詞としての色合いが薄くなる傾向がみられる。"以"類の目的表現の中での接続詞化の度合いは，もとの動詞としての意味機能の残存，或いは今なお本動詞として働く意味機能の度合いに反比例するといえる。

6 本章のまとめ

　以上，先行研究でただ目的節の意味内容に基づいて"以"類の目的表現を二分したのに対して，"以"前置型，"以"後置型のように分けて，その構文的分布の状況を説明した。分析の結果は次のようにまとめられる。

① "以"前置型の目的表現と"以"後置型の目的表現は複文・単文のどちらかにしか現れないか，両方に現れるか，といった使用条件に差が認められる。

② 統語的には主節と従属節が同一主語を共有する場合と共有しない場合とで，"以"類の目的表現の意味機能が異なる。前者の場合は動詞フレーズの後続を要求し，従属節が［CONJ+VP］のような構造をなすのに対して，後者の場合は主述構造のものの後続を要求し，従属節が［CONJ+NP + VP］のような構造をなすのである。

③ 複文・単文の両方に生起しうる"借以""用以"については，それぞれの文法的性格が異なる。単文に現れる場合は，動詞として機能することになり，複文に用いられる場合は接続詞として機能し，意志動詞を従属節に要求する上，同一主語を共有しなければならない。

④ "以"類の目的表現の接続詞化の度合いに違いが認められる。"以便""以期""以求""以免""以防""借以""用以"は一律に接続詞として認定することができない。"以求""以期""以免""以防"の後に意志動詞が続かない場合は，一語として認めることができない。"以便"はもっとも接続詞化の度合いが高く，接続詞としてのみ機能するが，"用以""借以"は複文・単文の両方にも現れうるために，接続詞の度合いがもっとも低いと考えられる。

注

1) 邢福义（2001）が言う「広義的因果関係」は後件が前件の結果になる場合の接続詞の意味用法を指す。
2) 《现代汉语规范词典》（2004）では"以求"は動詞として分類され，それに関する意味解釈は"希望得到"のようになっている。《现代汉语词典》（2005）では"以求"が項目として取り上げられていない。
3) 修辞上の効果を図る場合，倒置法として"目前，各国政府正在推出各种政策，为了稳定国际金融市场。"のような言い方も成立するが，これは普通の語順ではない。
4) 使役を表すマーカーは，"使""让"のほかに，"叫"や"令"もある。しかし，複数のネイティブに対する聞き取り調査の結果，例(19)～(24)のような文では，"叫"や"令"を使うと，自然さが低くなるという意見があった。
5) 10人の中国語母語話者に対するアンケート調査を行い，7人から例(44)(45)における"借以"は"用以"で置き換えると，やや不自然という回答が寄せられた。
6) 例(46″)の"不久，他整理出版了《环球视察记》，用以抒发他忧国报国的热情。"については，10人のネイティブのうち，9人が適格だと答え，1人がややおかしいと答えてくれた。
7) 罗端［Redouane Djamouri］（2009）"从甲骨、金文看'以'字语法化的过程"《中国语文》第1期，pp.3-9.

第3章
"免得""省得"の構文的分布

1 はじめに

　現代中国語では"免得"も"省得"も接続詞として後件が前件の目的であるという意味を表すことがある。目的を表す意味・用法についていう限り、両者は共通する部分がかなりみられるが、違うところもある。しかし、どこまで共通し、どこまで相違しているかについて、先行研究では具体的に示されていない。この章では、"免得"と"省得"によって構成される目的表現の構文的分布について具体的に検証し、あわせて両者の品詞認定についても新たに提案することを試みる。
　以下、2ではまず先行研究の問題点を指摘し、本研究の立場を示す。3では、"免得"と"省得"の品詞認定について新たに提案する。4では、第二言語習得の観点から"免得"と"省得"の構文的分布について述べ、両者の役割分担のルール化を試みる。5ではまとめを行う。

2 先行研究と問題点

　"免得"と"省得"の意味・用法に関する研究は江天（1983）、邢福义（2001）、北京大学中文系現代汉语教研室（2004）などに散見される。第1章と第2章で述べたように、江天（1983：287-289）では、意味内容の違いによって、回避を表すものとして"免得""省得"が取り上げられている。しかし、この2つの形式の意味・用法にずれがあるかどうかに

ついては詳しく言及されていない。

　確かに"免得""省得"には何かを回避するという含みがある。しかし，これらの形式の意味・用法が「回避」の一語で言い尽くされるならば，どんな場合においても互いに置き換えられるはずである。だが，実際の用例を観察してみると，互いに置き換えることができないケースが少なくない。次の用例をみてみたい。

（1）a 周大勇说："你老人家把家搬到那里也好，<u>免得</u>东奔西跑，担惊受怕。"（杜鵬程《保卫延安》）（「あちこち走り回り，恐ろしい目にあわないためにも，あなたさまはそこに引っ越しても良いと思う。」と周大勇が言った。）
　　　b 周大勇说："你老人家把家搬到那里也好，<u>省得</u>东奔西跑，担惊受怕。"
（2）a 师徒俩谢绝记者到火车站送行，<u>免得</u>"惊动"同车乘客。（《人民日报海外版》2004年12月14日）（乗客に迷惑をかけないように，師匠と弟子は記者の駅までの見送りを断った。）
　　　b *师徒俩谢绝记者到火车站送行，<u>省得</u>"惊动"同车乘客。

　意味解釈の観点からみれば，例(1)(2)における"免得"はともに「回避」という意味を表しているといえる。しかし，例(1)は"省得"で置き換えられるのに対して，例(2)は"省得"で置き換えると，据わりの悪い表現になる。このことから，"免得"と"省得"の間にずれが存在していると認めなければならない。

　つまり，単に意味内容そのものに基づいて"免得""省得"の目的用法を「回避」と位置づけては，両者の構文的分布を明確に示すことが不可能である。当然のことながら，どんな場合に"免得"が用いられるべきで，どんな場合に"省得"を用いなければならないかについてルール化することは不可能である。"免得"と"省得"の使い分けを究明するためには，意味内容のほかに，文全体がどのように構成されているのか，

第 3 章 "免得""省得"の構文的分布　71

従属節がどんな構文的特徴を有しているのか，構文的条件はどうなっているか，従属節の述語はどんな性格のものなのかということも視野に入れておくべきであろう。

一方，邢福义（2001：126-134）では，"免得""省得"が"以免"の同義語として取り上げられている。"免得"については"这个形式常用于口语。"（この形式は話し言葉でよく用いられる。）のように解釈され，"省得"についても"这个形式口语色彩更浓。"（この形式は話し言葉の色合いがもっと強い。）のように解釈されている。

しかし，このような解釈では"免得"と"省得"の違いは程度の差にすぎず，つまり，一方が使えれば，もう一方も必ず使えるはずだと見なされても仕方がない。習得研究の立場からみれば，このような記述は甚だ不十分だといわざるをえない。例(2)に示すように，"免得"と"省得"の違いは意味・機能レベルのものである以上，どんな場合に"免得"が使えて"省得"が使えないか，また，どんな場合に"省得"が使えて"免得"が使えないか，さらに，どんな場合に"免得"と"省得"の両方が使えるかについてルール化することは第二言語教育だけではなく，中国語学の研究にも役立つのである。

さらに，先行研究の不足は意味・用法に関する解釈にとどまらず，品詞分類においてもある。"免得"と"省得"の品詞について，《现代汉语规范词典》（2004）や《现代汉语词典》（2008）では，一接続詞（连词）として認定されている。しかし，実際の用例を観察してみると，例文(3)(4)(5)(6)に示すように接続詞として機能しない場合もある。

(3) 我虽然化完了妆，可是为了<u>免得</u>和他们照面，我就坐在化妆桌前假装化眉毛。(《新凤霞回忆录》)（化粧を済ませたが，彼らと顔を合わせないために，わたしは化粧台に向かって眉の化粧をするふりをしていた。）

(4) 联想集团在真的要往前做大的过程中，几次调整了员工的待遇。这样<u>免得</u>上市以后你还是要再调整，不调整留不住人才，到那时调整，

马上你的利润就会下来，你还不如在上市之前进行调整。(《人民网》2012年2月6日)（レノボグループは事業を拡大させるプロセスにおいて，何回も賃金の調整を行った。そうすれば，上場以降の調整をまぬがれ，人材を引き留めることができる。調整をしなければ人材の流出を引き起こすが，上場の後に調整すれば，利益が減るので，むしろ上場の前にやっておいたほうがよい。)

(5) 但既然他们都无所谓，我也<u>省得</u>去烦这个心了。(《人民日报》2010年7月23日)（彼らがどうでも良いと言うのなら，わたしも面倒なことをしたくない。)

(6) 为何在"领导机构"中出现了校长助理的名单。既然不算校级领导，就没必要将其单列出来，这样也<u>省得</u>别人误会。(《广州日报》2012年7月5日)（なぜ「大学指導部」の名簿に学長補佐のネームリストが出ているのか。学長などとランクの違う役職であれば，そのネームリストを出す必要がない。出さなければ誤解もされないだろう。)

　統語機能の観点からみれば，接続詞は後件の文頭において機能しなければならない。それゆえに，その前にさらに他の成分の前置は許されない。この条件に照らしてみれば，例(3)(4)(5)(6)における"免得""省得"は他の成分の前置を許し，前件と後件の関係を示す意味・機能を持たないので，接続詞としては認定しがたい。

　具体的にいえば，例(3)(4)における"免得"は"为了"や"这样"に後接しているため，主節と従属節の意味関係を示すものではなく，接続詞としての役割を担っていないのである。このような意味・用法の"免得""省得"はむしろ動詞として機能していると認めたほうが適当である。

　このように，辞書の記述も含め，先行研究では"免得""省得"の文法的特徴の全容が明らかにされていないといえる。本研究は，文全体の構文的条件はどうなっているか，目的を表すマーカーとしての"为了＋不"や"以免"とどんな関係にあるのか，という観点から"免得""省得"

の品詞認定について再考する。さらに従属節の述語に主節の主語や話し手にとって利益が含意されているかどうか，従属節がどんなアスペクト的特徴を有しているか，という観点も導入し，そうすることによって両者の構文的分布を明らかにする。

3 "免得"と"省得"の品詞認定

"免得"と"省得"の役割分担について具体的に枠組みを示すには，まず両者の文法上の性質を明確にしておく必要がある。先にも述べたように，統語的には"免得"と"省得"が一接続詞に止まらず，動詞として機能することもある。しかし，どんな場合に接続詞と認定し，どんな場合に動詞として認定しなければならないかについては何らかの形で基準を設ける必要がある。

本研究では文全体の構文的条件はどうなっているか，"免得""省得"と類義関係にある"为了＋不"や"以免"で置き換えられるか否かの2つを品詞認定の基準とする。ただし，"为了＋不"で置き換える場合には前件を後件に，後件を前件に変える必要がある[1]。まず"免得"はどんな場合に接続詞的意味・機能を果たし，どんな場合に動詞的意味・機能を果たすかをみておきたい。

(7) a 有个指定点挺好的，这样免得碰伤邻居的车。(《人民日报》2011年2月3日)（場所を固定することは悪くない。こうすれば近所の車に傷をつけることが避けられる。）
　　b *这样为了不碰伤邻居的车，有个指定点挺好的。
　　c *有个指定点挺好的，这样以免碰伤邻居的车。
(8) a 柯新伤心地想，正好，免得我跑着费劲。(《儿童文学选刊》1988年第3期)（柯新は「よかった。無駄足をせずにすんだのだ。」と悲しく思った。）
　　b *为了不我跑着费劲，柯新伤心地想，正好。

　　　　c＊柯新伤心地想，正好，以免我跑着费劲。
（9）a 往后我也得学点数学，免得闹笑话。（《少年科学》1984年第3期）
　　　（これからは笑われないように，わたしも数学を学んでおかないといけない。）
　　　b 为了不闹笑话，往后我也得学点数学。
　　　c 往后我也得学点数学，以免闹笑话。
（10）a 不能把事情闹大，也不能逃跑，免得连累张老梗父女俩。（《大地》1984年第6期）（張老梗親子を巻き添えにしないように，ことを大きくかきたててはいけない。逃げてもいけない。）
　　　b 为了不连累张老梗父女俩，不能把事情闹大，也不能逃跑。
　　　c 不能把事情闹大，也不能逃跑，以免连累张老梗父女俩。

　前にも述べたように，接続詞の根本的な意味・機能は前件を受けて，後件を展開させることである。そのような機能上の制約から，接続詞として機能する"免得""省得"の前に文レベルのものの前置が要求される。しかし，例(7)a(8)aの構文的条件をみると，"免得"は文レベルのものを受けているのではなく，一単語としての"这样""正好"を受けているのである。つまり，このような文環境における"免得"は単に後続の動詞フレーズや主述関係のフレーズに働きかけているにすぎないのである。

　いうまでもなく，例(7)a(8)aは複文と見なしうる。しかし，前件を受けて後件を展開させていくはたらきをするのは"免得"ではなく，その直前の"这样""正好"であろう。さらに，統語的には"免得"とそれに続く成分との意味関係が，述語と目的語の関係に等しいので，そのような統語機能はむしろ動詞的統語機能と大差がない。動詞として機能しているがゆえ，当然のことながら，例(7)a(8)aにおける"免得"は"为了＋不"や"以免"で置き換えることができない。

　例(7)a(8)aの"免得"の意味・機能と対照的に，例(9)a(10)aにおける"免得"は主節としての前件を受けて従属節としての後件を展開させ

るはたらきをしている。このような意味・機能を有する"免得"は，接続詞と認定される。接続詞として機能しているのだから，当然のことながら，例(9)b(9)c 例(10)b(10)c のように，"为了+不""以免"で置き換えることが可能である。

次は"省得"がどんな場合に接続詞として認定され，どんな場合に動詞として認定されるべきかをみる。

(11) a 要是房价能有几个百分点的下调，那<u>省得</u>就不是几万块钱了！(《北京日报》2011 年 8 月 29 日)(住宅価格が何パーセントか下がったら，得するのは何万元どころではない。)

b *那<u>为了不</u>就不是几万块钱了，要是房价能有几个百分点的下调。

c *要是房价能有几个百分点的下调，那<u>以免</u>就不是几万块钱了！

(12) a 有了辩证唯物论的思想，就<u>省得</u>许多事，也少犯错误。(《人民日报》2010 年 12 月 8 日)(弁証法的唯物主義思想があれば，手間が省けるし，ミスも減るのだ。)

b *就<u>为了不</u>许多事，也少犯错误，有了辩证唯物论的思想。

c *有了辩证唯物论的思想，就<u>以免</u>许多事，也少犯错误。

(13) a 早晨我都想开车撞树，搞个轻伤住院呢，<u>省得</u>看她凶狠而平静的样子。(《第一财经日报》2010 年 8 月 11 日)(朝，彼女の不気味で落ち着いた顔をみないように，車で木に衝突して軽い怪我をして入院する気もあった。)

b <u>为了不</u>看她凶狠而平静的样子，早晨我都想开车撞树，搞个轻伤住院呢。

c 早晨我都想开车撞树，搞个轻伤住院呢，<u>以免</u>看她凶狠而平静的样子。

(14) a 干脆就把他们分开，<u>省得</u>闹得我心里烦。(《武汉晚报》2009 年 1 月 9 日)(彼らのことで悩むことがないように，いっそのこと，分かれさせよう。)

b <u>为了不</u>闹得我心里烦，干脆就把他们分开。

　　　　c 干脆就把他们分开，<u>以免</u>闹得我心里烦。

　例(11)の"省得"は正しい使い方とは認めがたく，悪文と言っても過言ではない[2]。例(11)a(12)aと例(13)a(14)aの構文的条件は異なっている。例(13)a(14)aにおける"省得"は先行の文と後続の文をつなぐはたらきをしているのに対して，例(11)a(12)aの"省得"はもっぱら後続の名詞フレーズに働きかけているのである。このような意味・機能の"省得"は，接続詞としては認定しがたい。接続詞ではないから，"为了＋不"や"以免"で置き換えることができない。

　一方，例(13)a(14)aにおける"省得"は，意味的には，それに続く動詞フレーズが前件の目的を表すということを示し，統語的には，先行の主節を受けて，後続の従属節を展開させるというはたらきをしているのである。このような意味・機能を有する"省得"は接続詞として認めなければならない。例(13)b(13)cと例(14)b(14)cに示すように，接続詞として機能する"省得"は"为了＋不""以免"で置き換えることが可能である。

　さらに，"省得"を含めた文は，文末に"了"が現れることがある。文末に"了"が現れた場合の"省得"は目的を表すのではなく，手間をかけずに済むという結果を表すのである。そのような意味・用法を持つ"省得"は前件と後件をつなぐという構文的条件を満たさないので，接続詞と認められない。接続詞的働きをしていないのだから，当然のことながら，"为了＋不""以免"で置き換えることができない。

(15)　a 我这就回去，<u>省得</u>你们再觉得我可疑<u>了</u>。(《京华时报》2008年12月17日)（これで帰る。帰ったら，わたしのことを怪しく思わなくなるでしょう。）
　　　b *<u>为了不</u>你们再觉得我可疑<u>了</u>，我这就回去。
　　　c *我这就回去，<u>以免</u>你们再觉得我可疑<u>了</u>。
(16)　a 大厅办理退休手续只用了不到1小时时间。她感慨地说："在这

里一次办完手续，省得我多跑路了！"(《新疆日报》2011 年 1 月 10 日)（退職の手続きはホールで 1 時間足らずで済ませた。「ここで 1 回ですべての手続きが終わった。あちらこちらに廻らなくて済むのだ。」と彼女は喜びをあらわにした。）

  b＊她感慨地说："为了不我多跑路了！在这里一次办完手续。"
  c＊她感慨地说："在这里一次办完手续，以免我多跑路了！"

(17) a 我们牧民小组成立以来，组长每月至少入成员户或电话联系一次，传达上级工作部署，小组成员户有什么意见建议或遇到难题，需要集体帮助时，小组组长都及时把情况递交给嘎查两委，省得牧民们大老远地聚到苏木开会了。(《人民网》2011 年 10 月 31 日)（牧畜民組合を立ち上げて以来，組合長が毎月少なくとも 1 回，会員の家に行くか電話をするかをしてきた。それを通じて仕事の割り振りを決める。会員たちが意見や提案があったり，難しい問題にぶつかったりした場合，組合長は直ちに情報をガツァの 2 つの委員会に届けでる。会議のために，遠いところからわざわざソムに来なくても済むのだ。）

  b＊为了不牧民们大老远地聚到苏木开会了，小组组长都及时把情况递交给嘎查两委。
  c＊小组组长都及时把情况递交给嘎查两委，以免牧民们大老远地聚到苏木开会了。

(18) a 豆腐西施说这豆腐房有啥看的，你要是闲得慌，就给我拉磨吧，省得我早上磨了。(张艳荣《待到山花插满头》)（豆腐西施は「豆腐工場は何がおもしろい。暇で仕様がないのなら，うすを回してくれる？回してくれたら，朝早く回さなくても済むのだ。」と言った。）

  b＊为了不我早上磨了，就给我拉磨吧。
  c＊你要是闲得慌，就给我拉磨吧，以免我早上磨了。

  品詞論的には"了"は 2 つの類に分かれている。例(15)a(16)a(17)a(18)a の文末に現れた"了"は話し手の心的態度を表す"了$_2$"としてとらえられる。木村英樹（2006）ではアスペクトの機能も担う"了$_2$"

の意味・機能について，「何らかの変化が参照時においてすでに実現済みであることを表す」[3]のように位置づけられている。これに基づいて考えれば，例(15)a(16)a(17)a(18)aの従属節の表すことは主節述語としての"回去""办完手续""递交给""拉磨"といったことが成立する前に，すでに結果として成立したととらえてもよいように思われる。

　しかし，目的表現の従属節には実現させようとして目指す意味内容が不可欠であり，それが未成立の事柄でなければならない。文が成立した時点において従属節の表す事柄が結果として成立した事柄であれば，目的表現として成立する場合の前提条件がなくなってしまうのである。この意味で考えれば，"了2"が現れた場合の従属節は目的節になりえないと結論付けられる。このことから，例(15)a(16)a(17)a(18)aのような文環境における"省得"は動詞として機能していると認めたほうが説得力があるように思われる。

　以上の分析を通して"免得""省得"の品詞については，接続詞であり，動詞でもあると新たに提案する。ただし，動詞であるといっても，助動詞の"想""要""会""能""可以""应该"などと共起することができず，"不"や"没"の修飾を受けないから，普通の動詞ではないといわざるをえない。なお，動詞として機能する"免得""省得"は本研究のテーマと関係がないので，以下では触れないことにする。

4　"免得"と"省得"の分布状況

　類義語の研究は単語の意味に関する研究であると同時に，単語の持つ文法機能やアスペクト的特徴についての研究でもある。この節では具体的な用例を確認しながら，"免得"と"省得"がどんな場合に互いに置き換えられ，どんな場合に置き換えられないかについてルールを示し，そうすることによって両者の構文的分布の実態を明らかにする。

　接続詞としての"免得""省得"は文の接続に用いられ，後に述べられる事柄が前に述べられる事柄とどのような関係にあるかを示す点にお

いては共通している。しかし，目的節を構成する場合において，それぞれの要求する従属節の述語がどんな性格のものなのか，従属節で述べられる事柄がアスペクト的にどの過程にあるかに着目すれば，両者の違いは歴然としている。

具体的にいえば，従属節の述語が瞬間に終わる動作・作用を表す場合は，"免得"が許容され，"省得"が排除される。また，従属節の述語がある期間内，続いて行う事柄を表すのであれば，"免得"も"省得"も許容されるのである。ただし，"免得"も"省得"も許容される場合については，さらに「アスペクト的に従属節の述語が未発生の事柄を表している場合と従属節の述語が継続中の事柄を表している」の2つに分けられる。前者の場合は"免得"が用いられ，後者の場合は"省得"が用いられるのである。

(19) a 亲爱的劳拉，雾越来越大，只好就此搁笔，<u>免得伤害</u>眼睛，—现在仍然严禁我在煤气灯下写东西。(《马克思恩格斯全集第38卷》)（親愛なるローラさん，霧がますますひどくなっている。目を害しないために，書くのをやめる。—今なおガスランプの光で書き物をしてはいけないと言われている。）

　　 b *亲爱的劳拉，雾越来越大，只好就此搁笔，<u>省得伤害</u>眼睛，—现在仍然严禁我在煤气灯下写东西。

(20) a 不能把事情闹大，也不能逃跑，<u>免得连累</u>张老梗父女俩。（例(10)を再掲）（張老梗親子を巻き添えにしないように，ことを大きくかきたててはいけない。逃げてもいけない。）

　　 b *不能把事情闹大，也不能逃跑，<u>省得连累</u>张老梗父女俩。

(21) a 这时他妻子拿来一件褂子要他穿上，<u>免得着凉</u>。(《解放军报》2011年11月14日)（そのとき，彼が風邪を引かないよう，彼の妻は彼のために服を持ってきた。）

　　 b *这时他妻子拿来一件褂子要他穿上，<u>省得着凉</u>。

(22) a 有一次，卓琳患了重感冒，她担心传染给邓小平，就嘱咐警卫人

員：不要让老爷子到我的房间，<u>免得传染</u>给他。（《人民网》2012年3月7日）（卓琳さんが風邪を引いたとき，鄧小平にうつすのを恐れていた。そのため，護衛兵に鄧小平にうつさないように，彼をわたしの部屋に通さないでと言いつけた。）

b ＊有一次，卓琳患了重感冒，她担心传染给邓小平，就嘱咐警卫人员：不要让老爷子到我的房间，<u>省得传染</u>给他。

　例（19）a（20）a（21）a（22）aの従属節における"伤害眼睛""连累张老梗父女俩""着凉""传染给他"は主節の主語や話し手にとって不利益を含意し，発話の時点においてはまだ発生していないと考えられる。アスペクトの角度からみれば，"伤害""连累""着凉""传染"は瞬間に終わってしまう動作・作用を表すものとして見なしうる。

　このような性格を有する"伤害""连累""着凉""传染"などは未発生の状態でいることは可能だし，実現済みの状態でいることも可能である。しかし，「継続中」の状態でいることはありえない。つまり，瞬間に終わる動作・作用を表しているがゆえに，アスペクト形式としての"正在"の修飾を受けず，"<u>正在伤害眼睛</u>""<u>正在连累张老梗父女俩</u>""<u>正在着凉</u>""<u>正在传染给他</u>"のように言うことができないのである。

　例（19）（20）（21）（22）において，"免得"が容認され，"省得"が排除される原因は従属節述語のこのようなアスペクト的特徴に求められる。つまり，"伤害""连累""着凉""传染"のような「瞬間に終わる動作・作用」を表すものは，"省得"の意味素性となじまない関係にあるので，それらの前置は許さないのである。

　それと対照的に，従属節の述語が「ある期間内続いて行われる事柄」を表す場合は，"免得"も"省得"も許容されるのである。つまり，両者とも「ある期間内続いて行われる事柄」を表す述語成分となじむ関係にあるのである。このような見解はさらに例（23）（24）（25）（26）（27）（28）によって裏付けられる。

(23) a 我们在人前得保持一种普通关系，<u>省得</u>一般人胡诌。(《东方早报》2011年2月14日) (周りの人々が勝手なでたらめを並べ立てることがないように，わたしたちは外では一般の付き合いをしているように見せかけている。)

b 我们在人前得保持一种普通关系，<u>免得</u>一般人胡诌。

(24) a 余秋雨赶紧弃文从商吧，<u>省得</u>我们读你作品的时候，闻到铜臭。(《西安晚报》2011年2月23日) (余秋雨さんよ，われわれがあなたの作品を読んで金銭欲を感じないように，ペンを捨てて，商売を始めてはどうか。)

b 余秋雨赶紧弃文从商吧，<u>免得</u>我们读你作品的时候，闻到铜臭。

(25) a 出国留学只是一种人生经历，我只是希望一次到位，<u>省得</u>工作以后还要在职读研。(《人民日报海外版》2010年12月3日) (留学のために出国することは単に人生の体験にすぎない。在職中に学歴のために勉学しないですむように，わたしは1回ですべてを解決することを望んでいる。)

b 我只是希望一次到位，<u>免得</u>工作以后还要在职读研。

(26) a 昨天凌晨难得陪老公看球，比赛那么迟开始，只好上网买东西刺激一下，<u>免得</u>打瞌睡。(《钱江晚报》2012年6月26日) (昨日の早朝，久しぶりに夫のサッカー観戦に付き合った。試合の開始時刻が遅かったので，居眠りをしないように，ネットショッピングをしてエキサイティングな状態を目指した。)

b 比赛那么迟开始，只好上网买东西刺激一下，<u>省得</u>打瞌睡。

(27) a 我以后再不逛公园了，<u>免得</u>老百姓背后骂我的娘！(《人民网》2011年6月26日) (庶民から罵声を浴びせられないように，これからは2度と公園へ遊びに行かない。)

b 我以后再不逛公园了，<u>省得</u>老百姓背后骂我的娘！

(28) a 来！小的们，把他押到那坑边去蹲着，让他好好享受些麝兰香气，<u>免得</u>他闲着出来害人。(金满楼《向康熙学习：历史不曾心软》) (おおい，君たち，こいつをあのくぼみのところに連れて行ってしゃ

がむようにさせなさい。暇であちらこちらをうろうろして人に害を及ぼすことがないように，便所のにおいを存分に楽しませてやれ。）
  b 把他押到那坑边去蹲着，让他好好享受些麝兰香气，<u>省得</u>他闲着出来害人。

 しかし，「ある期間内続いて行われる事柄」を表す述語成分は"免得"とも"省得"ともなじむ関係にあっても，両者の構文的分布はまったく同様ということではない。"免得"が用いられた場合は従属節の事柄が未発生であると解されるべく，"省得"が用いられた場合は未発生の事柄としても継続中の事柄としても解されうるのである。
 例(23)(24)(25)(26)(27)(28)の従属節における"一般人胡谈""闻到铜臭""在职读研""打瞌睡""背后骂我的娘""出来害人"は主節の主語や話し手にとって好ましくない状態を表している。発話の時点において，発生していない事柄として見なされていれば，"免得"が許容され，継続中の事柄として見なされていれば，"省得"が許容されるのである。このことから，本研究は"免得""省得"の構文的分布について次のように提案する。

(29) 瞬間に終わる動作・作用である場合は，"免得"のみが許容されるが，ある期間内続いて行われる事柄であれば，"免得"も"省得"も許容される。ただし，"免得"は従属節の事柄が未発生である場合に用いられ，"省得"は従属節の事柄が継続中である場合に用いられる。

 いわば，"免得"が用いられた場合は，従属節の事柄が発生する前の状態にあるのに対して，"省得"が用いられた場合は，従属節の事柄が以前から始まっており，それがさらに後にまで持ち越される可能性がある場合なのである。
 話は例(1)(2)にもどるが，例(1)において"免得"も"省得"も許容

されるのは，従属節の述語は不利益の含みを持ち，発話の時点において従属節が未発生の事柄としても継続中の事柄としても認められるからである。一方，例(2)において"省得"が排除されるのは"惊动"という事柄が瞬間に終わるというアスペクト的性格を有し，継続中の事柄としては認めがたいからである。

次は主節と従属節が同一主語を共有する場合と共有しない場合の構文的条件に焦点を当てて，"免得"と"省得"の意味・用法を比較してみる。

(30) a 妈，我以后真要好好跟您学学呢，免得老让您受累。(《广州日报》2012年4月16日)（お母さん，これからは苦労させないように，真剣にお母さんに教えてもらわなければならないよ。）

　　 b 妈，为了不老让您受累，我以后真要好好跟您学学呢。

(31) a 这话传到了蔺相如耳朵里，蔺相如就请病假不上朝，免得跟廉颇见面。(《人民网》2011年12月9日)（この話は蔺相如の耳に入った。蔺相如は廉颇と顔を合わせることがないように，病気を口実に暇乞いをして参内しなかった。）

　　 b 这话传到了蔺相如耳朵里，为了不跟廉颇见面，蔺相如就请病假不上朝。

(32) a 今天晚上还是陪老婆吧，免得招来她不必要的怀疑。(《人民网》2012年2月22日)（かみさんに疑われないように，今夜はやはり彼女を相手にする。）

　　 b 为了不招来她不必要的怀疑，今天晚上还是陪老婆吧。

(33) a 天润园有五条线路，我们同学都在踩点。先提前熟悉一下情况，省得到时候抓瞎。(《北京晨报》2012年2月17日)（天潤園には5本のバス路線が通じている。わたしたちは全員出動で下見をしているところだ。そのときになって困ることがないように，事前に情報を把握しておくためだ。）

　　 b 天润园有五条线路，我们同学都在踩点。为了不到时候抓瞎，先提前熟悉一下情况。

(34) a 当然，票是托一位女同学带给她的，我们俩座位不挨着，<u>省得招她烦</u>。(《人民网》2012年1月3日)（いうまでもなく，チケットは彼女の同級生に渡してもらった。彼女の反感をかわないように，わたしたち2人の席は隣り合わないようにしておいた。）

　　　b 当然，票是托一位女同学带给她的，<u>为了不招她烦</u>，我们俩座位不挨着。

(35) a 我只要在校内的新鲜事里看到装13的照片我就自动叉掉，<u>省得污了我的眼睛</u>。(《扬子晚报》2012年5月11日)（キャンパスネットの珍情報という欄で間抜けの写真をみたら，わたしの目を害さないように，容赦なく削除をする。）

　　　b <u>为了不污了我的眼睛</u>，<u>我</u>只要在校内的新鲜事里看到装13的照片我就自动叉掉。

　例(30)(31)(32)(33)(34)(35)については，主節述語の表す事柄と従属節述語の表す事柄が同じ主体によってコントロールされていると解される。つまり，主節と従属節が同一主語を共有しているのである。このような文環境における"免得"と"省得"は"为了＋不"で置き換えることが可能である。

　例(30)(31)(32)(33)(34)(35)では，目的を表すマーカーの後に，動詞フレーズが後接しているのに対して，次の例(36)(37)(38)(39)(40)(41)では，目的を表すマーカーの後に主述構造のものが続いているのである。このような文における"免得""省得"は"为了＋不"で置き換えることができない。

(36) a <u>所以</u>，你想不冷落太太的心，<u>免得她多心</u>、疑心。(《人民网》2012年4月17日)（だから，君は奥さんが気を回すことがないように，疑うことがないように，機嫌を取っているでしょう。）

　　　b *所以，<u>为了不她多心</u>、疑心，<u>你想不冷落太太的心</u>。

(37) a <u>他刻意没有伤害北极熊</u>，<u>免得它受伤后更为'疯狂'</u>。(《人民网

2012年3月30日》（ホッキョクグマがけがをし，さらに攻撃的になることがないように，彼は注意深く傷をつけないようにした。）

  b *<u>为了不它受伤后更为'疯狂'</u>，<u>他</u>刻意没有伤害北极熊。

(38) a 但<u>郑田龙</u>还是当即决定把钱还给银行，<u>免得银行工作人员</u>着急。（《齐鲁晚报》2012年3月4日）（しかし，鄭田龍は銀行員が困らないように，即座に金を銀行に返すことにした。）

  b *但<u>为了不银行工作人员</u>着急，<u>郑田龙</u>还是当即决定把钱还给银行。

(39) a 剩下的这头牛，你千万别再卖了，以后<u>我</u>每隔两个星期到你家去一趟，给老爷子看病抓药，<u>省得你们</u>来回跑，至于药费我来想办法。（《吉林日报》2011年11月30日）（残ったこの牛は絶対売ってはだめです。これからは，あなたたちが行ったり来たりすることがないように，わたしが2週間に1度お伺いし，おじいさんの病気を診察し処方をします。費用については，何とかします。）

  b *以后<u>我</u>每隔两个星期到你家去一趟，<u>为了不你们</u>来回跑给老爷子看病抓药。

(40) a <u>我</u>在考虑做个小整容什么的，<u>省得这些人</u>总说我。（《都市快报》2011年5月6日）（この人たちにうるさく言われないように，ちょっと整形をしようかと考えている。）

  b *<u>为了不这些人</u>总说我，<u>我</u>在考虑做个小整容什么的。

(41) a <u>你</u>呀也有错误，就应该把这事跟老婆说明白了，<u>省得她</u>疑神疑鬼地来闹。（《解放军文艺》2010年第6期）（おまえも落ち度がある。奥さんが疑ってここに来て騒ぐことがないように，彼女に事情を説明しなければならないよ。）

  b *<u>你</u>呀也有错误，<u>为了不她</u>疑神疑鬼地来闹，就应该把这事跟老婆说明白了。

  例(36)a～(41)aについては，主節述語の表す事柄と従属節述語の表す事柄が異なる主体によってコントロールされていると認めなければな

らない。このような文環境では"为了＋不"が排除される。つまり，主節と従属節が同一主語を共有し，"免得""省得"の後に動詞フレーズが続いているのが例(30)～(35)の共通した統語的特徴であり，主節と従属節が異なる主語を有し，"免得""省得"の後に主述文が続いているのが例(36)a～(41)aの共通した統語的特徴である。

このように，"免得""省得"の使い分けを考える場合，アスペクトの観点が有用であるが，"免得""省得"と"为了＋不"とのつながりについて考える場合は，主節と従属節が同一主語を共有しているか否かという観点が有用であろう。ただし，"免得""省得"と"为了＋不"とのつながりについては，第5章で詳しく述べる。

5 本章のまとめ

以上，構文的条件の観点とアスペクトの観点から"免得""省得"の品詞認定について新たに提案し，それに基づいて両者の構文的分布について述べた。分析の結果を改めてまとめると，次のようになる。

① "为了＋不""以免"で置き換えられる"免得""省得"は接続詞であり，"为了＋不""以免"で置き換えられない"免得""省得"は動詞である。
② 従属節の述語が瞬間に終わる動きを表す場合は"免得"が用いられるが，"省得"が用いられない。
③ 従属節の述語が継続的な動作・作用を表す場合は，"免得"も"省得"も用いられる。
④ 主節と従属節が同一主語を共有する場合は"免得""省得"の後には動詞フレーズが続き，主節と従属節が異なる主語を有する場合は主述文が続く。

このように，目的を表す"免得""省得"の構文的分布を考える場合，単に意味内容だけではうまく処理できない問題を，アスペクトの如何，構文的条件の如何という観点の導入によって，解決できるのである。

注
1) "免得""省得"が用いられた場合の主節と従属節の意味関係は,前件の表す事柄が後件の表す事柄より先に発生するのに対して,"为了＋不"の場合は,前件の事柄が後件より後に発生することになる。たとえば,"<u>为了不连累你们</u>,我放弃了机会。"は後件の事柄が先に発生し,前件の事柄が後に発生するのである。
2) 10人の中国語母語話者に対してアンケート調査をした結果,例(11)における"省得"は"省的"の誤用ではないかという回答があった。筆者の内省からも例(11)における"省得"は動詞の"省"に助詞の"的"をつけて"省＋的"の誤用だと思う。
3) 木村英樹（2006）では"了₁"が動詞接辞,"了₂"が文末助詞として位置づけられ,文末助詞もアスペクトの機能を担う形式であるとされている。

第4章
"为"類の目的表現と"以"類の目的表現の役割分担

1　はじめに

　"为了""为"及び"为了＋不"によって構成される目的表現は"以便""以期""以求""用以""借以"及び"以防""以免"で置き換えられる場合と置き換えられない場合がある。どんな場合に置き換えることが可能で，どんな場合に不可能なのかという基本的な問題は未だ解決されていない。

　"为"類の目的表現と"以"類の目的表現の使用条件に関する先行研究は管見の限りないようである。この章では，習得研究の観点から"为了""为"及び"为了＋不"のような一次的目的表現と"以便""以期""以求""用以""借以"及び"以防""以免"のような二次的目的表現の使用条件を説明し，どんな場合に"为"類の目的表現が許容され，どんな場合に"以"類の目的表現が許容されるか，またどんな場合に"为"類の目的表現と"以"類の目的表現の両方が許容されるかについて枠組みを示すことを試みる。

　以下では，統語的特徴に焦点を当てて"为"類の目的表現と"以"類の目的表現の使用条件について3つのケースに分けて分析を加える。2では，"为"類の目的表現しか使えないケースについて述べ，3では，"为"類の目的表現と"以"類の目的表現の両方が使えるケースの使用条件を明らかにする。4では，"以"類の目的表現しか使えないケースについ

て述べ，5では新たに得られた知見をまとめる。

2 "为"類の目的表現しか使えないケース

第1章や第2章で述べたように，"为"類の目的表現は"能""能够"と共起する場合を除いて，主節と従属節の主語が同じでなければならない[1]。それに対して，"以"類の目的表現は主節の主語と従属節の主語が同じという文環境はもとより，主節と従属節が異なる主語を有する文環境にも生起しうるのである。

しかし，これはけっして，主節と従属節が同じ主語を有する構文的条件が備わっていれば，"以"類の目的表現と"为"類の目的表現が無条件で互いに置き換えられることを意味しているわけではない。「同一主語を共有する」という条件を満たしていても，"为"類の目的表現が適格で，"以"類の目的表現が不適格の場合があるからである。

(1) 时下，<u>为了</u>考出高分数，考上好高中、好大学，孩子们几乎成了不堪重负的"学习机器"。(《济南日报》2012年7月9日)（いまのところ，よい成績を出すために，またよい高校，よい大学に受かるように，子どもたちはオーバーワークの「学習マシン」になっている。）

(2) 似乎只要懂外语，就可以搞翻译。长此以往，形成恶性循环。译者<u>为了</u>多挣钱，哪有工夫仔细琢磨？(《人民日报》2012年7月10日)（外国語ができれば，翻訳もできると一般に思われているようだ。しかし，このような傾向が是正されなければ，悪循環になってしまうのである。訳者が金儲けのために，あれこれ考えて訳すことはしないからである。）

(3) <u>为了</u>学生，他克服疾病的长期折磨，坚守在教学一线，从不落下一堂课。(《中国教育报》2012年7月9日)（学生のために，彼は病と闘いながら，ずっと教育の現場で頑張り続けて，休講することはなかった。）

(4) 前来维持秩序的民警告诉记者，<u>为了</u>安全起见，要暂时封闭隧道。(《东南快报》2012 年 7 月 9 日)（駆け付けた警官は，安全のためにしばらくトンネルの通行止めを実施すると記者に話した。）

(5) 笔者调查发现，总体上，人大东门的假证中销量最好、最能赚钱的是学生证、毕业证。买学生证是为了坐火车、看电影、逛景区便宜，买毕业证则<u>是为了</u>找工作。(《中国青年报》2012 年 7 月 9 日)（筆者の調査によって，次のようなことがわかった。全体的にみて，人民大学東門の偽証書の売買で売れ行きのもっとも良いもの，もっとももうかるものが学生証，卒業証書の売買である。学生証を買う目的は列車に乗る場合，映画をみる場合，観光スポットに入場する場合の学割のためであり，卒業証書を買う目的は仕事をさがすためである。）

(6) <u>为了</u>人民的利益<u>而</u>改革，遵循人民的意愿而改革，把人民"拥护不拥护"、"赞成不赞成"、"高兴不高兴"、"答应不答应"作为改革的出发点和归宿。(《人民日报》2012 年 7 月 10 日)（人民の利益のために改革を行う。人民の意思を尊重して改革を行う。人民が「支持するか否か」「賛成するか否か」「望んでいるか否か」「承知するか否か」を改革の出発点と最終目的とする。）

例(1)の主節は推測のモダリティの"几乎"が含まれ，例(2)の主節は疑問文の形になっている。例(3)では"为了"が名詞を伴い，例(4)では"为了"が形容詞フレーズを伴っているのである。さらに例(5)は"为了"を含む節が述語の一部として機能し，例(6)は"为了～而～"の形をとっているのである。例(1)(2)(3)(4)(5)(6)のような構文的条件においては，"以"類の目的表現が排除される。

例(1)(2)(3)(4)(5)(6)のような言語事実によって，本研究は構文的条件のあり方に基づいて，次のような仮説を提出する。

① 主節がモダリティを表す副詞や疑問詞を含んだ場合は，"为"類の目的表現が使えるが，"以"類の目的表現が使えない。

② 名詞や形容詞を伴った場合の"为"類の目的表現は"以"類の

目的表現で置き換えられない。
③ "为"類の目的表現が従属節述語の一部として機能する場合，また，"为"類の目的表現が"为了～而～"の形で使われている場合は"以"類の目的表現が排除される。

以下では順を追ってこの3つの仮説の妥当性を証明する。まず主節にモダリティを表す副詞が現れる場合の構文的条件をみる。

2.1 主節にモダリティを表す副詞が含まれた場合

典型的な目的表現であれば，主節にも従属節にも意志的な動きを表す動詞が現れ，主節と従属節との間に時間的な前後関係が形成される。しかし，主節が話し手の思いや感情を表す副詞を含み，話し手の事柄に対する態度，或いは相手に対する態度を表している場合は，主節と従属節をつなぐ時間的な前後関係が薄れてしまうのである。

(7) a 南斯拉夫学生娜达是此剧的主角，台词较多，<u>为了</u>全部背出来，她牺牲了<u>多少</u>业余时间！（《文汇报》1979年5月15日）（ユーゴスラビア出身のナダさんはこの劇の主役なので，せりふが多い。それを全部暗記するためにどれだけの時間が費やされていたかわからない。）
b ＊她牺牲了<u>多少</u>业余时间！（以便・以期・以求）全部背出来。
(8) a 这场小火，倒使我想起了当年南货场的那场大火。<u>为了</u>扑灭那场大火，<u>多少人</u>奋不顾身冲进了火场！（《天津日报》1986年9月20日）（今回の小さな火災をみて，昔の南貨物置場の大規模な火災を思い出した。そのとき，火災を消すために，どれだけの人々が身の危険を顧みず火の海に飛び込んだことか。）
b ＊<u>多少人</u>奋不顾身冲进了火场！（以便・以期・以求）扑灭那场大火。
(9) a 地主阶级<u>为了</u>保住他们的剥削统治是<u>多么</u>嗜血成性、毫无人性啊！（《阶级和阶级斗争》）（地主階級は自分の支配を保全するために，血なまぐさい弾圧を行い，まったく人間性を失ってしまったのである。）

　　　　b＊是<u>多么</u>嗜血成性、毫无人性啊！（<u>以便・以期・以求</u>）保住他
　　　　们的剥削统治。

(10) a 《华尔街日报》的报道称，美国鸡肉加工业面临着供大于求和饲
　　　　养成本升高的困扰，<u>为了</u>保住市场份额，<u>不得已</u>卷入代价高昂的
　　　　价格战，"甚至每宰杀一只鸡都要赔本。"（《人民日报》2011 年 9
　　　　月 22 日）（ウォール・ストリート・ジャーナルによると，アメリカ
　　　　の鶏肉加工業は供給が需要を上回っているので，コストアップの窮地
　　　　に陥っている。シェアを守るために，やむを得ず価格競争に巻き込ま
　　　　れている。「鶏をしめる度に赤字になる」といわれている。）

　　　　b＊<u>不得已</u>卷入代价高昂的价格战，（<u>以便・以期・以求</u>）保住市
　　　　场份额。

(11) a 然而，这批生猪并不来自于令他"放心"的平湖当地，而是产自
　　　　南湖区新丰镇的某养殖户，<u>为了</u>省 5 块钱一头猪的排污费，<u>才</u>辗
　　　　转到平湖开证明。（《人民日报》2011 年 9 月 21 日）（だが，これ
　　　　らの豚は彼の「安心できる」平湖地域から送られてきたのではない。
　　　　南湖区新豊鎮のある養豚場から送られてきたのである。1 頭につき 5
　　　　元の廃棄物費を節約するために，曲折を経て平湖で証明書を発行して
　　　　もらったのである。）

　　　　b＊<u>才</u>辗转到平湖开证明，（<u>以便・以期・以求</u>）省 5 块钱一头猪的
　　　　排污费。

(12) a 与往年不同，今年<u>为了</u>畅通购买渠道，居民既<u>可</u>在所在社区申购，
　　　　又<u>可</u>在一些超市及指定销售网点凭身份证购买。（《生活报》2011
　　　　年 9 月 23 日）（例年と違って，今年は流通をよくするために，住民
　　　　は団地で予約することが可能になり，スーパーや指定の商業施設で身
　　　　分証明書を以って購入することも可能になった。）

　　　　b＊居民既<u>可</u>在所在社区申购，又<u>可</u>在一些超市及指定销售网点凭
　　　　身份证购买，今年（<u>以便・以期・以求</u>）畅通购买渠道。

(13) a 移动公司<u>为了</u>完成每个月的指标，<u>竟然连</u>违法违规的信息<u>也</u>照发
　　　　不误。（《环球时报》2011 年 9 月 21 日）（あろうことか。モバイル

第4章 "为"類の目的表現と "以"類の目的表現の役割分担　93

　　　会社は毎月のノルマを達成するため，法律や規則に違反する情報も発
　　　信している。)
　　b *竟然连违法违规的信息也照发不误，移动公司（以便・以期・
　　　以求）完成每个月的指标。

　例(7)a(8)a(9)aは感嘆文であり，例(10)a(11)a(12)a(13)aは断定文
である。"多少～！""多么～啊！"による感嘆文は，事がらに対する話し
手の判断の度合いが高いことを表し，"不得已""才""可""竟然连～
也～"などは事柄に対してどんなことであるかを言い表すものである。
モダリティの観点からみれば，例(7)a～(13)aに現れた"多少～！""多
么～啊！"や"不得已""才""可""竟然连～也～"などは判断のモダリ
ティ[2]を表していると認められる。
　例(7)a～(13)aに示すように，判断のモダリティが主節に現れた場合
は，主節の述語と従属節の述語との間に相次いで起こるという継起関係
が不明瞭となり把握しにくい。第2章で述べたように，"以"類の目的
表現は時間的前後関係がはっきりしない場合には生起しにくい。例(7)
～(13)において"为"類の目的表現が使えて，"以"類の目的表現が使
えないのは主節の述語と従属節の述語との間にはっきりとした時間的前
後関係が認めがたいからであろう。次のような文環境においても"以"
類の目的表現が制限される。

(14)　a 每一时代都要经历它艰难的改革与发展。为了争取我们民族的生
　　　存空间和发展机会，同胞们，快警觉起来！(《天津日报》1990年
　　　2月14日)（どの時代においても改革と発展は痛みを伴うものである。
　　　民族の生存空間と発展の機会を獲得するために，同胞たちよ，早く目
　　　を覚ませ！）
　　b *同胞们，快警觉起来！（以便・以期・以求）争取我们民族的
　　　生存空间和发展机会。
(15)　a 当然，为了让自己的旅途更加"保险"一些，千万不要忘记购置

専業意外険。(《国際経済時報》2011 年 9 月 22 日)(当然のことながら，自分の旅を万全のものにするためには，くれぐれも傷害保険の購入をお忘れなく。)

  b *<u>千万不要</u>忘记购置专业意外险，(<u>以便・以期・以求</u>) 让自己的旅途更加"保险"一些。

 例(14)a(15)a における"快〜起来！""千万不要"は話し手（書き手）の聞き手（読み手）に対する要請を言い表す場合に用いられ，呼びかけのモダリティ[3]を表しているものとしてとらえられる。主節に呼びかけのモダリティが現れた場合も主節の述語と従属節の述語との間にはっきりとした時間的前後関係は認めがたい。

 例(14)(15)で"以"類の目的表現が排除される原因も"以"類の目的表現の時間的前後関係に対するこだわりに求められる。つまり，主節に話し手（書き手）の心的態度を表す要素が現れたら，先行内容と後続内容との間の，順を追って起こるという時間的関係が弱化してしまい，それが原因で"以"類の目的表現が生起しにくくなるのである。

2.2 主節が疑問文である場合

 主節に疑問詞が現れ，疑問文が構成された場合，或いは主節が疑問文の形となり，それによって反語の意を表す文が形成された場合は，"为"類の目的表現が許容される。しかし，"以"類の目的表現は許容されない。

(16) a <u>为了</u>保护环境，您将会<u>怎么</u>做？(《环球时报》2009 年 12 月 7 日)
   (環境を守るために，どうされるおつもりですか。)
  b *您将会<u>怎么</u>做？(<u>以便・以期・以求</u>) 保护环境。
(17) a 温州老字号在外到底有多大的竞争力？<u>为了</u>擦亮那块历史赠与的金字招牌，他们还需进行<u>哪些</u>努力？(《温州日报》2011 年 9 月 23 日)(温州の老舗は外でどれほどの競争力を持っているか。その由緒

のある立派な看板を輝かせるために，彼らはどのように努力すべきか。）

  b *他们还需进行<u>哪些努力</u>？（<u>以便・以期・以求</u>）擦亮那块历史赠与的金字招牌。

(18) a <u>为了</u>众<u>生</u>的幸福与快乐，<u>难道我不应该去探索真理吗</u>？（贾雅瑟纳・嘉亚阔提亚《觉者的生涯》）（衆生の幸福と楽しい生活のために，われは真理を探究し続けるべきではないか。）

  b *<u>难道我不应该去探索真理吗</u>？（<u>以便・以期・以求</u>）众生的幸福与快乐。

(19) a 但出书时介绍作者，<u>为了</u>显示其分量，<u>不都有类似的做法吗</u>？就当是我虚荣心强吧，我接受批评。(《新京报》2012 年 7 月 8 日)（だって，出版時の作者の紹介では，その重みを誇示するために，みんなそうやっているのではありませんか。これは虚栄心の結果といわれても仕方がありません。わたしは批判を受け止めます。）

  b *<u>不都有类似的做法吗</u>？（<u>以便・以期・以求</u>）显示其分量。

  "为"類の目的表現が用いられた場合は前件が後件の動機になり，それによって構成される目的表現には何かの実現に向けて努力するという含意が含まれる。努力のプロセスにおいて，手段や方法を講じる必要がある。しかし，手段や方法などについて不明であれば，疑問文の形で情報を獲得しようとしても何も不思議なことはない。

  "为"類の目的表現と対照的に，"以"類の目的表現は２つの文の接続で，前件に述べたことから予想される結果を示し，主節としての前件に実質内容を伴わなければ，結果を予想する根拠が生まれてこない。例(16)a(17)aの主節としての"您将会怎么做？""他们还需要进行哪些努力？"は根拠を示すための中身が薄いため，前件として機能しても予想の結果を導くことが不可能である。これが"以"類の目的表現の排除される原因であろう。

  さらに例(18)a(19)aは主節が疑問文の形で反語的にいう表現スタイルである。このような表現のスタイルでは感情性が色濃くなるので，む

しろ判断のモダリティを表すものとしてとらえなければならない。さきに指摘したように，主節に判断のモダリティが含まれた場合は，主節と従属節との間の，相次いで起こるという継起関係が薄いので，"以"類の目的表現が許容されない。

2.3 "为了"が名詞を伴う場合

"为了"は名詞フレーズを伴い，"为了＋NP"のような構図で目的節を構成することもある。しかし，"以"類の目的表現には同様な意味・用法がみられない。また，"为了＋不"は名詞フレーズを伴い目的節を構成することがないようである。さらに，"为了""为"はほとんどの場合において，同じ意味・用法を有しているが，話し言葉では"为"が名詞フレーズを伴い"为＋NP"のような目的節を構成することがないようである。

(20) a 为了心中的梦想，2008，北京见！(《陕西日报》2007年9月3日)
　　　(夢のために，2008年，北京で会いましょう。)
　　b＊2008，北京见！(以便・以期・以求) 心中的梦想。
(21) a 一些地方政府不顾国家大局，不顾百姓民生，为了自身的利益，出台或变相放松房地产市场调控政策，给了开发商极大的底气。(《人民日报》2012年7月9日)(一部の地方政府は国家の大局を顧みず庶民の生活を顧みない。自分自身の利益のために，別の形で不動産政策を打ち出したり，不動産の引き締め政策を変えたりして業者に肩入れをしている。)
　　b＊一些地方政府不顾国家大局，不顾百姓民生，出台或变相放松房地产市场调控政策，(以便・以期・以求) 自身的利益，给了开发商极大的底气。
(22) a 他们自己说：为了亚运会，辛苦一点值得！(《北京日报》1990年9月30日)(彼らはアジア大会のために，苦労する甲斐があると言った。)

第4章 "为"類の目的表現と"以"類の目的表現の役割分担　　97

　　　b＊辛苦一点值得！(以便・以期・以求) 亚运会。
(23) a 只有价钱才能拨动观众心底的那根弦, 为了收视率, 必须这么做。
　　　(《北京日报》2011 年 9 月 22 日) (価格だけが視聴者の心を揺さぶ
　　　ることができる。視聴率のために, こうするしかない。)
　　　b＊必须这么做, (以便・以期・以求) 收视率。
(24) a 为了资源, 为了环境, 为了人类能在这个地球上更长远地生存、
　　　发展, 传统是不能完全摒弃的。(《解放日报》2008 年 11 月 27 日)
　　　(資源のためにも, 環境のためにも, 人類が長くこの地球で生き延び
　　　て発展していくためにも, 伝統はすべてを切り捨ててはいけない。)
　　　b＊传统是不能完全摒弃的, (以便・以期・以求) 资源, (以便・
　　　以期・以求) 环境, 为了人类能在这个地球上更长远地生存、发
　　　展。
(25) a 有人比喻吕文华象一根履带销子, 为了坦克的运转, 一心一意地
　　　铆在履带上。(《解放军报》1981 年 1 月 6 日) (呂文華さんのこと
　　　はキャタピラの止め釘に喩えられたことがある。戦車の稼動のため
　　　に, 彼は全神経をキャタピラに集中させている。)
　　　b＊有人比喻吕文华象一根履带销子, 一心一意地铆在履带上, (以
　　　便・以期・以求) 坦克的运转。
(26) a 对于参与这块土地开发的人来说, 这也许是一个进入新阶段的标
　　　志事件, 为了这块土地的上市交易, 他们已经准备了两年。(《春
　　　城晚报》2011 年 8 月 18 日) (この土地の開発に関わった人にとっ
　　　ては, これは新たな段階の到来を意味しているかもしれない。この土
　　　地を売り出すために, 彼らは 2 年をかけて準備しておいた。)
　　　b＊他们已经准备了两年, (以便・以期・以求) 这块土地的上市交
　　　易。

　例(20)a(21)a(22)a(23)a(24)a では "为了" に名詞フレーズが後接し
ている。例(25)a(26)a の従属節における "运转" "上市交易" が動きを
表しているのは事実だが, それぞれが "坦克的运转" "土地的上市交易"

のように前置成分と連体修飾関係を結んでいるので，大きな名詞フレーズを形成していると認められる。このような構文的条件では"以"類の目的表現が許容されない。

例(20)a～(26)a は，動きを表す動詞が省略された言い方としてみなされうる。いわば，"心中的梦想""自身的利益""亚运会""收视率""资源""环境""坦克的运转""土地的上市交易"といった事態を引き起こす動詞を直接表現せず，動作・作用が及ぶ事物だけが取り上げられたという構図になっているのである。

つまり，"为了心中的梦想""为了自身的利益""为了亚运会""为了收视率""为了资源""为了环境"は"为了实现心中的梦想""为了维护自身的利益""为了开好（举办）亚运会""为了提高（保证）收视率""为了保护（节省）资源""为了保护环境"のように言うことも可能であり，"为了坦克的运转""为了这块土地的上市交易"は"为了保证（确保）坦克的运转""为了保证（促使）这块土地的上市交易"のように言うことも可能である。

しかし，目的を表す"为了"はすべての名詞と共起できるわけではない。第1章で述べたように，共起できるのは主節の主語や話し手にとって利益になるという意味が内在している名詞や名詞フレーズに限られる。"为了梦想""为了自身的利益""为了亚运会""为了收视率""为了资源""为了环境""为了坦克的运转""为了这块土地的上市交易"のような表現が成り立つのは，名詞や名詞フレーズに理念として追求し続けるところの，望ましい状態の意味が含まれているからである。

一方，"一点小事""一句谎话""一些琐事"のような名詞フレーズは不利益を含意しているので，"为了"と共起しても原因・理由しか表すことができない。

(27) a 年纪轻轻的，为了一点小事打打闹闹，怄出病来不划算！（《华西都市报》2008年11月6日）（若いのに，こんな些細なことで仲たがいするなんて，病気になったら損するよ。）

b 年纪轻轻的，<u>因为一点小事</u>打打闹闹，怄出病来不划算！
(28) a <u>为了一句谎话</u>，在看守所里待了一年，觉得委屈吗？《新京报》
　　　2011年3月10日）（うそをついたことが原因で，刑務所で1年過ご
　　　した。悔しいと思うのかね。）
　　　b <u>因为一句谎话</u>，在看守所里待了一年，觉得委屈吗？
(29) a 这对从外地来宁打工的夫妻暂住在此，当天上午<u>为了一些琐事</u>，
　　　夫妻俩吵了嘴，丈夫一气之下摔门离家走了。（《扬子晚报》2009
　　　年9月27日）（この夫婦は出稼ぎ労働者で，目下は南京で暮らして
　　　いる。当日の午前，些細なことで夫婦喧嘩をしたため，夫が怒って家
　　　出をしたのだ。）
　　　b 这对从外地来宁打工的夫妻暂住在此，当天上午<u>因为一些琐事</u>，
　　　夫妻俩吵了嘴，丈夫一气之下摔门离家走了。
(30) a 在南江有一种不良风气，<u>为了一点小事</u>，就拦车封路；<u>为了一点小利</u>，就死活不让；<u>为了一口小气</u>，就闹访缠访，简直是丢了南江人的脸，严重影响了南江的对外形象。（《人民网》2008年8月19日）（南江では悪い気風がある。些細なことで道路を封鎖し車の通行を妨害する。少しばかりの利益のために自分のペースを絶対に崩さない。些細な不満でうるさく付きまとって陳情する。これは南江の顔に泥を塗ることであり，南江の対外イメージを損なうことである。）
　　　b 在南江有一种不良风气，<u>因为一点小事</u>，就拦车封路；<u>因为一点小利</u>，就死活不让；<u>因为一口小气</u>，就闹访缠访，简直是丢了南江人的脸。

　　例(27)(28)(29)(30)における"为了"は"因为"で置き換えられる。"为了"の後に続くものは不利益を含意した名詞フレーズなので，その意味解釈は原因・理由しかありえない。当然のことながら，このような意味・用法の"为了"は"以"類の目的表現で置き換えることができない。
　　ただし，例(30)における"为了一点小利"については，原因・理由と

目的の2つの解釈が可能である[4]。その原因は"利"という字に含まれた語彙的意味に求められる。つまり，"利"という字が利益という意味とつながりを持っているので，目的を表すものとして解釈することができないことはない。目的を表すものとして解釈する場合は"为了<u>获得一点小利</u>"の省略した言い方だと考えられる。しかし，"为了"の後に名詞フレーズとしての"一点小利"のみが続いている場合は，名詞フレーズという性格がゆえに，"以"類の目的表現で置き換えることが不可能である。

2.4 "为了"が形容詞を伴う場合

第1章で述べたように，"为了"は"健康""方便""近便""谨慎""稳重""稳妥""安全""凉快""暖和""舒服""高兴""幸福""开心"のような形容詞を伴って目的従属節を構成することが可能である。しかし，例(31)b(32)b(33)b(34)b(35)b(36)bに示すように，接続詞としての"以"類の目的表現は形容詞を伴い目的節を構成することができない。

(31) a <u>为了方便</u>，我们在这里一并论及。（翟墨《艺术家的美学》）（便宜上，ここで併せて論じることにする。）
　　 b ＊我们在这里一并论及，(<u>以便・以期</u>) <u>方便</u>。
(32) a 677部队某营营房后面是部队医院，到医院看病的人，<u>为了近便</u>，常从营房里穿过。（《解放军报》1980年7月3日）（677部隊の某大隊営舎の後ろは部隊の病院である。病院に行く人たちは近道をするために，よく営舎を通り抜ける。）
　　 b ＊到医院看病的人，常从营房里穿过，(<u>以便・以期</u>) <u>近便</u>。
(33) a <u>为了安全</u>，陈绍禹（王明）要租下整个一层楼……中共中央为此支付了一笔可观的租金。（《同舟共进》2009年第11期）（安全のために，陳紹禹（王明）はワンフロアーをレンタルした。中共中央がこのために相当な金額の代金を支払った。）
　　 b ＊陈绍禹（王明）要租下整个一层楼……中共中央为此支付了一

笔可观的租金，(以便・以期) 安全。

(34) a 天气热得要命，<u>为了凉快</u>，我决定理成平头。（《京华时报》2005年7月1日）（今日は暑すぎる。涼をとるため角刈りにすることにした。）

　　b *天气热得要命，我决定理成平头，(以便・以期) <u>凉快</u>。

(35) a <u>为了谨慎起见</u>，我还特意走访了有关部门。（《羊城晚报》1981年4月18日）（念のために，わたしは特別に関係部署を訪問した。）

　　b *我还特意走访了有关部门，(以便・以期・以求) <u>谨慎起见</u>。

(36) a 科威特队由于处在参加复赛之初的阶段，<u>为了稳妥起见</u>，它前面的几场比赛，一定要全力以赴。（《中国青年报》1981年10月17日）（クウェートチームは予選の後の準々決勝戦の段階にあるので，着実に戦いを進めていくためにも，最初の試合は全力で当たらなければならない。）

　　b *科威特队由于处在参加复赛之初的阶段，它前面的几场比赛，一定要全力以赴，(以便・以期・以求) <u>稳妥起见</u>。

　"为了"の後に生起しうる形容詞も利益を含意するものに限られる。また，話し言葉では"<u>为方便</u>""<u>为近便</u>""<u>为安全</u>""<u>为凉快</u>""<u>为谨慎</u>""<u>为稳妥</u>"のようにはあまり言わないようである。音律的に口から出にくいからだろう。

　例(31)(32)(33)(34)の従属節では"以求"が使える。しかし，使えるにしても，それが一接続詞として認められるかどうかが問題である。第2章で述べたように，従属節に意志的な動きを表す要素がない場合の"以求"は，"以"と"求"が異なる意味・機能を担っていると認めなければならない。つまり，"以求方便""以求近便""以求安全""以求凉快"のような意味構造においては，"以求"が一つの接続詞ではなく，"以"のみが接続詞として機能し，"求"は動詞であると位置づけたほうが適当である。

　さらに，例(35)a(36)aの従属節では"以"類の目的表現が成立しな

いことはいうまでもないが，単音節の"为"も"起见"の助けがなければ成立しにくいということを見逃してはならない。いわば，話し言葉では音律の制限から２音節の形容詞が単音節の"为"の後に生起しにくい。どうしても用いるならば，その前後に音節を増やさなければならない。

"为了"は形容詞を伴って目的節を構成した場合，「そのような状況を目指す」と解される。しかし，なぜ名詞や形容詞を伴った場合の"为了"は"以"類の目的表現で置き換えることが難しいのか。この課題に答えるのに，"以"類の目的表現の統語的性格に注目しなければならない。

"以"類の目的表現は常に後件の事柄が前件の事柄に続いて発生するという継起的関係を示すので，主節と従属節との間に動きを表す動詞や動詞フレーズを欠いてはならない。従属節に動きを表す動詞や動詞フレーズが欠落していれば，引き続いて発生するという継起関係が曖昧になってしまうのである。この角度からみれば，例（20）a～（26）a，及び例（31）a～（36）aにおいて"以"類の目的表現が排除されているのは，主節と従属節との間の時間的前後関係がはっきりしないからだと解される。

このように，時間的前後関係が明白になっているかどうかは"以"類の目的表現の成立にとって極めて重要な条件である。しかし，"为"類の目的表現の成立にはさほど重要ではない。目的内容を導くことがもっとも重要な役割である"为"類の目的表現と違って，二次的目的表現としての"以"類の目的表現は継起的に起こる事柄を導くことをもっとも重要な役割とするのである。

より具体的にいえば，目的内容を導くことが"为"類の目的表現の第一義の意味・機能であり，引き続いて起こる事柄を示すことは付随的な意味・機能である。主節と従属節の間の時間的前後関係がはっきりしていなくても"为"類の目的表現が目的節を構成しうるのはこのためだと考えられる。一方，"以"類の目的表現の第一義の意味・機能は継起的に起こる事柄を導くことであり，目的内容を導くことは付随的な意味・機能である。

2.5 "为"類の目的表現が述語の一部として機能する場合

"为"類の目的表現は判定動詞の"是"に続いて"是为""是为了"の形で述語の一部として機能することがある。しかし,"以"類の目的表現はそのように振舞うことができない。

(37) a 我们有一个议事的传统，这当然很好，议事<u>是为了</u>把事情办得更完善更周全，避免差错。议事<u>是为了</u>更好的办事，<u>是为了</u>快办事。(《经济日报》1992 年 5 月 18 日)(われわれは議論するという伝統を持っている。もちろん，これはすばらしいことだ。議論するのは手落ちがないようにするためであり，ミスを避けるためである。議論するのはより完璧に物事を成し遂げるためであり，より早く事を運ぶためである。)

b *议事<u>是</u>（<u>以便・以期・以求</u>）把事情办得更完善更周全，避免差错。议事<u>是</u>（<u>以便・以期・以求</u>）更好的办事，<u>是为了</u>快办事。

(38) a 听了这些流言蜚语，刘善同想，我搞革新<u>是为了</u>早点实现现代化，这有什么错？(《北京日报 1979 年 4 月 18 日》)(これらの根も葉もない話を聞いて，劉善同は，革新を図るのは早く近代化を実現させるためで，それがどうしていけないのかと思った。)

b *我搞革新<u>是</u>（<u>以便・以期・以求</u>）早点实现现代化，这有什么错？

(39) a 我们将这样的征订函公之于众，既<u>是为了</u>警醒大家，又<u>是为了</u>用舆论公开的办法治治这些胆大包天者！《中国青年报》1989 年 8 月 15 日》(われわれがこれらの発注依頼伝票を社会に公開したのは，皆さんの注意を喚起するためであり，また情報公開という方法で法規など眼中にない人を懲戒するためである。)

b *我们将这样的征订函公之于众，既<u>是</u>（<u>以便・以期・以求</u>）警醒大家，又<u>是</u>（<u>以便・以期・以求</u>）用舆论公开的办法治治这些胆大包天者！

(40) a 他表示，赴日留学，<u>是为了</u>提高自己的体育理论水平，开阔眼界。

(《解放軍報 1985 年 12 月 27 日》)（彼は日本に留学に行くのは自分の理論的教養を高めるため，視野を広げるためだと言った。）

  b*他表示，赴日留学，<u>是</u>（<u>以便・以期・以求</u>）提高自己的体育理论水平，开阔眼界。

(41) a 如果说我还保留一些读书、写作的爱好，那也<u>是</u>为能看透人生，或者有朝一日去鞭笞那些虚伪的人！(《飞天》1985 年第 3 期)（わたしがまだ読書や創作に興味を持ち続けているのは，世間を見透かすためであり，いつの日か，それらの偽善者を批判するためである。）

  b*如果说我还保留一些读书、写作的爱好，那也<u>是</u>（<u>以便・以期・以求</u>）能看透人生，或者有朝一日去鞭笞那些虚伪的人！

 "A是B～"は判断を下す表現である。接続詞としての"以"類の目的表現はその後の文がその前の文と時間的にどのような関係にあるかを示すので，"是"の後に続くのなら，接続詞として機能しえなくなり，前件と後件の時間的関係が目立たなくなるのである。つまり，"以"類の目的表現は述語の一部として機能することができない。そのため，"是"に続いた"为"類の目的表現は"以"類の目的表現で置き換えることが不可能である。

 "为"類の目的表現は前置詞的な意味・機能を果たすので，その前にさらに接続詞の"如果""若""虽然""即使"などを置くことが可能である。しかし，接続詞としての"以"類の目的表現は従属節の文頭において機能しなければならないという属性から，その前にさらに接続詞の前置が許されない[5]。それが原因で，接続詞が前置している場合の"为"類の目的表現は"以"類の目的表現で置き換えると非文になる。

(42) a 可以通过报纸或其它形式宣传推广，<u>如果为了表彰先进</u>，则可以在本单位开庆功授奖会。(《解放军报》1979 年 3 月 6 日)（新聞や他の方法を通して広めるべきだ。模範的な人を表彰するためなら，この会社で祝賀会・表彰大会を開いてもよい。）

b* 如果(以便・以期・以求) 表彰先进, 则可以在本单位开庆功授奖会。

(43) a 然而, 如果为了完成保障房任务"不择手段", 那么, 在保障房分配的环节面临的问题必将层出不穷。(《人民日报》2011年5月13日)（だが，公営住宅建設のノルマを達成するために手段を選ばないなら，公営住宅の抽選にあたっては，必ず問題が出てくる。）

　　　b* 如果(以便・以期・以求) 完成保障房任务"不择手段", 那么, 在保障房分配的环节面临的问题必将层出不穷。

(44) a 若为了抑制通胀而过多地干预价格, 则非但不能解决经济结构性问题, 反而导致加重价格结构问题, 导致资源的错配。(《经济参考报》2011年9月23日)（インフレを抑制するために市場介入をするなら，経済の構造的問題が解決されるどころか，かえって，価格構造の問題が深刻になり，それによって資源が無駄になるのである。）

　　　b* 若(以便・以期・以求) 抑制通胀而过多地干预价格, 则非但不能解决经济结构性问题, 反而导致加重价格结构问题, 导致资源的错配。

(45) a 村里人最关心的莫过于"手里抓着沙沙作响的钞票"。虽然为了生计在游客面前表现得友好殷勤, 内心却固执地坚持"我们才是我们"。(《文艺报》2011年9月24日)（村の人々がもっとも関心を寄せているのは,「手に札束を持っている」ことだ。生活を営むためにお客さんの前で友好的で機嫌をとるが，心の中は頑固で「俺たちは俺たちだ」と思っている。）

　　　b* 虽然(以便・以期・以求) 生计在游客面前表现得友好殷勤, 内心却固执地坚持"我们才是我们"。

(46) a 即使为了消除这样的怪事, 也应问信于民。(《环球时报》2011年9月4日)（このような怪しいことをなくすためにも，国民に信を問うべきである。）

　　　b* 即使(以便・以期・以求) 消除这样的怪事, 也应问信于民。

例(42)a〜(46)aにおける"如果为了〜""若为了〜""虽然为了〜""即使为了〜"は"如果是为了〜""若是为了〜""虽然是为了〜""即使是为了〜"のように"是"をはさんで言うことが可能である。つまり，例(42)a〜(46)aの構文的構図は例(37)a〜(41)aの"A是B〜"の構図とさほど変わらず，"是"の省略だといっても差し支えがない。

"为"類の目的表現は単独で目的内容を導く働きをするほか，"而"を伴って"为了〜而〜""为〜而〜"の形で文型をつくることもある。しかし，"以"類の目的表現は"而"を伴って文型をつくることがない。"为了〜而〜""为〜而〜"の構造において，"为了""为"が目的内容を導き出す意味・機能を担い，"而"は主節と従属節の分かれ目を示す意味・機能を担うのである。

(47) a 有的是<u>为了</u>进行反革命活动<u>而</u>杀人；有的是<u>为了</u>抢劫财物<u>而</u>杀人。(张若愚《法学基本知识讲话》)（反革命活动を行うために殺人するケースもあれば，金品を略奪するために殺人するケースもある。）
　　　b ＊有的是（<u>以便・以期・以求</u>）进行反革命活动而杀人；有的是（<u>以便・以期・以求</u>）抢劫财物而杀人。
(48) a 其实有没有鱼翅只是面子问题，<u>为了</u>面子需要<u>而</u>杀戮无辜的鲨鱼让我们也于心不忍。(《广州日报》2011年9月21日)（実際のところ，フカヒレが出るか出ないかはメンツの問題にすぎない。メンツのために罪のないサメを殺すのは心が痛む。）
　　　b ＊其实有没有鱼翅只是面子问题，（<u>以便・以期・以求</u>）面子需要<u>而</u>杀戮无辜的鲨鱼让我们也于心不忍。
(49) a 我<u>为</u>采访<u>而</u>在人流中奔走。(《当代》1986年第12期)（取材するため，人ごみの中を駆け回った。）
　　　b ＊我（<u>以便・以期・以求</u>）采访而在人流中奔走。
(50) a <u>为了</u>减肥<u>而</u>忽略早餐或仅以一个水果代替，势必造成中、晚餐吃得过多，不但达不到减肥的目的，还会带来健康隐患。(《人民网》2012年7月9日)（ダイエットのために，朝ご飯を抜きにする，或い

は果物しか食べないということは、昼ご飯、晩ご飯を食べすぎるという結果をもたらす。そうなると、ダイエットの目的が達成できないどころか、かえって健康を害するという隠れた危険をもたらす恐れがある。)
b *(以便・以期・以求) 減肥<u>而</u>忽略早餐或仅以一个水果代替，势必造成中、晚餐吃得过多，不但达不到减肥的目的，还会带来健康隐患。

　第1章で述べたように、"为了～而～""为～而～"のような構造については目的と原因・理由の2つの解釈が可能である。2つの解釈を許す原因は、先行の内容と後続の内容の時間的順序に由来する。従属節の事柄が主節の事柄より先に発生するという認知にもとづいて解釈するのなら、従属節と主節との意味関係は因果関係となり、逆の場合は、目的関係となる。ただし、どちらの解釈にしても、"为了～而～""为～而～"の中の"为了""为"は"以"類の目的表現で置き換えることができない。

3　"为"類の目的表現も"以"類の目的表現も使用可能なケース

　第2節では、"为"類の目的表現が用いられ、"以"類の目的表現が用いられない場合の構文的条件について述べた。しかし、構文的にどちらも許容される場合がある。この節では時間的前後関係がはっきりしているかどうか、主節と従属節の主語が同じかどうかに焦点を当てて、どんな構文的条件を満たせば"为"類の目的表現も"以"類の目的表現も使えるかを検証する。

(51) <u>为了</u>抓好全国的人口控制，毛泽东还建议采取一些重大的行政措施。(《百年潮》2009年第12期)(人口のコントロールを強化するため、毛沢東は重要な行政措置をとるように提案した。)
(52) <u>为了</u>巩固地盘，正以伪装的面貌争取工人对他的支持。(黄庆云《刑场上的婚礼》)(自分のなわばりを強化するために、仮面をかぶって労

働者の支持を取り付けようとしている。)

(53) <u>为了</u>改善居民生活，市政府决定要尽快把蔬菜价格降下来。(《人民日报》1983年12月29日)(市民の生活を改善させようとして，市政府は野菜の価格が下がるように努めている。)

(54) <u>为了</u>解除消费者的后顾之忧，我们在全国建立了二百多个维修点。(《天津日报》1986年2月3日)(消費者の不安を解消するために，われわれは全国で200以上のアフター・サービス拠点をつくった。)

(55) <u>为</u>培养设计人才，纺织部组织了48个设计培训班。(《新观察》1988年第8期)(設計者を養成するため，紡績省は48の養成クラスを組織した。)

(56) <u>为了</u>调整心情，她在训练时一直都听着音乐。(《北京晨报》2012年7月9日)(彼女はリラックスするために，訓練時にいつも音楽を聴くことにしている。)

　例(51)～(56)では主節と従属節の主語が同じで，"为了""为"の後に動詞フレーズが生起しているので，時間的前後関係が明確に示されている。このような文環境における"为了""为"は"以"類の目的表現で置き換えられる。

(51') 毛泽东还建议采取一些重大的行政措施，(<u>以便・以期・以求</u>)抓好全国的人口控制。

(52') 正以伪装的面貌争取工人对他的支持，(<u>以便・以期・以求</u>)巩固地盘。

(53') 市政府决定要尽快把蔬菜价格降下来，(<u>以便・以期・以求</u>)改善居民生活。

(54') 我们在全国建立了二百多个维修点，(<u>以便・以期・以求</u>)解除消费者的后顾之忧。

(55') 纺织部组织了48个设计培训班，(<u>以便・以期・以求</u>)培养设计人才。

第 4 章 "为"類の目的表現と "以"類の目的表現の役割分担　　109

(56') 她在训练时一直都听着音乐，(<u>以便・以期・以求</u>) 调整心情。

　次は"为了＋不"と接続詞としての"以免""以防"との関わりについて分析を加える。第 1 章で述べたように，"不"は否定の意味を表すとはいえ，"为了＋不"の形で目的節を構成した場合は結果的に利益の実現を目指すという意味を表し，目的そのものを否定するわけではない。

(57) <u>为了不</u>让上访的群众挨冷受冻，安塞县信访局把冬天上午上班时间提前了 20 分钟。(《人民日报》2009 年 1 月 16 日)（陳情に来る群衆が空腹に苦しんだり凍えたりしないように，安塞県「信訪局」は冬の出勤時間を 20 分繰り上げた。)

(58) <u>为了不</u>消耗灾区资源，他们自带帐篷、自带食物。(《人民日报海外版》2008 年 6 月 4 日)（被災地の資源を消耗しないために，彼らは自分たちのテントや食料を持参した。)

(59) <u>为了不</u>伤到幸存者，官兵们用双手掏、挖、刨。(《人民日报海外版》2008 年 5 月 26 日)（生存者を傷つけないように，軍人たちは手探りで取り出したり掘り起こしたりした。)

(60) <u>为了不</u>留下遗憾，不少人特意准备了收音机。(《人民日报》2009 年 10 月 3 日)（後悔しないように，多くの人がラジオを準備しておいた。)

(61) <u>为了不</u>引起她的伤心，我对生活的艰苦竭力轻描淡写。(胡尹强《情人们和朋友们》)（彼女を悲しませないように，わたしは苦しい生活についてなるべく当たり障りのないことを言ってお茶を濁した。)

　例(57)〜(61)の構文的条件については，主節の主語と従属節の主語が同じであると考えられる。そのような文における"为了＋不"は，"以"類の目的表現としての"以免""以防"で置き換えることが可能である。置き換えた後の主節と従属節の意味関係は目的関係であることに変わり

がない。

(57') 安塞县信访局把冬天上午上班时间提前了20分钟，(以免・以防) 让上访的群众挨冷受冻。
(58') 他们自带帐篷、自带食物，(以免・以防) 消耗灾区资源。
(59') 官兵们用双手掏、挖、刨，(以免・以防) 伤到幸存者。
(60') 不少人特意准备了收音机，(以免・以防) 留下遗憾。
(61') 我对生活的艰苦竭力轻描淡写，(以免・以防) 引起她的伤心。

　主節の主語や話し手の立場からみれば，次の例(62)(63)の"NP₁＋被＋NP₂＋VP"のような構造には不利益の意味が含まれる。"被＋NP₂＋VP"のような不利益なことが起こらないように対処するという意味を表す場合は，"被＋NP₂＋VP"の前に"为了＋不"を置くことが可能である。

(62) 为了不被敌人察觉，他率部夜行昼伏。(《人民日报》2009年11月23日)（敵に気付かれないように，彼は部隊を率いて昼は潜伏し夜は行軍した。）
(63) 为了不被别人认出这些诗，爸爸就横着写、竖着写，大字、小字拌合着写，把整张整张的报纸涂成墨色。(董良翚《忆我的爸爸董必武》)（これらの詩の意味がばれないように，父は横に書いたり縦に書いたり，大きく書いたり小さく書いたりしてすべての新聞紙を黒く塗っていた。）

　例(62)(63)では主節と従属節との間の時間的前後関係がはっきりしている。"为了＋不"を含めた従属節の表す事柄が主節の表す事柄に続いて発生するのである。例(62)(63)の構文的特徴について，"被敌人察觉""被别人认出"の主体は主節主体としての"他""爸爸"である。つまり，主節と従属節が同一主語を共有していると考えられる。このような文環

境における"为了+不"は"以免""以防"で置き換えても差し支えがない。

(62') 他率部夜行昼伏，(以免・以防) 被敌人察觉。
(63') 爸爸就横着写、竖着写，大字、小字拌合着写，把整张整张的报纸涂成墨色，(以免・以防) 被别人认出这些诗。

　第1章で述べたように，"为了+不"は形容詞を伴って目的節を構成する場合，"尴尬""难堪"のような不利益の含意を持ったものに限る。"方便""谨慎""幸福""安全"のような利益の含意を持つ形容詞とは共起することができない。

(64) 那时工地上连女厕所都没有。为了不尴尬，她每天早上出门时坚持不喝水，晚上回宿舍第一件事就是抱着水猛灌。(新华社《成为"极限战士"的五个关键词》)（当時，工事現場には女性トイレさえなかった。トイレで困らないように，彼女は出勤時には水を飲まず，帰宅すると，まず水をたくさん飲んだ。）

(65) 近日，笔者参加了某媒体举办的一个答题送TD手机的活动（线上活动），一来是想看看自己对TD有多了解；二来，说不准还真撞上了大运----赢个手机，我的手机实在是惨不忍睹。为了不难堪，笔者选择了初级题目。(《人民网》2008年7月8日)（先日，筆者はあるメディア主催のＴＤ携帯電話を景品とするクイズ番組に参加した。参加する理由の１つには自分がＴＤについて，いかに多くの知識を持っているかを見せたく，２つには運がよければ携帯電話が当たるかもしれないからである。わたしの携帯電話は見るに耐えないほど惨めである。クイズの問題で困ることがないように，筆者は初級の問題を選んだ。）

　例(64)(65)では時間的前後関係がはっきりとしている。つまり，"不尴尬""不难堪"といった事柄の成立は主節述語の表す事柄の成立を前

提条件とするのである。そのような文環境における"为了＋不"は"以免""以防"で置き換えてもかまわない。

(64') 她每天早上出门时坚持不喝水，(以免・以防) 尴尬。
(65') 笔者选择了初级题目，(以免・以防) 难堪。

"为"類の目的表現は基本的には主節と従属節の主語が同じである場合に用いられる。ただし，例外がないわけではない。次の例(66)(67)(68)(69)(70)に示すように，従属節に助動詞の"能"（或いは"能够"）が現れた場合は，主節と従属節が同一主語を共有するか否かという制限を受けないようである。

(66) <u>为了能</u>看一眼孩子，周杰的亲生父母早早就赶到了广场。(李迪《红杜鹃 白杜鹃》)（一度子どもに会えるように，周傑の両親は早く広場に駆けつけた。)
(67) 一些消费者<u>为了能</u>吃到正宗的阳澄湖大闸蟹，每到吃蟹季节，就会驾车前往巴城镇。(《人民日报》2011 年 9 月 25 日）（正真正銘の楊澄湖蟹が食べられるように，蟹のシーズンになると，多くの消費者が車で巴城鎮に駆けつける。)
(68) 所以，<u>为了能够</u>进监狱"养老"，有些老人不惜以身试法。(《南方日报》2011 年 8 月 26 日）（だから，数多くのお年寄りは刑務所で養老生活を送れるように，法律を犯しても惜しまない。)
(69) 领导们<u>为了他能</u>早日恢复健康，总是嘱咐我们多加个菜，可是有时做点好菜，他总说不爱吃。(何滨，何立群《跟随周副主席在南方局》)（幹部たちは彼が早く回復できるように，料理を増やしなさいと言いつける。しかし，おいしい料理を出すと，彼は必ず好きでないと言う。)
(70) 我们都是军人，要学会坚强，妈妈<u>为了你能</u>完成受阅任务，独自在家忍受煎熬 50 多天，你一定要挺住，这样才能让你妈妈少些悲痛。(《扬子晚报》2009 年 10 月 5 日）（おれたちは軍人だぞ。強くならな

いといけない。お母さんは君が軍事パレードの任務を遂行できるように，家で50日以上苦痛に耐えてきた。君，頑張り続けなさい。そうすれば，お母さんの苦痛が和らげられるのだ。）

例(66)(67)(68)では主節と従属節が同じ主語を共有し，例(69)(70)では主節と従属節の主語が異なっている。しかし，このような統語上の違いがあるにもかかわらず，これらの文における"为"類の目的表現は"以便""以期""以求"で置き換えていうことが可能である。

(66′) 周杰的亲生父母早早就赶到了广场，(以便・以期・以求) 能看一眼孩子。
(67′) 一些消费者每到吃蟹季节，就会驾车前往巴城镇，(以便・以期・以求) 能吃到正宗的阳澄湖大闸蟹。
(68′) 所以，有些老人不惜以身试法，(以便・以期・以求) 能够进监狱"养老"。
(69′) 领导们总是嘱咐我们多加个菜，(以便・以期・以求) 他能早日恢复健康，可是有时做点好菜，他总说不爱吃。
(70′) 我们都是军人，要学会坚强，妈妈独自在家忍受煎熬50多天，(以便・以期・以求) 你能完成受阅任务，你一定要挺住，这样才能让你妈妈少些悲痛。

"为"類の目的表現は主に動詞（場合によっては名詞，形容詞）の前にあって，それを含めた従属節と主節との意味関係を示すものである。現代中国語における介詞のほとんどは動詞から変化してきたものである。そのような介詞には本来の語彙的意味（動詞としての意味）を失い，もっぱら文法的な働きしかないものがある一方，語源的性格を濃厚に持っている動詞としても機能しうる[6]ものもある。

"为"類の目的表現の後に名詞，形容詞，または助動詞としての"能""能够"が生起しうるのは，それが完全に介詞に転じきっていないから

であろう。つまり，"为了""为"にはある程度，他の成分を目的語として伴う意味・機能が残存している。動詞的意味・機能を持つがゆえに，主節と従属節との間に時間的前後関係が形成されうるのである。例(66)～(70)は"以"類の目的表現で置き換えられるのは，主節と従属節との間の時間的前後関係がはっきりしているからであろう。

次に，角度を変えて"以"類の目的表現に焦点を当てて検討する。"以"類の目的表現の生起は同一主語の共有という統語的条件にとらわれない。つまり，"以"類の目的表現は主節の主語と従属節の主語が同じという文環境だけではなく，異なる主語を有する文にも生起しうるのである。しかし，"为"類の目的表現に置き換えるためには，主節と従属節が同一主語を共有するという構文的条件を満たさなければならない。まず次の用例をみよう。

(71) 目前，各国政府正在推出各种政策，<u>以便</u>稳定国际金融市场。(《南方日报》2008年12月25日)（目下，各国の政府は国際金融市場を安定させるために，色々な政策を打ち出している。）

(72) 他们要将济南市所有湿地都"摸清"，<u>以便</u>更好地进行湿地保护与建设。(《济南时报》2012年7月12日)（もっと湿地の保護と建設を進めるために，彼らは済南市のすべての湿地の詳しい状況を把握したいという。）

(73) 他总是无情地解剖自己，<u>以期</u>引起党内同志的警戒。(《人民日报》2009年2月19日)（党内の注意を喚起するため，彼はいつも容赦なく自己批判をしていた。）

(74) 泰顺县组织了300多名官员配偶前去旁听法院庭审，<u>以期</u>达到警示作用。(《浙江日报》2012年7月5日)（泰順県は注意を促すために，300名以上の役職者の配偶者に裁判所で傍聴をさせた。）

(75) 这两年中，各地采取了许多措施和办法，<u>以求</u>优化本地区的信用环境。(《上海证券报》2003年6月20日)（この2年間，信用状況を合理化させるため，各地では色々な措置が取られた。）

(76) 各店的展厅活动更是一周 1～2 次，<u>以求</u>拉动人气。(《广州日报》2012 年 7 月 10 日)（各店では客寄せをするために，催し会場での大売り出しを週 1～2 回のペースで行っている。）

例(71)(72)(73)(74)(75)(76)における"以便""以期""以求"は(71')(72')(73')(74')(75')(76')のように前件を後件に変え，後件を前件に変えるという条件で"为了""为"で置き換えることが可能であり，置き換えた後も目的を表す点においてはなんら変化がないのである。

(71') <u>为了</u>稳定国际金融市场，目前，各国政府正在推出各种政策。
(72') <u>为了</u>更好地进行湿地保护与建设，他们要将济南市所有湿地都"摸清"。
(73') <u>为了</u>引起党内同志的警戒，他总是无情地解剖自己。
(74') <u>为了</u>达到警示作用，泰顺县组织了 300 多名官员配偶前去旁听法院庭审。
(75') <u>为了</u>优化本地区的信用环境，这两年中，各地采取了许多措施和办法。
(76') <u>为了</u>拉动人气，各店的展厅活动更是一周 1～2 次。

例(71)～(76)における"以便""以期""以求"が"为了"で置き換えられるのは主節と従属節が同一主語を共有するという構文的条件を満たしているからである。

次は"以免""以防"と"为"類の目的表現との関わりをみる。統語的特徴の角度からみれば，"以免""以防"と"为了＋不"との関連状況は"以便""以期""以求"と"为了""为"との関連と大差がない。つまり，主節と従属節が同一主語を共有していれば，基本的には"为了＋不"で置き換えられるのである。例(77)(78)(79)(80)では主節と従属節の主語が同じで，時間的前後関係がはっきりしている。

(77) 孔从周默默地坐在一旁望着他，以免干扰他。(《人物》2008 年 10 月)
（彼の邪魔にならないように，孔従周は黙って傍に座って彼を眺めていた。）

(78) 但伊朗明年将举行总统选举，国内各派别都不愿在核问题上作出妥协，以免失去国内强硬派的支持。(《工人日报》2012 年 7 月 5 日)（しかし，来年はイランの大統領選挙がある。国内の各派は強硬派の支持を失わないために，核問題については妥協しないだろう。）

(79) 每台挖掘机上除了司机外，都坐着一个消防官兵，死盯工作面，以防错过遇难者遗体。(《华商报》2011 年 9 月 21 日)（掘削機は運転手のほかに，消防隊員も乗っている。遭難者の遺体を見逃さないように，ずっと目を光らせている。）

(80) 紧急时刻，王队长让协警到附近的药店找来医生先查探病情，以防耽搁抢救时机。(《兰州日报》2012 年 5 月 23 日)（緊急なので，王隊長は緊急手当をするとき手間取らないように，ひとまず防犯パトロールの協力者に近くの薬局の医者を呼んできてもらって，病状を診断してもらった。）

例(77)(78)(79)(80)における"以免""以防"は目的を表しているとみるべきであろう。そのような文環境における"以"類の目的表現は前件を後件に変えるという条件で"为了＋不"で置き換えて言うことが可能である。

(77') 为了不干扰他，孔从周默默地坐在一旁望着他。
(78') 但伊朗明年将举行总统选举，为了不失去国内强硬派的支持，国内各派别都不愿在核问题上作出妥协。
(79') 每台挖掘机上除了司机外，都坐着一个消防官兵，为了不错过遇难者遗体，死盯工作面。
(80') 紧急时刻，为了不耽搁抢救时机，王队长让协警到附近的药店找来医生先查探病情。

例(77')(78')(79')(80')が成り立つのは，主節と従属節が同一主語を共有しているからだと考えられる。

今度は"以"後置型の"借以""用以"と"为"類の目的表現との関わりをみる。例(81)(82)(83)(84)についても主節と従属節が同じ主語を共有していると考えられる。

(81) 让人民币适度升值，<u>借以</u>缓解进口商品价格上涨的影响。《中国经济时报》2009年4月7日）（輸入品の価格上昇を緩和させるために，人民元を適切に切り上げる。）

(82) 他们希望了解中共党政领导人的过去，<u>借以</u>推测出这些人的现在和未来。（《民主与法制时报》2012年4月28日）（中国共産党指導部の人たちの現在と未来を知るために，彼らはその人たちの過去の情報を手に入れようとしている。）

(83) 将更多的资源调配到自主创新阶段，<u>用以</u>改善科研条件，完善技术创新体系建设。（《黑龙江日报》2008年12月1日）（研究の条件を改善し技術開発の新たな体系を完備させるために，自主的に開発するプロセスに多くの資源を配置した。）

(84) 印度准备扩建坎贝尔湾军事基地，<u>用以</u>监视马六甲海峡。（《解放军报》2012年7月14日）（インドはマラッカ海峡を監視するため，カンベール湾海軍基地の拡張を計画している。）

例(81)(82)(83)(84)では，主節の表すことと従属節の表すことが同じ主体によってコントロールされると考えられる。そのような文における"借以""用以"は前件を後件に変え，後件を前件に変えるという条件でなら，"为了""为"で置き換えることが可能である。

(81') <u>为了</u>缓解进口商品价格上涨的影响，让人民币适度升值。
(82') <u>为了</u>推测出这些人的现在和未来，他们希望了解中共党政领导人的过去。

(83')　<u>为了</u>改善科研条件，完善技术创新体系建设，将更多的资源调配到自主创新阶段。
(84')　<u>为了</u>监视马六甲海峡，印度准备扩建坎贝尔湾军事基地。

　例(81')(82')(83')(84')において"为"類の目的表現が許容されるのは主節と従属節が同一主語を共有しているからにほかならない。このように，主節と従属節が同じ主語を有するか否かという構文的条件が，"为"類の目的表現も"以"類の目的表現も使えるケースについて考える場合の重要な参考指数となるのである。

4　"以"類の目的表現しか使えないケース

　この節では"以"類の目的表現しか使えないケースの統語的特徴をみる。"为"類の目的表現はその後に助動詞の"能""能够"が続く場合を除いて，主節と従属節の主語が同じでなければ基本的には成立しにくい。しかし，"以"類の目的表現はこのような制約を受けない。主節と従属節の主語が異なっていても目的節を構成しうるのである。
　"为"類の目的表現と比べて，"以"類の目的表現は主節と従属節が同一主語を共有するということを成立条件としないので，当然のことながら，その構文的分布は"为"類の目的表現よりずっと広い。まず"以便""以期""以求"しか使えないケースの意味・用法をみる。

(85)　a <u>宋子文</u>在这时提出异议，极力让周恩来说服杨虎城，<u>以便蒋介石和宋美龄</u>在当天同走。(《中共党史研究》2007年2月)（宋子文はその時反対意見を述べた。蒋介石と宋美齢が当日一緒に出発できるように，周恩来に楊虎城を極力説得するように頼んだ。）
　　　b *<u>为了蒋介石和宋美龄</u>在当天同走，<u>宋子文</u>在这时提出异议，极力让周恩来说服杨虎城。
(86)　a <u>他们</u>选择的课程主题多是基层常见和关心的问题，<u>以便局长们</u>能

将学到的内容和方法加以运用。(《新京报》2012年7月9日)(局长たちが身についた知識や方法を運用できるように，彼らは現場でよく発生する問題，また現場の関心事などをカリキュラムに組み込んだ。)

b*为了局长们能将学到的内容和方法加以运用，他们选择的课程主题多是基层常见和关心的问题。

(87) a 去世前夕，她把这件事记在了本子上，以期家人将来把钱还上。(《人民日报》2009年2月27日)(家族が将来金を返すように，彼女は世を去る前にそのことを手帳に書いておいた。)

b*为了家人将来把钱还上，去世前夕，她把这件事记在了本子上。

(88) a 在这次造城中失地的许多村民，感到自己的利益难以保障，他们开始联合起来采取一些对抗举动，以期政府补足未发放的款项。(《北京青年报》2007年4月17日)(今回の都市化運動で多くの村民は利益の保証ができないと感じた。彼らは政府が補助金の不足分を補充するように，連携して政府に対抗している。)

b*为了政府补足未发放的款项，他们开始联合起来采取一些对抗举动。

(89) a 训练地通常选在野外各种陌生的地形上，以求新兵能掌握识图用图的真本事。(《中国国防报》2003年8月26日)(新兵が図の識別と運用を身につけるように，訓練は通常野外の不案内なところが選ばれた。)

b*为了新兵能掌握识图用图的真本事，训练地通常选在野外各种陌生的地形上。

(90) a 许多店家不惜以送她们东西相诱，以求她们光临自己的店铺……因为巨大的关注度，半年前，姐妹俩受邀成为服饰版形象代言人。(《重庆晚报》2008年10月13日)(多くの店は，彼女たちが自分の店に来るように，物品の贈与などをして誘惑している。たいへん注目を浴びているので，半年前，姉妹はファッションのイメージガールとなった。)

b*为了她们光临自己的店铺，许多店家不惜以送她们东西相诱。

例(85)a〜(90)aでは主節の主体と従属節の主体が異なっている。例えば，例(85)aの主節の主体が"宋子文"であり，従属節の主体が"蒋介石和宋美齢"である。例(86)aの主節の主体が"他们"であり，従属節の主体が"局长们"である。

主体が違うということは文レベルでは主語が違うという形で反映される。そのような構文的条件は"为"類の目的表現の要求する条件を満たしていない。例(85) b (86) b (87) b (88) b (89) b (90) bに示すように，主節と従属節が異なる主語を有する文環境における"以便""以期""以求"は"为了""为"で置き換えると，不自然な表現になってしまうのである。次は"以防""以免"と"为了＋不"との関連について考える。

(91) a <u>部队</u>乘车赶到蓝田、临潼之间的油坊街一带布防封锁，<u>以防蒋介石</u>从这里逃出。(李云峰《西安事变史实》)(蒋介石がここから脱走しないように，部隊は車で臨潼と藍田の間にある油坊街に行って封鎖をした。)

b *为了不<u>蒋介石</u>从这里逃出，<u>部队</u>乘车赶到蓝田、临潼之间的油坊街一带布防封锁。

(92) a 不要公开成立群众团体，不要进行土地改革，<u>以防敌人</u>摧残群众。(《毛泽东选集第四卷》)(敵側が群衆に害を与えないように，公然と群衆の団体をつくるな。公然と土地改革を行うな。)

b *<u>为了不敌人</u>摧残群众，不要公开成立群众团体，不要进行土地改革。

(93) a 但<u>老二老三</u>绝不提起一句，<u>以免别人</u>误会。(《文摘报》2010年4月21日)(しかし，ほかの人たちが誤解しないように，2番目の子と3番目の子はそのことについて一言も言及しなかった。)

b *<u>为了不别人</u>误会，但<u>老二老三</u>绝不提起一句。

(94) a <u>参与者</u>也可自带车辆，绑上泡沫，<u>以免车辆</u>沉入湖中。(《长江日报》2012年7月10日)(参加者は自分の自転車を持ってきてもかまわない。自転車が湖に沈まないように，発泡スチロールを縛り付け

第 4 章 "为"類の目的表現と "以"類の目的表現の役割分担　　121

　　　てもよい。)
　　　b *为了不车辆沉入湖中, 参与者也可自带车辆。

　例 (91) a (92) a (93) a (94) a も主節と従属節が異なる主語を有するケースである。例えば, 例 (91) a の主節の主語が "部队" であり, 従属節の主語が "蒋介石" である。また, 例 (93) a の主節の主語が "老二老三" であり, 従属節の主語が "别人" である。そのような統語的特徴を有する "以防" "以免" は "为了+不" で置き換えることができない。

　例 (85)〜(94) に示すように, 主節と従属節の主語が異なるという文環境では, "以" 類の目的表現しか生起することができない。"为" 類の目的表現は "能" や "能够" を伴う場合を除いて, 常に主節と従属節の主語が同じという文環境を要求するからである。構文的条件の制限が例 (85)〜(94) において "为" 類の目的表現が排除される原因である。

　さらに, 例 (95)〜(98) に示すように, "以期" "以求" "以免" "以防" の後に意志的動きを表さない四字熟語のみが後続している文環境では "为" 類の目的表現が排除される。

(95)　a 蒋介石提出 "和平谈判", 发动 "和平攻势", 以求喘息之机。(朱维群《让历史告诉未来》)(息をつく機会を得るため, 蒋介石は「和平交渉」を持ちかけ,「平和攻勢」を始めた。)
　　　b *为了喘息之机, 蒋介石提出 "和平谈判", 发动 "和平攻势"。
(96)　a 这位老先生家被抄, 人被打, 但他还想咬牙坚持下去, 以期柳暗花明。(《北方文学》1986 年第 2 期)(そのお年寄りは家財が没収され, 暴力を受けたにもかかわらず, 転機が訪れるのを心待ちにして歯を食いしばって頑張っている。)
　　　b *为了柳暗花明, 这位老先生家被抄, 人被打, 但他还想咬牙坚持下去。
(97)　a 在趋势未明朗之前, 不要追加资金, 以免雪上加霜。(《中国证券报》2008 年 9 月 11 日)(泣きっ面に蜂という事態にならないように,

122

　　　　　　成り行きが不透明なうちは増資してはならない。)
　　　　　b＊<u>为了不雪上加霜</u>，在趋势未明朗之前，不要追加资金。
(98)　a　"金砖四国"提出了一系列近期和长远策略，<u>以防危机重演</u>。(《国
　　　　　际金融报》2009 年 3 月 31 日)(危機が再来しないように，ブリッ
　　　　　クスの 4 国が短期計画と長期計画を提出した。)
　　　　　b＊<u>为了不危机重演</u>，"金砖四国"提出了一系列近期和长远策略。

　例(95)a～(98)a では"以期""以求""以免""以防"の後に四字熟語しかなく，他の要素が現れていない。第 2 章で述べたように，"以期""以求""以免""以防"の後に動きを表す要素が欠けた場合は，"以"類の目的表現の要求する構文的条件が満たされていないので，一つの接続詞として認めることが難しい。そのような場合の意味・用法は"以"類の目的表現として見なされえないから，"为"類の目的表現で置き換えることができない。

5　本章のまとめ

　"为"類の目的表現は，意味的には前件が後件の動機づけであるということを示し，統語的には従属節の述部に助動詞の"能"や"能够"が現れる場合を除いて，主節と従属節が同一主語を共有しなければ用いることができない。また，"为"類の目的表現は動きを表さない名詞や形容詞と共起することが可能である。
　一方，"以"類の目的表現は，意味的には 2 つの文の接続で後件が前件に述べたことから予想される結果であり，後件と前件が継起関係で結ばれることを示し，その後に常に動きを表すものが現れなければならない。また，"以"類の目的表現は統語的には同一主語を共有する場合も共有しない場合も用いられる。
　この大きな枠組みの中で，類義語研究の観点から"为"類の目的表現と"以"類の目的表現との関わりについて考察した結果が次のようにな

る。

① 主節に判断のモダリティや呼びかけのモダリティが含まれた場合は，"为"類の目的表現が用いられるが，"以"類の目的表現が排除される。
② 主節が疑問文の形である場合は，"为"類の目的表現が用いられるが，"以"類の目的表現が排除される。
③ 名詞フレーズや形容詞を伴った場合の"为了"は，"以"類の目的表現で置き換えることができない。
④ 主節と従属節が同一主語を共有し，時間的前後関係が明確に示されている場合は，"为"類の目的表現も"以"類の目的表現も許容される。
⑤ 主節と従属節の主語が異なっている場合は，原則として"为"類の目的表現が排除される。ただし，従属節の述部に可能の意味を表す助動詞の"能"や"能够"が含まれる場合はこの限りではない。

注
1) "为了""为"は"能""能够"を伴って目的節を構成しうるが，"为了＋不"は"能""能够"を伴って目的節を構成することができない。
2) "应该（是）""肯定（是）""必然（是）""无疑（是）"なども判断のモダリティ（判断语气）を表すものとしてとらえられる。
3) 呼びかけを表すモダリティ（祈使语气）は"快～起来""千万"のほかに，"可要～""可得～""务必～""必须～"なども挙げられる。
4) このような見解は10人の中国語母語話者に対するアンケート調査の結果によって支持されている。
5) "以"類の目的表現は前件が主節で後件が従属節であるという関係概念を表すので，その前に同じ性格のものが関係構成として機能することが不可能である。つまり，"以便""以期""以求""以免""以防""借以""用以"などは，"如果""假如""但是""可是""虽然""即使"のような接続詞に後接することはない。
6) 例えば，"我到北京了。""我到上海去。"の前者における"到"は動詞であり，後者における"到"は介詞である。つまり，介詞としての意味・機能は動詞としての意味・機能から変わってきたのである。詳しくは朱德熙（1982），江天（1983）を参照されたい。

第5章
"为了＋不"と"免得""省得"の使用条件

1　はじめに

　接続詞の"免得""省得"と"为了＋不"とのつながりに関する先行研究はないようである。この章では構文的条件に焦点を当てて，さらに主節と従属節との間の時間的前後関係も視野に入れて，"免得""省得"と"为了＋不"の使用条件を検証する。そうすることによって，どんな場合に"为了＋不"が使えて"免得""省得"が使えないか，どんな場合に"免得""省得"が使えて"为了＋不"が使えないか，さらにどんな場合に"免得""省得"と"为了＋不"の両方が使えるかについて枠組みを示す。
　以下では，"为了＋不"しか使えないケース，"为了＋不"と"免得""省得"の両方が使えるケース，"免得""省得"しか使えないケースのように分けて議論を進める。

2　"为了＋不"しか使えないケース

　どんな場合に"为了＋不"が"免得""省得"で置き換えられないかについて考える場合，主節と従属節との間の時間的前後関係に注目する必要がある。つまり，前件と後件との間に時間的継起関係があるかないかが"免得""省得"で置き換えられるか否かを判断する場合の重要な

基準となるからである。

　用例分析を通して，"为了+不"しか使えないケースは主に主節にモダリティが含まれた場合や，主節の内容が話し手の客観的な述べ立てである場合や，"为了+不"を含む目的節に判断を表す動詞の"是"が現れ，"为了+不"が叙述内容の一部として機能する場合に分布しているという事実が判明した。まず主節がモダリティを含んだ場合と話し手の述べ立てを表す場合の意味・用法をみる。

(1) a <u>为了不</u>增开电费支出，他们除了减少电器使用频率，降低生活质量外，别无他法。(《中国证券报》2011 年 11 月 14 日)（電気料金の支出を抑えるために，彼らは電気機器類の使用回数を減らし，生活の快適さを犠牲にするしか方法がなかった。）

　　b *他们除了减少电器使用频率，降低生活质量外，别无他法，(<u>免得・省得</u>) 增开电费支出。

(2) a 她说，<u>为了不</u>让组织照顾，张辉才"故意"向单位和同事隐瞒这一情况的。(《江南时报》2011 年 11 月 3 日)（組織に迷惑をかけないために，張輝さんが「意図的に」このことを隠し，会社にも同僚にも言わなかったのだと，彼女が言った。）

　　b *她说，张辉才"故意"向单位和同事隐瞒这一情况的，(<u>免得・省得</u>) 让组织照顾。

(3) a 专家点评：<u>为了不</u>上厕所就少喝水，对前列腺有害无益。(《生命时报》2011 年 10 月 21 日)（専門家の意見：トイレの回数を減らすために，水を飲まないのは前立腺に害あって利なしと言う。）

　　b *专家点评：对前列腺有害无益，(<u>免得・省得</u>) 上厕所就少喝水。

(4) a <u>为了不</u>辜负名师的指导，他一直对自己严格要求。(《江南时报》2011 年 10 月 2 日)（名高い師匠の指導を無にしないように，彼はずっとまじめに取り組んでいる。）

　　b *他一直对自己严格要求，(<u>免得・省得</u>) 辜负名师的指导。

(5) a 在一些工作中，<u>为了不</u>被"一票否决"，下级为应付上级而造假的情况时有发生。(《人民日报》2011年9月21日)（実際の状況として一票で否決されないために，下級機関が上級機関にうそをつくことがしばしばあった。）
　　b＊在一些工作中，下级为应付上级而造假的情况时有发生，(<u>免得・省得</u>) 被"一票否决"。

　例(1)の主節は話し手の判断を表している。つまり，"除了～外，别无～"は判断のモダリティを表す形式としてとらえられる。例(2)(3)の主節における"才""就"も判断のモダリティを表す副詞として考えられる。第4章で述べたように，主節が話し手の思いや感情を表す場合，主節と従属節の間に引き続いて起こるという継起的関係が確認できない。そのような場合は"为"類の目的表現しか使えない。
　例(4)(5)はいわゆる「現象描写文」[1)]である。このような文においては，第3人称が主格に立つのが普通である。つまり，現象描写文は話し手自身のことではなく，話し手の周りに存在している現象を描きとるものである。話し手のイメージを伴う表現だから，解説や判断といった伝達の態度も含めていると考えられる。
　例(4)(5)のような，話し手が客観的に述べ立てる文における"为了＋不"は"免得""省得"で置き換えることができない。主節と従属節の間の時間的前後関係がさほど明確に示されていないからであろう。つまり，例(4)(5)では，話し手の聴覚や視覚などを通して捉えたことを述べたりしているので，主節と従属節との間の引き続いて起こるという時間的順序がはっきりとしなくなったのである。
　例(1)(2)(3)(4)(5)に示すように，主節と従属節との間に引き続いて起こるという時間的前後関係がはっきりとしていなければ，"免得""省得"が生起しにくい。接続詞としての"免得""省得"は前件と後件が目的関係にあるということを示すと同時に，前件の表す事柄と後件の表す事柄が継起関係にあるということも表さなければならない。時間的前

第5章 "为了+不" と "免得" "省得" の使用条件　　127

後関係の束縛を受ける点においては，"免得""省得"は"以"類の目的表現と共通している。

　"为了+不"は判定動詞の"是"と共起し叙述内容の一部として機能することがある。そのような場合は"免得""省得"で置き換えることができない。

(6) a 但根据英国最新调查显示，超过三成的英国女性非常反感被抱着入睡，只<u>是为了不</u>让伴侣失望才假装喜欢。(《中国新闻网》2011年11月6日)（しかし，イギリスの最新調査によると，イギリスでは3割の女性が抱かれて寝ることにむかつくという。好きなふりをするのは，相手にがっかりさせないためだという。）

　　b *但根据英国最新调查显示，超过三成的英国女性非常反感被抱着入睡，只是（免得・省得）让伴侣失望才假装喜欢。

(7) a 最开始不明说，可能<u>是为了不</u>授人以柄。(《长江日报》2009年2月11日)（最初は曖昧にしていたのは，しっぽをつかまえられないためだろう。）

　　b *最开始不明说，可能是（免得・省得）授人以柄。

(8) a 教练组让丁宁退赛，<u>是为了不</u>引起更严重的后果，同时也是为了保护丁宁。(《辽宁日报》2012年5月26日)（監督とコーチたちが丁寧[2]を退場させたのはもっと深刻な結果を招かないようにするためであり，彼女を守るためである。）

　　b *教练组让丁宁退赛，是（免得・省得）引起更严重的后果，同时也是为了保护丁宁。

　"是"は判断を下す形式であり，直接にアスペクトを表示する意味・機能を持っていない。そのため，"是+为了+不"は主節と従属節との間の時間的関係を直接に示さない。それに引き換え，"免得""省得"は主節と従属節との間の時間的前後関係がはっきりと示された場合に限り用いられる。列(6)(7)(8)において，"免得""省得"が排除されるのは

時間的前後関係が不明瞭なためであろう。

さらに"为了＋不"を含む従属節の文頭に接続詞の"如果""并且""而且""况且""尽管""但是""可是""所以"などが現れることがある。そのような場合の"为了＋不"は"免得""省得"で置き換えることができない。

(9) a 但也让人产生这样的疑问：<u>如果</u>某些领导<u>为了不</u>被问责，千方百计阻止问题曝光，怎么办？(《光明日报》2008年3月18日)(しかし，次のような疑問が生じる。もし一部分の指導幹部が責任を追及されないように，あの手この手を弄して問題を覆い隠そうとしたら，どうだろうか。)

    b *但也让人产生这样的疑问：如果某些领导（<u>免得・省得</u>）被问责，千方百计阻止问题曝光，怎么办？

(10) a 该机场为了不影响正常航班，采取对飞机上可能出现的发热旅客实行前三排和后三排测体温措施。<u>并且为了不</u>影响其他航班的起降，从去年12月起，排查的旅客下飞机后将再进行体温探测。(《信息时报》2004年1月21日)(その空港は就航ダイヤを乱さないために，発熱症状のある乗客については，その人の前の3列と後ろの3列の人の体温を測ることにしている。そして他の離着陸の飛行機に影響を与えないために，昨年の12月からチェックを受けるべき乗客について飛行機を降りてから体温チェックをすることにしている。)

    b *从去年12月起，排查的旅客下飞机后将再进行体温探测，<u>并且</u>（<u>免得・省得</u>）影响其他航班的起降。

(11) a <u>尽管</u>为了不拂他们的好意，我们在发射前把飞行轨道通知了他们，但实际上我们没有依靠他们的帮助，完全用自己的技术。(《环球时报》2004年5月21日)(彼らの気持ちに逆らわないように，発射の前に飛行の軌道などを彼らに知らせた。しかし，彼らの力に頼らなかった。自分の技術でクリアした。)

    b *我们在发射前把飞行轨道通知了他们，<u>尽管</u>（<u>免得・省得</u>）拂

他们的好意。

(12) a 刘翔的父亲刘学根很早就到了北京，<u>但是为了不给儿子添麻烦</u>，父子俩并没有多见面。(《人民网》2008年8月18日)（劉翔の父親がずっと早く北京に到着した。しかし，息子に訓練に集中させるために，親子はあまり面会しなかった。）

b＊刘翔的父亲刘学根很早就到了北京，父子俩并没有多见面，<u>但是</u>（<u>免得・省得</u>）给儿子添麻烦。

(13) a 现在婚礼举行的通常是不中不西，新娘既穿西式婚纱也穿中式礼服，<u>所以为了不抢新娘的风头</u>，有几种颜色是一定不能穿的，那就是白色或者很淡的米色系列以及大红色。(《竞报》2008年4月17日)（今日の結婚式は中国式でもなく西洋式でもない。新婦がウエディングドレスもチャイナドレスも着るので，自分をひけらかしているとみられないように，何種類かの色は着てはいけない。それは白色とベージュ，或いは赤色である。）

b＊有几种颜色是一定不能穿的，<u>所以</u>（<u>免得・省得</u>）抢新娘的风头。

　第4章の2節で述べたように，いわゆる接続詞はその究極の意味・機能が前の文を受けて後の文に続け，前後の文の意味上の関係を示すことである。そのため，その前には文レベルのものが現れるのが普通であり，接続詞の前置が許されない。

　例(9)(10)(11)(12)(13)では"为了＋不"の前に接続詞が現れている。介詞としての"为了"は接続詞の前置を容認するが，接続詞自身が2つ重ねて使われることは文法上では容認されない。例(9)(10)(11)(12)(13)の"为了＋不"が"免得""省得"で置き換えられない原因は，このような文法的制約に求められる。

3 "为了+不"も"免得""省得"も使用可能なケース

統語的特徴の角度からみれば，"为了+不"は主節と従属節の主語が同じである場合にしか用いることができない。それに対して，"免得""省得"は"以"類の目的表現と同じように，主節と従属節の主語が同じである場合も異なる場合も使える。ただし，同一主語を共有する場合と共有しない場合の構文的条件が異なっている。"国家语委现代汉语语料库"や"人民网"から得られた200以上の"免得"の用例と150以上の"省得"の用例を観察した結果，主節と従属節が同一主語を共有している場合，"免得""省得"の直後に動詞フレーズを伴うのが普通であるということを突き止めた。

動詞フレーズを伴うことは統語的特徴としてとらえられるが，例(14)(15)(16)(17)の目的表現の事柄的性格に目を転じてみれば，従属節述語としての動詞フレーズは不利益を含意していることが誰の目にも明らかである。つまり，"为了+不"も"免得""省得"も不利益を含んだ文環境にしか生起しえないのである。

(14) a 人们经过这些险要之处时，必须保持寂静，<u>免得得罪</u>山神而受罚。(《中国宗教史》)（山神の機嫌を損ねないように，人々がこれらの険しい場所を通るとき，静かにしなければならない。）
　　 b <u>为了不得罪</u>山神而受罚，人们经过这些险要之处时，必须保持寂静。
(15) a 如果进行夜袭，士兵们都在肩上带上耀眼的标志，<u>免得误伤</u>自己人。(《人民论坛》2004第8期)（夜間襲撃の場合は，誤って仲間を傷つけることがないように，兵士たちは肩に鮮明な印をつける。）
　　 b 如果进行夜袭，<u>为了不误伤</u>自己人，士兵们都在肩上带上耀眼的标志。
(16) a 有个叫缪贤的宦官，娶了一个叫阿毛的女子为妻。三年后，阿毛居然生下了一个男孩。缪贤当然知道儿子不是自己的，但也默认

了，<u>省得再去收养</u>儿女。(《北京青年报》2010年8月10日)(繆賢という宦官は阿毛という女性を妻として迎えた。3年後阿毛は男の子を出産した。当然のことながら，繆賢はこの子が自分の子ではないことを知っていた。しかし，新たに養子養女を引き取らなくてすむから，彼は黙認をしていた。)

 b 繆贤当然知道儿子不是自己的，但<u>为了不再去收养</u>儿女，也默认了。

(17) a 居民办事之前，可以先浏览一下网址，看需要带哪些证件，<u>省得多次跑腿</u>。(《合肥晚报》2011年3月21日)(住民は手続きをする前に，何回も走り回らないですむように，まずインターネットで検索し，どんな証明書が必要なのかを確認しておくことが可能である。)

 b <u>为了不多次跑腿</u>，居民办事之前，可以先浏览一下网址，看需要带哪些证件。

 例(14)b(15)b(16)b(17)bに示すように，主節と従属節が同一主語を共有している場合の"免得""省得"は"为了+不"で置き換えることができる。ついでに触れておくが，例(14)a(15)a(16)a(17)aのような文環境では"以免"も生起しうるのである。

 例(14)の主節における"人们"は主節の主語であると同時に，従属節の"得罪山神而受罚"の主語でもあり，例(15)の主節主語としての"士兵们"は従属節の"误伤自己人"の主語でもある。また例(16)の"繆贤"も主節述語としての"默认了"の主語であると同時に，従属節述語の"去收养"の主語でもある。例(17)の主節における"先浏览一下网址，看需要带哪些证件"と従属節における"多次跑腿"はともに同一主体（主節主語としての"居民"）によってコントロールされているのである。

 このように，主節と従属節が同じ主語を共有するという文環境における"免得""省得"は前件を後件に変えるという前提でどちらも"为了+不"で置き換えていうことが可能である。

4 "免得""省得"しか使えないケース

　本研究では，"免得""省得"は「その他の目的表現」と位置づけられているが，これは形式的特徴による便宜的な処理で，けっしてそれがすべてにおいて他の二次的目的表現と異なっていることを意味しているわけではない。統語機能についていえば，むしろこの2つの形式は"以"類の目的表現と共通しているのである。

　第3章で述べたように，"免得""省得"はどんな場合に"为了＋不"で置き換えられ，どんな場合に"为了＋不"で置き換えられないかについて考える場合，接続詞の直後にどんな性格のものが続いているかに注目しなければならない。

　主節と従属節の主語が異なっている場合は，"免得""省得"の直後に動詞フレーズが現れるのではなく，名詞フレーズが続くのである。このような統語的特徴は"以"類の目的表現と共通している。名詞フレーズを伴った場合の"免得""省得"は"以免"で置き換えられるが[3]，直接に"为了＋不"で置き換えることは不可能である。

　例(18)(19)(20)(21)において，接続詞に続いた名詞フレーズは従属節の主語として機能している。つまり，統語的に主節と従属節がそれぞれ独自の主語を有するのである。このような文環境における"免得""省得"は"为了＋不"で置き換えることができない。

(18) a 我在这里修路，今天把路边的杂草根清理一下，<u>免得爬山的人</u>不小心戳到脚。(《人民网》2011年3月23日)（山登りの人が不注意で足の怪我をしないように，わたしはここで道路の補修をし，今日は路肩の雑草を除いている。）

　　　b *<u>为了不爬山的人</u>不小心戳到脚，我在这里修路，今天把路边的杂草根清理一下。

(19) a 劝君驾车不要忙，<u>免得娇妻守空房</u>。(《京华时报》2011年2月21日)（可愛い妻が一人暮らしをしないように，スピードを落として

　　　　ください。)
　　　b *为了不娇妻守空房，劝君驾车不要忙。
(20) a 我应该把那张假币撕了，省得他们再拿去骗人。(《人民网》2010
　　　年10月3日)(彼らがまたそれを使って人を騙さないように，その
　　　偽札を破ればよかった。)
　　　b *为了不他们再拿去骗人，我应该把那张假币撕了。
(21) a 早点儿修好，省得他们着急。(《人民网》2010年12月30日)(彼
　　　らが心配しないように，早く直しておく。)
　　　b *为了不他们着急，早点儿修好。

　主節と従属節が別々に主語を有する場合は，2つの主語が形に現れることもあり，形として現れないこともある。例(18)の主節の主語は"我"であり，従属節の主語は"爬山的人"である。例(19)の主節には形としての主語は存在しないものの，それが"我""我们"のようなものだと推測されうる。例(20)の主節における"我"と，従属節における"他们"はそれぞれ異なる述語の主語として機能しているのである。

　さらに例(21)も主節述語としての"修好"と従属節述語としての"着急"がそれぞれ異なる主語と意味関係を結んでいるのである。ただし，"着急"の主語は顕在化し"他们"であるのに対して，"修好"の主語は潜在化している。顕在化させるのなら"我们""你""你们"のようなものになるだろう。

　アスペクトの観点からみれば，例(18)の"爬山的人不小心戳到脚"，例(19)の"娇妻守空房"はまだ発生していないこととしてしか解釈できない。それに対して，例(20)の"拿去骗人"，例(21)の"他们着急"は継続中のこととしても未発生のこととしても解釈することが可能である。ただし，未発生の事柄として解釈する場合は，"免得他们再拿去骗人""免得他们着急"のように，"免得"で置き換えても差し支えがない。

　例(18)(19)(20)(21)のような文環境における"免得""省得"はいずれも"为了+不"で置き換えることができない。主節と従属節が異なる

主語を有しているからである。さらに，"省得"は"了2"を伴い従属節を構成することができるのに対して，"为了+不"はそのように用いることができない。

(22) a 我这就回去，省得你们再觉得我可疑了。(《京华时报》2008 年 12 月 17 日）（これで帰る。帰ったら，わたしのことを怪しく思わなくなるでしょう。）
　　 b *为了不你们再觉得我可疑了，我这就回去。
(23) a 豆腐西施说这豆腐房有啥看的，你要是闲得慌，就给我拉磨吧，省得我早上磨了。(张艳荣《待到山花插满头》)（豆腐西施は「豆腐工場は何がおもしろい。暇で仕様がないのなら，うすを回してくれる？回してくれたら，朝早く回さなくても済むのだ。」と言った。）
　　 b *为了不我早上磨了，就给我拉磨吧。

　ここで同一主語の共有の有無にもとづいて"免得""省得"と"为了+不"の使用条件を以下のようにまとめる。

(24) 主節と従属節が同一主語を共有する場合は，従属節が[CONJ+VP]のような構造になり，"免得""省得"は"为了+不"で置き換えることが可能である。
(25) 主節述語と従属節述語が同一主語を共有しない場合は，従属節が[CONJ+NP + VP]のような構造になり，"免得""省得"は"为了+不"で置き換えることが不可能である。

　ただし，[CONJ+NP + VP]のような構造になった場合は，直接に"为了+不"で置き換えられないものの，その後に"使"や"让"のような使役の意味を表す動詞を置けば，自然な表現になるのである。例(26)(27)(28)(29)は例(18)(19)(20)(21)に"使"や"让"を入れた場合の表現である。

(26) <u>为了不</u>（使・让）爬山的人不小心磕到脚，<u>我</u>在这里修路，今天把路边的杂草根清理一下。（山登りの人に不注意で足の怪我をさせないようにするため，わたしはここで道路の補修をし，今日は路肩の雑草を除いている。）

(27) <u>为了不</u>（使・让）娇妻守空房，劝君驾车不要忙。（可愛い妻に一人暮らしをさせないためにも，スピードを落としてください。）

(28) <u>为了不</u>（使・让）他们再拿去骗人，我应该把那张假币撕了。（彼らがまたそれを使って人を騙すことをさせないために，その偽札を破るべきだった。）

(29) <u>为了不</u>（使・让）他们着急，早点儿修好。（彼らに心配させないために，早く直しておく。）

このように"免得""省得"は主節と従属節が同一主語を共有する場合も共有しない場合も用いられるのに対して，"为了＋不"は常に同一主語の共有を要求するのである。例(26)(27)(28)(29)が適格なのは，"使"や"让"の介入によって主節と従属節が同一主語を共有することになったからにほかならない。

5　本章のまとめ

以上，統語論の観点から"免得""省得"と"为了＋不"との使い分けについて述べた。コーパス分析を通して，主節と従属節が同一主語を共有する場合は"免得""省得"の後に動詞フレーズが続き，主節と従属節が異なる主語を有する場合は名詞フレーズが続くということが明らかになった。

さらにそのような構文的条件に基づいて，主節と従属節が同一主語を共有している場合の"免得""省得"は"为了＋不"で置き換えられるのに対して，主節と従属節がそれぞれ独自の主語を有している場合の"免得""省得"は"为了＋不"で置き換えることができないということ

を突き止めた。

注
1) いわゆる「現象描写文」については，仁田義雄（1989）では，「子どもが運動場で遊んでいる。」のような用例を用いて説明し，そのような文の性格については，「話し手の視覚や聴覚などを通して捉えられたある時空の元に存在する現象を，現象への確認は有しているものの，主観の加工を加えないで言語表現化して，述べたものである。」のように位置づけされている。
2) 丁寧は中国国家チーム所属の卓球選手である。
3) 筆者の内省ではあるが，(18)(19)(20)(21)のような文における"免得""省得"は"以防"で置き換えると，自然さが低くなると思われる。

第2編
日本語の一次的目的表現と二次的目的表現の意味・用法について

第6章
タメの構文的分布

1 はじめに

　タメは動詞の肯定形だけではなく，否定形について目的節を構成することがある。しかし，どんな場合に肯定形に後接し，どんな場合に否定形に後接するかについて，先行研究（国広哲弥 1982，佐治圭三 1983，奥津敬一郎 1984，前田直子 1995，2006，日本語記述文法研究会 2008）では具体的なルールが示されていない。この章では目的を表すタメの構文的分布を明らかにし，あわせて肯定形につくタメの使用条件と否定形につくタメの使用条件について，新たに提案することを試みる。

　以下では，まず先行研究を検討し問題点などを洗い出す。3では目的節の述語として機能する動詞・動詞フレーズの語彙的意味を集約し，それに基づいてタメの生起環境を説く。4では肯定形につくタメの構文的分布状況を明らかにし，5では否定形につくタメの構文的分布状況を浮き彫りにする。6では新たに得られた結論をまとめる。

2 先行研究と問題点

　目的を表すタメの意味・用法について，国広哲弥（1982：104-111）では，ヨウニの意味・用法と関連付けて分析がなされている。タメの表す目的は「動作主の意志に左右されうる」「積極的なもの」でなければならないとされ，ヨウニの表す目的は主節の「動作主の意志で制御できない」「間接的，消極的なもの」とされている。しかし，下記の例（1）

に示すように，タメが用いられているにもかかわらず，前置の従属節述語としての「伸びる」は，「動作主の意志に左右されうる」ものではない。

(1) 経済が伸びるためには人が伸びることが必要，というのはごく当り前。(『朝日新聞』2008年3月18日)

　国広哲弥（1982：104-111）では，主に複文の枠組みの中においてタメの意味・用法について記述がなされたが，単文におけるタメの意味・用法については触れていない。
　前田直子（2006：37-47）や日本語記述文法研究会（2008：233-238）はこれを受け継いで，従属節の述語が意志的な動きを表しているかどうか，主節の述語と従属節の述語が同じ主体の動きを表しているかどうかをタメが使えるかどうかの使用条件としている。しかし，例(1)の従属節における「伸びる」に示すように，それの表す事柄的意味は意志的な動きではなく，主節の述語と従属節の述語が同じ主体の動きを表しているわけではない。
　典型的な目的表現であれば，主節にも従属節にも意志的にコントロールできる動きを表す動詞が現れ，「V1＋タメ，V2」のような構造をなすのが普通である。しかし，すべてのタメによる目的表現は「V1＋タメ，V2」のような構文的条件を満たしているわけではない。例えば，例(2)ではタメの後に続くものには意志性が欠けており，V2にあたる部分は存在しない。

(2) 彼らは抗議しているようだが，党が勝つためにはしかたがないのだろう。(『朝日新聞』2007年12月29日)

　さらに，例(1)(2)の「伸びるため」「勝つため」は特別な状況を表す場合以外，「伸びないため」「勝たないため」の形で用いることができない。しかし，それと対照的に，例(3)における「感染を広げないため」は，通常，「感染を広げるため」の形で使うことが不可能である。

(3) 感染を広げないためにも，厚労省は検査目的の献血はやめるよう呼びかけています。(『朝日新聞』2010年5月25日)

　従属節の述語が否定形である場合，タメを用いるべきかヨウニを用いるべきかについて，日本語記述文法研究会（2008：233-238）では「基本的には『ように』を用いるが，否定的な状態を積極的に実現させようとしていることを強調して表す場合には，『ため（に）』も可能である。」としている。しかし，この場合の「否定的な状態を積極的に実現させようとしていることを強調して表す」という使用条件は，必ずしも自明なものではなく，例えば，例(3)の文法性を充分に説明できるとは思えない。そもそもこの例において，何が「否定的な状態」なのかさえ分かりにくいからである。

　大量の実例を観察してみると，日本語記述文法研究会（2008：233-238）で示された原則からはずれるものが多く，例えば，例(4)(5)では，従属節の述語が否定形であるにもかかわらず，ヨウニが排除されるのである。これらの文でヨウニの制限される原因は単純に従属節述語の表す事柄が「間接的，消極的なもの」ではないことに帰してはならず，タメの容認される原因も「否定的な状態を積極的に実現させようとしている」からでもない。

(4) 芝居や歌舞伎，伝統芸能を名古屋で絶やさない（ため／*ように）何をすればいいか。(『朝日新聞』2009年10月11日)
(5) 過去の事実を学んで自分の立ち位置を知り，自覚する。それが，かつて歩んだ侵略の道を繰り返さない（ために／*ように）大切です。(『朝日新聞』2010年6月18)

　なぜ例(3)(4)(5)の「広げないため」「絶やさないため」「繰り返さないため」は「広げるため」「絶やすため」「繰り返すため」の形で言うことができないか。このことについて先行研究で示されたルールでは充分

に説明することができない。このことから，どんな動詞の否定形がタメを伴い目的節を構成し，どんな動詞の否定形が目的節の述語として機能しえないかということの原因について考える場合は新たな観点が必要だと思われる。

例(1)(2)(3)(4)(5)の従属節述語にはいずれも利益の含意がある。例(1)(2)の従属節述語が肯定形でなければならず，例(3)(4)(5)の従属節述語が否定形でなければならないことは利益・不利益の含意と関係があるかもしれない。そうなると，それらの文の成り立つ原因について説明するのに，意味論的，統語論的観点のほかに，従属節述語の意味素性にも注目しなければならない。

つまり，なぜ例(1)のような文では主節の述語と従属節の述語が異なる主体の動きを表しうるのか，なぜ例(2)(3)(4)(5)のような文の従属節では肯定形が容認されないのか，また，なぜ例(1)(2)(3)(4)(5)ではヨウニが排除されているのか，ということについて説明する場合，従属節がとりたて詞によってとりたてられているかどうか[1]，従属節の述語に利益（不利益）の意味が含意されているかどうか，主節がどんな構文的特徴を持っているかといった観点から観察する必要があるように思われる。

以下では，主節と従属節の主体が同じであるかどうかということに留意しながら，目的節述語の語彙的意味や文脈的意味にも焦点を当てて考察を加える。具体的に，どんな性格の動詞・動詞フレーズが肯定形の形でタメを伴い目的節を構成し，どんな性格の動詞・動詞フレーズが否定形の形でタメを伴い目的節を構成しうるか，主節の述部がどんな構文的特徴を有しているかを念頭に置いて考察を加える。

3　タメの生起環境

タメはどんな場合に肯定形を受けて目的節を構成し，どんな場合に否定形を受けて目的節を構成するかということは，前置の目的節述語とし

ての動詞フレーズの意味素性と密接に関係している。つまり、目的節の述語がどんな語彙的（或いは文脈的）意味を有しているかということはタメが肯定形を受けて目的節（以下では「V＋タメ」型の目的節と呼ぶ）を構成すべきか、否定形を受けて目的節（以下では「V＋ナイ＋タメ」型の目的節と呼ぶ）を構成すべきかの重要なポイントである。

　意味的には「V＋タメ」型の目的節と「V＋ナイ＋タメ」型の目的節が反対の意味を表すようにみえるが、実は何かを目指して努力するという意味を表す点においては両者は共通している。具体的にいえば、事態の発生を目指して努力するという心の動きは必ず意志性を有し、積極的なものとしてとらえられる。これと同様に事態が発生しないことを目指して努力するという心組みも意志に左右されるのが普通である。つまり、「V＋ナイ＋タメ」型の目的節は「V＋タメ」型の目的節と同じように、積極的な意味を表すものでなければ、目的節としての存在価値が失われるのである。

　タメによる目的表現は、前置形式の特徴（肯定形なのか否定形なのか）によって、事態の発生を目指して努力する場合と、事態が発生しないように努力する場合の2つの側面を有しているが、どちらも積極的な心の動きの結果である。話し手や主節の主体の立場からみれば、従属節述語の表す事柄が利益を含むものでなければならない。つまり、タメは否定形を受けても肯定形を受けても、主節には利益の実現を目指して「積極的に」働きかけるという意味が含まれていなければ成立しにくい。

　ただし、目的節の述語とタメを切り離して考えれば、述語の肯定形は利益を含む場合があり、不利益を含む場合もあるので、目的節の形として「V＋タメ」と「V＋ナイ＋タメ」の2つのタイプが可能となる。いわば、利益を含意する肯定形であれば「V＋タメ」の形で目的節を構成し、不利益を含意する肯定形であれば「V＋ナイ＋タメ」の形で目的節を構成するのである。タメは肯定形についても否定形についても、究極するところ、利益の追求、利益の保全という意味を含み持つものでなければならない。前置形式の違いは利益・不利益の含意がもたらした結果

にすぎない。

しかし、利益・不利益の含意はすべて前置形式の語彙的意味にのみ含まれるわけではない。次の例(6)(7)(8)(9)(10)(11)(12)に示すように、利益・不利益の含みは従属節述語としての動詞や動詞フレーズの意味として現れる場合と文脈によって含意される場合がある。

(6) 東電の当面の賠償資金を<u>確保するため</u>、最大2兆円の交付国債の発行枠を設定する。(『朝日新聞』2011年6月30日)
(7) ロシアは自動車産業を<u>守るため</u>今月から関税を引き上げる。(『朝日新聞』2009年1月3日)
(8) 県選管は、任期満了日が近い県内市町村の選挙を知事選や県議選と同時に実施し、<u>効率化するため</u>、公選法の規定に基づいて同日選の日程を決めた。(『朝日新聞』2011年7月27日)
(9) 06年7月に下咽頭がんで声帯の半分を切除。のどの感覚を<u>失わないために</u>、左腕の皮膚と神経を移植した。(『朝日新聞』2009年5月12日)
(10) 私は<u>無駄を出さないため</u>、剣で丁寧に根を切り取り、水で洗い、皮を剥いた。(大岡昇平『野火』)

例(6)(7)(8)の「確保する」「守る」「効率化する」は明らかに利益を含意しているので、一般の状況においては、否定形がタメを伴い目的節を構成することがありえない。それと対照的に、例(9)の「失う」や例(10)の「無駄を出す」には明らかに不利益が含意されているので、肯定形がタメを伴い目的節を構成することが不可能である。

一方、例(11)(12)における「売る」「すすめる」はそれ自身が直接に利益・不利益に関わっているわけではない。しかし、例(11)(12)のような文脈では、従属節述語の肯定形が不利益を含意するものとして解されうる。そのため、否定形の表す状態を目指して利益の追求、利益の保全という文脈であれば、否定形がタメ、またはヨウニを伴い目的節を構成

することが可能である。

(11) はじめはとまどう島男だが，家を売らないために，妹のために，その話を受けることにする。（テレビドラマ『恋におちたら』第7話）
(12) 「この暑いのに，散歩なんかできるもんか。……夜は夜で，真っ暗だしさ。……それに毎日，病院の中をずいぶん往ったり来たりしているんだからなあ。
私はそんな会話をそれ以上すすめないために，毎日廊下などで出逢ったりする，他の患者の話を持ち出すのだった。（堀辰雄『風たちぬ』）

「家を売る」「話をすすめる」といったこと自身には利益・不利益の含意があるわけではない。それは具体的な文脈において判断しなければならない。利益を含意する文脈であれば肯定形が成り立ち，不利益を含意する文脈であれば，否定形が成り立つのである。

このように，目的を表すタメの分布にまったく制限がないわけではない。動詞や動詞フレーズへの後接をめぐって，前置の形式に利益が含まれているか否かによって分布が異なるのである。利益・不利益の含意の有無に基づいて，目的節の述語として機能する動詞・動詞フレーズの意味素性を整理してみると，次の3つのタイプが得られる。

タイプ1：利益を含意する動詞・動詞フレーズ
「生き延びる」「打ち負かす」「勝つ」「勝ち取る」「勝ち抜く」「戦い抜く」「立て直す」「稼ぐ」「防ぐ」「避ける」「守る」「合格する」「克服する」「昇進する」「獲得する」「確保する」「解毒する」「是正する」「退治する」「病気を治す」「損失を取り返す」「疲れを取る」「鼻血を止める」「害虫を絶やす」「成功を収める」「若さを保つ」「金メダルを取る」「人気を取り返す」「ベストを尽くす」「き

れいに片付ける」「清潔に保つ」「立派に育てる」「有効に利用する」「賢く対処する」……

タイプ2：不利益を含意する動詞・動詞フレーズ

「荒れる」「失う」「損なう」「損ねる」「誤る」「なくす」「逃す」「見逃す」「溺れる」「捕まる」「陥る」「落ち込む」「ひび割れる」「敗れる」「失敗する」「餓死する」「流血する」「感染を広げる」「悪影響を与える」「失敗を繰り返す」「迫害を受ける」「損害を被る」「弊害を生む」「事故を起こす」「信用を落とす」「誤解を招く」「疲れを残す」「敵をつくる」「咎めを受ける」「邪魔を入れる」「汚点をつける」「前轍を踏む」「溝を広げる」「落ちこぼれをつくる」「迷惑をかける」「被害に遭う」「合併症になる」「道に迷う」「病気にかかる」「罠にかかる」「罠にはまる」「風邪を引く」……

タイプ3：利益・不利益について中間的な動詞

a「会う」「あげる」「行く」「歌う」「行う」「売る」「返す」「切る」「記入する」「下げる」「食べる」「使う」「つくる」「流す」「飲む」「話す」「広げる」「汚す」「見る」「聞く」「使用する」「つくらせる」……

b「時化る」「流れる」「始まる」「焼ける」「むせる」「のぼせる」「血迷う」「頭痛する」「鈍る」「茂る」「たわむ」「そよ吹く」「高まる」「曇る」「暮れる」「光る」「吹雪く」「雪崩れる」「落雷する」「開花する」「できる」「見える」……

タメの動詞や動詞フレーズへの後接の可否は前置の動詞や動詞フレーズの意味性格に大きく左右されるのである。一般の状況においては，タイプ1に属する動詞や動詞フレーズは利益を含意するがゆえに，肯定形がタメを伴い目的節を構成しうるが，否定形がタメを伴い目的節を構成しえない。もう一度例(6)(7)(8)をみる。

(6)　a 東電の当面の賠償資金を<u>確保するため</u>，最大2兆円の交付国債

の発行枠を設定する。

b *東電の当面の賠償資金を<u>確保しないため</u>，最大2兆円の交付国債の発行枠を設定する。

(7) a ロシアは自動車産業を<u>守るため</u>今月から関税を引き上げる。

b *ロシアは自動車産業を<u>守らないため</u>今月から関税を引き上げる。

(8) a 県選管は，任期満了日が近い県内市町村の選挙を知事選や県議選と同時に実施し，<u>効率化するため</u>，公選法の規定に基づいて同日選の日程を決めた。

b *県選管は，任期満了日が近い県内市町村の選挙を知事選や県議選と同時に実施し，<u>効率化しないため</u>，公選法の規定に基づいて同日選の日程を決めた。

タイプ1の動詞・動詞フレーズと対照的に，タイプ2に属する動詞や動詞フレーズは不利益を含意している。そのため，目的節を構成するならば，否定形しか用いることができない[2]。もう一度例(9)(10)をみる。

(9) a 06年7月に下咽頭がんで声帯の半分を切除。のどの感覚を<u>失わないために</u>，左腕の皮膚と神経を移植した。

b *のどの感覚を<u>失うために</u>，左腕の皮膚と神経を移植した。

(10) a 私は<u>無駄を出さないため</u>，剣で丁寧に根を切り取り，水で洗い，皮を剥いた。

b *私は<u>無駄を出すため</u>，剣で丁寧に根を切り取り，水で洗い，皮を剥いた。

タイプ3aグループの動詞フレーズは利益・不利益との関わりにおいて中間的である。そのため，文脈的に利益の含みが認められれば肯定形がタメを伴い目的節を構成し，不利益の含みが認められれば，否定形が

タメを伴い目的節を構成するのである。ただし，肯定形を受ける場合は，従属節述語の表す動きの発生を促すという意味を表すことになり，否定形を受ける場合は，従属節述語の表す状態の維持・保全を表すことになる。もう一度例(11)(12)をみよう。

(11) a はじめはとまどう島男だが，家を売らないために，妹のために，その話を受けることにする。
　　 b はじめはとまどう島男だが，家を売るために，妹のために，その話を受けることにする。
(12) a 私はそんな会話をそれ以上すすめないために，毎日廊下などで出逢ったりする，他の患者の話を持ち出すのだった。
　　 b 私はそんな会話をそれ以上すすめるために，毎日廊下などで出逢ったりする，他の患者の話を持ち出すのだった。

タイプ3bグループの動詞は，いかなる形でもタメを伴って目的節を構成することができない。「時化る」「流れる」「曇る」のような自然現象を表す動詞，「むせる」「のぼせる」「血迷う」のような生理現象を表す動詞，「茂る」「たわむ」「そよ吹く」のような非情物の動きを表す動詞，「できる」「見える」のような可能の意味を表す動詞は目的節の述語としては機能しえない。これらの動詞はいずれも意志的コントロールができない動きを表しているからであろう。

以上の3つのタイプに基づいて，目的節を構成する場合のタメの共起制限を表にまとめると，次のようになる。

表1　目的節を構成する場合のタメの共起制限

タイプ別 前置形式	タイプ1	タイプ2	タイプ3	
			a	b
肯定形	○	×	○	×
否定形	×	○	○	×

このように，動詞・動詞フレーズの語彙的意味や文脈的意味が主節の主語や話し手の立場に立ってみた場合，利益の含意なのか不利益の含意なのかという考えは，どんな動詞・動詞フレーズの肯定形がタメを伴い目的節を構成しうるか，どんな動詞・動詞フレーズの否定形がタメを伴い目的節を構成しうるかを説明するのに重要なポイントである。

ただし，不利益を含意しているからといって，否定形の表す状態の発生・維持は主節主体の動きの結果でなければ，「V＋ナイ＋タメ」型の目的節が成立しにくい。例えば，「地球が汚れる」などは不利益を含意しているものの，「地球が汚れないために箸を持ち歩く」のように，「V＋ナイ＋タメ」型の目的節を構成しても自然さは高くない。「箸を持ち歩く」ことは必ずしも「地球が汚れない」状態の維持につながるとは限らないからである。ただし，「汚れない」を「汚さない」に換えて，「地球を汚さないために箸を持ち歩く」のように，意志性を強めて他動詞にすると，自然になるのである。

そこで，本研究は「V＋タメ」型の目的節の成立条件と「V＋ナイ＋タメ」型の目的節の成立条件について次のように提案したい。

(13)「V_1＋タメ，V_2」のような構造において，V_1になりうるものは，利益を含意する動詞・動詞フレーズでなければならない。「V_1＋ナイ＋タメ，V_2」のような構造において，V_1になりうるものは，不利益を含意する動詞・動詞フレーズでなければならない。ただし，利益の含意の有無は主節の主体や話し手の立場からみた場合の結果であり，肯定形の表す動きの発生と否定形の表す状態の維持・保全は主節主体の動きの結果でなければならない。

このことをまず本研究の仮説として提示しておきたい。以下，4では肯定形につくタメの構文的分布を確認し，5では否定形につくタメの構文的分布を明らかにする。

4 　肯定形につくタメの構文的分布

　タメは一次的目的表現でありながら，その具体的な用法は文の構造的特徴により，典型的な目的用法と非典型的な目的用法のように二分されうる。本研究では主節の述語も従属節の述語も意志的な動きを表し，文が「V_1＋タメ，V_2」のような構造をなすものを典型的な目的用法と位置づけ，主節の述語と従属節の述語が必ずしも意志的な動きを表すとは限らず，文が「V_1＋タメ，V_2」のような構造をなさないものを非典型的な目的用法と位置づける。まず主節と従属節の同一主語の共有の有無や利益の含意の有無に留意しながら典型的な目的用法をみる。

4.1　目的を表すタメの典型的な意味・用法

　タメはタメニの形で用いることが多い。両者の違いについて，「『ために』と比べて『ため』のほうが文章語的」（国広哲弥，1982）とされている。タメは統語的には従属節を受けて主節を展開させる役割を果たすのであり，意味的には従属節で示される意味内容の成立が主節としての後件の支えを必要とするのである。

(14) 市民は自身の人生を豊かにするために意見を声に出している。（『朝日新聞』2008 年 12 月 1 日）
(15) 韓国は南ベトナムを支援するため，派兵した。（『朝日新聞』2008 年 1 月 29 日）
(16) 赤ん坊を見せてやるために，久し振りで面会に出掛けて行った。（小林多喜二『父帰る』）
(17) 硬直した財政を立て直すために退職金辞退や市長給与 50％カットなどを打ち出したが，及ばなかった。（『朝日新聞』2011 年 4 月 25 日）

　まず，主語の状況をみる。タメによる典型的な目的表現では，主節と

従属節の主語が同じでなければならない。つまり，「V_1＋タメ，V_2」のような構造関係では，主節の主語が主節の述語としてのV_2の主語であると同時に，従属節の述語としてのV_1の主語でもある。例えば，例(14)(15)の主節における「市民」「韓国」は，それぞれ主節の主語であると同時に，従属節の主語としてもはたらきをしているのである。また，例(16)(17)では，形としての主語が存在しないものの，それがないわけではない。例(16)では主節と従属節の主語は「わたし」「彼」のようなものだと考えられ，例(17)では「市」，或いは「彼」のようなものが主節と従属節の主語になると考えられる。

次は従属節述語の利益の含意の有無をみる。主節の主体や話し手の立場からみれば，例(14)(15)(16)(17)の従属節の述語に利益が含意されていることは明らかである。ただし，例(14)(15)では利益を受けるのが主節主語としての「市民」「韓国」であり，例(16)(17)では潜在的な「わたし」「彼」，或いは「市」といったものが従属節述語の表す事柄の発生によって利益を受けると考えられる。

さらに主節と従属節の意味関係をみる。例(14)の主節における「意見を声に出している」ということは，「自身の人生を豊かにする」ということの成立する前提条件であり，例(15)(16)(17)についても，従属節の述語と主節の述語が意志的な動きを表し，従属節としての「南ベトナムを支援する」「赤ん坊を見せてやる」「硬直した財政を立て直す」といった事柄の成立は主節としての「派兵する」「面会に出掛けて行く」「退職金辞退や市長給与50％カットなどを打ち出す」といった事柄の発生を前提条件とするのである。いわば，主節の述語の表す事柄の支えがなければ，従属節が意味的に不完全なものになってしまうのである。

例(14)(15)(16)(17)の前件と後件の意味関係は本研究が提示した主節の主体や話し手の立場からみて，利益を含意する動詞フレーズであれば，「V＋タメ」型の目的節の述語として機能し，肯定形の表す事柄の発生は主節の主体の動きがもたらす結果でなければならないという仮説と合致している。

また，「V₁＋タメ，V₂」のような構造において，主節述語の描き取る事態に対して従属節述語の描き出す事柄はすでに発生したものではありえず，未発生のものでしかありえない。例えば，例(14)の主節の「意見を声に出す」ということに対して，従属節の「自身の人生を豊かにする」ということは後に発生するものでしかありえない。例(15)(16)(17)についても「派兵する」「面会に出掛けて行く」「退職金辞退や市長給与50％カットなどを打ち出す」などが先に発生しなければ，「南ベトナムを支援する」「赤ん坊を見せてやる」「硬直した財政を立て直す」といったことの発生は不可能である。

　タメは目的を表すほかに，原因・理由を表すこともある。習得研究の立場からみる場合，どうやって両者を区別するかについて，従属節述語のテンスに注目しなければならない。つまり，従属節のテンスは過去なのか，未来なのかが目的関係を因果関係から区別する手がかりの１つである。従属節の述語が利益の含意を含め，さらに未来のテンスを表すのであれば，目的関係を表し，従属節の述語にが過去・現在のテンスを表すのであれば，因果関係を表すことになる。

　例(14)(15)(16)(17)の従属節述語は利益のある動きを表し，未来のテンスであるので，目的を表していると認められる。しかし，従属節の述語が動作性名詞（動名詞）である場合は従属節述語のテンスは必ずしも自明になるとは限らない。

(18) 東京都八王子市は東日本大震災の影響で，<u>節電のため</u>図書館やプール，会議室などの公共施設の休止や夜間閉館を続けている。（『朝日新聞』2011年年5月21日）

(19) 同科の３年生は，マグロのはえ縄漁の<u>航海実習のため</u>，4月下旬，大型船の鹿島丸（495トン）に乗り込み，米国・ハワイに向けて出発した。（『朝日新聞』2011年7月11日）

(20) ３年半前，<u>講演のため</u>山鹿市を訪れた大沢さんが立ち寄り，栗川亮一社長（45）と意気投合。以来，交友が続いているという。（『朝

(21) 福田首相は27日夕，中国公式<u>訪問のため</u>政府専用機で北京入りした。(『朝日新聞』2007年12月8日)
(22) <u>市場調査のため</u>，山東省と安徽省の6つの都市を駆け回った。(『朝日新聞』2008年11月22日)

　動作性名詞は活用語尾を持たないので，それだけをみても，どんなテンスなのかはっきりとしない。そのため，従属節は目的と原因・理由の両方を表すと解釈されても仕方がない。つまり，例(18)(19)(20)(21)(22)の目的節の述語は未来のテンスとして解釈すれば，目的を表すことになり，過去のテンスとして解釈すれば，原因・理由を表すことになるだろう。ちなみにヨウニは動作性名詞を受けて目的を表すことがないようである。

　ただし，目的節の述語が未来のテンスでなければならないことは，けっして「V_1－タメ，V_2」型の目的表現にテンスの分化がないことを意味するのではない。むしろ，主節の述語には，過去と現在・未来の対立がみられ，主節に描き出される事柄は発生したことでもかまわず，未発生のことでもかまわないのである。このような特性はタメによる目的表現の全般についていえることである。例えば，例(7)の「ロシアは自動車産業を<u>守るため</u>今月から関税を引き上げる。」の主節のテンスは未来であり，例(14)「意見を声に出している。」のテンスは現在である。また例(15)(16)(17)の主節のテンスは過去である。

　目的節はいわゆるとりたて詞によってとりたてられることがある。しかし，ヨウニはとりたて詞の後続を容認しないようである。

(23) かかる弊風を杜絶する<u>ためにこそ</u>吾々はこの学校に職を奉じているので，これを見逃がすくらいなら始めから教師にならん方がいいと思います。(夏目漱石『坊っちゃん』)
(24) 現政権はクーデターを正当化する<u>ためだけに</u>前首相の政策を否定

したが，かえって混乱を招いた。(『朝日新聞』2007年12月17日)
(25) 日銀の白川方明総裁が超金融緩和政策を維持する決意を示したものの，円安に導く<u>ためのみに</u>緩和する考えはないとしたことに対する市場の反応は限定的だった。(『朝日新聞』2012年5月25日)
(26) いじめを受けた経験から，笑いを取る<u>ためでも</u>，誰かを傷つけるようなことはしたくない。(『日刊スポーツ』2010年12月21日)
(27) 大阪の在日には，虐殺を逃れる<u>ため</u>などに済州島から日本に来た人も多く，遺族会や研究者らが毎年4月に慰霊祭を催している。(asahi.com 2011年4月16日)
(28) 各シリーズのメンバーカードをGETする<u>ためには</u>ミッションをこなし，ミッションの最後に登場するボスを倒します。(asahi.com 2012年3月2日)
(29) 将来を担う子どもたちのかけがえのない命を守る<u>ためにも</u>，実効性のある防災教育に力を入れていく。(『朝日新聞』2012年3月28日)

　目的を表すタメはとりたて詞の「こそ」「だけに」「のみ」「でも」「など」「は」「も」などとなじむ関係にあるが，同じとりたてでありながら，「しか」「まで」「さえ」「すら」「だって」などとはなじまない関係にあるようである[3]。コーパスを調べた結果，目的を表すタメが「しか」「まで」「さえ」「すら」「だって」などを伴い目的節を構成する用例はみられなかった。
　第8章で詳しく述べるが，意味的には，タメは利益を目指して進んで働きかける場合に用いられ，ヨウニは利益が生じるよう期待感を込めて待ち受ける場合に用いられる。例(14)～(29)では主節の述語も従属節の述語も意志的な動きを表し，それが同一主体によってコントロールされていると考えられる。そのような文環境では，タメをヨウニで置き換えることができない。

4.2 目的を表すタメの非典型的な意味・用法

　従属節と主節のどちらかに意志性が欠けている目的表現は，非典型的な目的表現として位置づける。いわゆる非典型的な目的表現は，さらに次のように3つに分けて考えられる。それは，①主節に意志性が欠けた場合，②従属節の述語が非意志的な動きを表す場合，③タメが単文に用いられる場合である。

4.2.1　主節に意志性が欠けた場合

　このタイプの目的表現の意味・用法は主に主節の述語が意志的な動きを表さない場合，主節にモダリティを表す要素が含まれた場合，及び主節の述語が受身表現となった場合に分布している。次の例(30)(31)(32)の主節の述語は意志的な動きを表すのではなく，むしろ客観的な状態を表すものとしてとらえなければならない。

(30)　この制度は01年の米国の同時多発テロをきっかけに，テロ防止のためにできたといいます。(『朝日新聞』2007年12月9日)

(31)　それ以降は中国の能力増強で供給が大幅に超過する。それを乗り越えるために，(統合交渉の) 話が進んだ。(『朝日新聞』2008年1月19日)

(32)　決勝に進むためには，まだまだ長い道のりが残っている。(『朝日新聞』2012年4月4日)

　話し手の立場からみて，例(30)(31)(32)の従属節述語としての「テロ防止」「乗り越える」「決勝に進む」は利益を含意していると考えられる。例(30)の主節における「できる」は意志的な動きとしてとらえることができず，例(31)の主節における「話が進んだ」ということも意志的コントロールはできないと考えられる。さらに例(32)の「残っている」も無意識的な状態として認めなければならない。

　主節に意志性がみられない例(30)(31)(32)については，主節の述語が

ある種の判断を表すと考えられる。つまり，例(30)(31)(32)における「できた」「話が進んだ」「残っている」は話し手が従属節の意味・情報を見極め，それについて自分の考えを定めるという意味・機能を担っていると考えられる。

タメによる目的表現の主節では判断のモダリティが中心的な役割を果たすことがある。そのような場合は，文末に「必要だ」「～なければならない」「～なければいけない」「しなくてはいけない」「やむをえない」「～ざるをえない」「不可欠だ」「～しかない」「べきだ」「仕方がない」「欠かせない」「重要だ」などが現れることが多い。

(33) イランの計算に影響を及ぼすためには，広範で痛烈な制裁が必要だ。(『朝日新聞』2007年11月17日)
(34) 前に進むためには核計画の正確な申告がなければならない。(『朝日新聞』2007年12月22日)
(35) 我々が目標を達成するためには，彼ら以上の勝利への意欲を持たなければいけない。(『朝日新聞』2012年6月18日)
(36) 企業価値を維持するためには自主独立のもとに運営しなくてはいけない。(『朝日新聞』2012年6月20日)
(37) おまえたち兄妹を養育するためには，これもやむをえないことでした。(島崎藤村『再婚について』)
(38) 首相は7日に枝野幸男経済産業相や細野豪志原発相らと協議し，西川知事の同意を得るためには応じざるを得ないと判断した。(『朝日新聞』2012年6月8日)
(39) 社会保障制度や少子化対策を充実するためには，持続的な経済成長が不可欠です。(『朝日新聞』2008年1月19日)
(40) 一政治家としてマニフェストの原点に立ち返りたい。信念を通すためには離党するしかない。(『朝日新聞』2012年4月1日)
(41) ガザの流血を止めるためにもっと積極的に動くべきだ。(『朝日新聞』2009年1月6日)

(42) これに対し，住民らは「被災地の復興のため，受け入れは仕方ない」という意見の一方，「基準値以下の放射能でも，集まれば不安だ」「風評被害が心配」と受け入れ反対の声も強かった。(『朝日新聞』2011 年 12 月 14 日)
(43) 海外取引先との信頼関係を深めるためにも，国際的に説得力のあるリスク管理体制は欠かせない。(『毎日新聞』2010 年 11 月 9 日)
(44) 実際のインシデントを被り，顧客が報道でそれを知るなどという事態を避けるためにも，実行と試験は重要です。(『朝日新聞』2012 年 5 月 18 日)

　話し手の立場からみれば，例(33)～(44)の従属節の述語に利益を含んでいると思われる。また意志性の有無という観点からみれば，「必要だ」「～なければならない」「～なければいけない」「～しなくてはいけない」「やむをえない」「～ざるをえない」「不可欠だ」「～しかない」「べきだ」「仕方がない」「欠かせない」「重要だ」などは話し手の事態に対する把握の仕方や価値判断を表すものなので，意志的な動きとしては認められない。例(33)～(44)に示すように，主節に判断のモダリティが現れた文は必ずしも「V_1＋タメ, V_2」のような構造をなすとは限らない。例(44)ではタメの後に断定文が続いているのである。
　それから，もう 1 つの現象を見逃してはならない。それは主節にモダリティを表す要素が現れた場合，従属節がとりたて詞によってとりたてられることが多いということである。また，次の例(45)(46)(47)(48)に示すように，主節に働きかけのモダリティが現れた場合も従属節がとりたて詞によってとりたてられることが多い。

(45) 異文化の中で良いプレーをするためには，思ったことをパッと言えたほうがいい。(『朝日新聞』2012 年 6 月 15 日)
(46) メダルを取るためには，むやみに他人と握手をしないで——。ロンドン五輪に向け，英国五輪委員会（ＢＯＡ）が自国の選手にこ

んな通達を出し，物議をかもしている。(『朝日新聞』2012年3月14日)
(47) そうした事態を避けるためにも財政健全化に向けた取り組みをしっかりと進めてほしい。(『朝日新聞』2012年4月27日)
(48) 今年は元気をつけるためにも，ぜひ盛大にやりたい。(『朝日新聞』2012年3月8日)

　例(45)(46)(47)(48)における「〜ほうがいい」「しないで」「〜てほしい」「たい」は働きかけや願望・意志を表し，発話時における話し手の発話・伝達的態度のあり方を表すものである[4]。「〜ほうがいい」「しないで」「〜てほしい」「たい」が用いられた文は「V_1 ＋タメ，V_2」のような構造をなすのが普通である。
　さらに，タメによる目的表現の主節の述語は受身の形をとることがある。次の例(49)(50)(51)(52)において，従属節述語の表す事柄が主節述語のもたらす結果としてとらえられるが，主節には，はっきりとした意志性がみられないので，非典型的な目的表現にずれていく。

(49) 消費者の不安を解消するため，メーカーや小売りの現場では対応に追われる。(『朝日新聞』2008年3月1日)
(50) それを除くために，前頭葉の一部が切除された。(『週刊新潮』2008年3月6日)
(51) その血は党の延命のためだけに使われるのだろうか。(『朝日新聞』2007年10月23日)
(52) 過度な競争を防ぐために設定された。(『朝日新聞』2008年1月27日)

「不安を解消する」「除く」「延命」「防ぐ」などは利益を含意していることには間違いない。しかし，例(49)(50)(51)(52)では，動作を行う主体よりも事柄のほうが問題視されているように思われる。いわば，

主節は目的を果たすのに役立つ状況を客観的に述べ立てているのである。

4.2.2 従属節の述語が非意志的な動きを表す場合

　タメによる目的表現は従属節の述語が非意志的な動きを表すことがある。そのような意味・用法は，主にタメが非意志的な動きを表す動詞や動詞フレーズを受ける場合と名詞や名詞フレーズを受ける場合に分布している。

(53) 部下の目が<u>輝くためには</u>，まず管理職である自分が，人として，女性として，仕事人として輝くことが大切である（『朝日新聞』2012年6月8日）

(54) 経済が<u>伸びるためには</u>人が伸びることが必要，というのはごく当り前。（例(1)を再掲）

　タメが非意志的な動きを表す動詞を受けて目的節を構成する意味・用法はまれである。例(53)(54)では，従属節の述語として機能する「輝く」「伸びる」は意志的な動きを表しているとは思えない。それにもかかわらず，それがタメを伴い目的節を構成しうるのは，それに所期の利益が含意されているからだろう。また従属節が「は」によってとりたてられ，主節に判断のモダリティが現れているのは例(53)(54)の共通した統語的特徴である。このような構文的条件では主節と従属節の主語が異なってもかまわない。

　タメは受身の助動詞「れる」「られる」を受けることがある。そのような場合，従属節においては，「意志的な動き」という意味が希薄となり，主節の主体がコントロールすることがあるにしても，間接的なものになるのである。

(55) 第二次大戦後，国際社会の名誉ある一員と<u>認められるために</u>，日本は日米同盟を機軸とし，「平和外交」と経済発展に徹し，やが

て，その基礎の上に，国際社会への「貢献」を旗印として，国際的地位の向上を図った。(『朝日新聞』2008年10月20日)

(56) エサは独り占めにせず，他人に分け与えて恩を売る。他人のミスの責任を自分でかぶり，周囲の心をつかむ。チヤホヤ<u>されるためには</u>，とにかく外見を気にする。人に<u>好かれるために</u>，まず自分が好きになってみる。(asahi.com 2012年6月5日)

(57) 「最初は，えー，って思いましたよ。本は絶対に強制されて読むものじゃない。先生に言われて読むんじゃ，宿題と同じですから」と語るのはリーダー格の菅谷翔太君。
松橋裕太君も「正直，はー，と思った。普段から本は読むけど人に<u>ほめられるために</u>読むものじゃないんで……」。(『朝日新聞』2009年10月27日)

(58) 同選手は，メンバーに<u>選ばれるため</u>だけにチームにいるつもりはないと宣言している。(asahi.com 2011年9月1日)

「一員として認められる」こと，「チヤホヤされる」こと，「好かれる」こと，さらに「ほめられる」ことと「メンバーに選ばれる」ことは，いずれも主節の主体にとって利益を含む動きとしてとらえられる。しかし，そのような動きは直接に主節の主体に意志的コントロールができるわけではない。

例(55)(56)(57)(58)におけるタメの意味・用法は非典型的な意味・用法としてとらえられる。ただし，タメは受身の助動詞「れる」「られる」に続くが，多くの場合において，むしろその否定形に後接することが多い。この章の第5節で詳しく述べるが，そのような場合も，従属節述語の表す事柄が利益を含意し直接に主節の主体によって意志的コントロールがされるわけではない。

(59) 二度と<u>悪夢に襲われないために</u>，このままで夜の明けるのを待とうとおぬいは決心した。(『日本文学全集25　有島武郎集』)

(60) その代り通りの家では商品を鼠にやられないために大抵猫を飼っている。(『日本文学全集別巻1現代名作集』)

例(59)(60)の従属節におけるタメはヨウニで置き換えることが可能である。このことから，目的を表す場合のタメとヨウニの意味・用法は重なり合っている部分があるといえる。「悪夢に襲われる」こと，「商品を鼠にやられる」ことは，いずれも好ましくないこと，あってはならないこととしてとらえられるので，その否定形の表す状態が利益を含むことになるのである。

タメは一部の名詞を受けて目的節を構成することがある。そのような場合は前置の名詞には利益が含意されるのが普通である。

(61) 国際高等研究所は，人類の未来と幸福のため，必要なことや課題を見いだし解決の方策を考えています。(『朝日新聞』2009年4月25日)
(62) 税金の1円1円が都民の幸せのために使われているかを吟味したい。(『朝日新聞』2011年2月15日)
(63) 自分の健康のために，夏から秋だけをここで暮らし…(『佐左木俊郎選集』)
(64) 世界やアジアの平和のために労苦を惜しまず汗をかく。(『朝日新聞』2008年5月24日)
(65) 安全のため，休暇中も会社の許可なくホテルから出られない。(『朝日新聞』2007年12月8日)

「幸福」「幸せ」「健康」「平和」「安全」などが状態的概念を含んでいるので，品詞的には名詞としてもナ形容詞としても認められる。しかし，タメを伴い目的節を構成する場合は名詞的な用法しか成り立たず，「幸福なため」「幸せなため」「健康なため」のようにいうことができない。例(61)(62)(63)(64)(65)は状態の発生や現状の維持という意味を表

すと考えられるが，意志性を含む動詞が直接に現れているわけではない。

したがって，例(61)(62)(63)(64)(65)のような文の従属節には形としての動作主は存在しないといえる。ただし，「～を守る」「～を維持する」といったものの省略だと解釈できないことはない。そのように解釈すれば，「幸福」「幸せ」「健康」「平和」「安全」などが目指すべき状態を表すということになるので，従属節に「動き」という要素が皆無ではないと解されうる。

「幸福」「幸せ」「健康」「平和」「安全」などは名詞としてもナ形容詞としても機能しうるのに対して，「環境」「未来」「オリンピック」などはもっぱら名詞としてしか機能しえない。タメはこのような名詞を受けて目的節を構成することがある。

(66) <u>地球環境のために</u>，東武百貨店は，『環境方針』に沿って，環境保全の計画（Plan）を立て，実施・運用（Do）し，達成度の点検・是正処置をとり（Check），見直し・改善（Action）を図っています。（『東武百貨店ホームページ』）
(67) 潘基文・国連事務総長は31日，訪問先のノルウェー領スバルバール諸島で，各国指導者に対し「人類の<u>未来のため</u>」気候変動問題に関して迅速な行動をとるよう呼びかけた。（『朝日新聞』2009年9月1日）
(68) 香港人の<u>味覚のためにも</u>改善が必要だ。（『朝日新聞』2008年12月6日）
(69) お互いのより良き<u>将来のためには</u>，別々の道を歩む結論にいたりました。（『日刊スポーツ芸能』2012年5月10日）
(70) 中学生になったヒョソンは<u>夢のために</u>さまざまな経験を積んでいく。（asahi.com2011年6月10日）

例(66)～(70)ではタメの前置成分に意志性があるとは言いがたい。

第 6 章　タメの構文的分布　163

しかし,「地球環境のため」「人類の未来のため」「香港人の味覚のため」は,「地球環境を守るため」「人類の未来を守るため」「香港人の味覚を守るため」の省略だと考えられ,「将来のため」「夢のため」は「将来,成功する（発展する）ため」「夢を実現させるため」の省略だと考えられる。そのように解釈すれば，従属節に目標として追い求めるべき動きがあるといってもよいように思われる。

4.2.3　単文に用いられる場合

タメによる目的表現の意味的構成は，基本的には主節（後件）と従属節（前件）のように 2 つの節からなる。つまり，主語・述語の関係が 2 回以上繰り返すのが普通である。しかし，場合によっては主語・述語の関係が 1 回だけで成り立つことがある。つまり，タメは単文においても機能しうるのである。単文に用いられるタメは,「タメ＋ノ＋ NP」や「タメ＋ v. aux」の形で用いられるのが普通である。

(71) 団結して選挙に勝利する<u>ため</u>の勢いの創造を期待する。(『朝日新聞』2007 年 10 月 12 日)

(72) アジア安定化の<u>ため</u>の日米中三者協議の実現に向けてはずみがつくかという点にも注意したい。(『朝日新聞』2007 年 12 月 17 日)

(73) 男たちは，弾薬備蓄の<u>ため</u>の横穴掘りに駆り出された朝鮮人労働者であった。(『朝日新聞』2007 年 11 月 8 日)

(74) 女子大学の家政科というようなところで，生計指導の<u>ため</u>の展覧会を行った。(『宮本百合子全集 14』)

(75) しかし，それもまた乙姫の尊厳を維持するために作られたもので，雨露を防ぐ<u>ため</u>のものではありません。(『太宰治全集 7』)

(76) 犯罪の証跡を残さない<u>ため</u>の努力だけがただ一つ残された。(『新青年第二巻 4』)

(77) 消費者はだまされない<u>ため</u>の方策を持たねばならないが。(『朝日新聞』2007 年 12 月 29 日)

(78) これを免れる<u>ための</u>最も簡単な方法は，近代産業を社会機構そのものと独立させて考えることだ。つまり之を純然たる技術自体と見ることだ。(『戸坂潤全集1』)

　複文に生起するタメはタメニの形で用いてもかまわないとはいうものの，単文に生起する場合はタメニの形で用いることが不可能である。単文に用いられ連体修飾関係をつくる場合は，「タメ＋ノ＋NP」のような形で用いなければならない。また，例(71)〜(78)に示すように，「タメ＋ノ＋NP」の構造においては，動きを表すものがタメを含む修飾節に現れ，時間，場所，言動，状態を表すものが後接の被修飾語となるのである。

　タメは文末に用いられ，「ためだ」「ためではない」「ために違いない」「ためかもしれない」といった形で述語の一部として機能し，事情を説明したり推測したりするという意味を表すことがある。さらに過去の事柄を表す場合は「ためだった」のような形，否定の場合は「ためでない」の形で使われることもある。

(79) いやな言葉だけれど，あとしまつの<u>ためだ</u>。(『太宰治全集2』)
(80) 引っかかりそうな作品は定期検査の前に隠す。没収を免れる<u>ためだ</u>。(『朝日新聞』2008年8月1日)
(81) 駆け込みの「自主退職」はこの規定から逃れる<u>ために違いない</u>。(『朝日新聞』2007年12月13日)
(82) アラビア語を選んだのは「オンリー・ワン」になる<u>ためだった</u>。(『朝日新聞』2007年12月15日)
(83) 逮捕者や負傷者を運ぶ<u>ためかもしれない</u>。(『朝日新聞』2008年3月16日)
(84) 自分がこの女の人と死ぬのは，恋の<u>ためではない</u>。(『太宰治全集9』)

例 (71)～(84) をみても明らかなように，単文に用いられた場合のタメはタメニの形で使うことができない。連体修飾関係をつくる場合は「タメ＋ノ」の形で使わなければならず，述語の一部として機能する場合は「タメ＋v. aux」の形で使わなければならない。本研究で「タメ」という形で表記するのはそのためである。ついでに触れておくが，例 (84) のタメは原因・理由を表すものとして解釈できないことはない。

5 否定形につくタメの構文的分布

この節では否定形につくタメの使用条件に焦点を当てて分析を行う。これまでの研究は肯定形につくタメの使用条件に集中しているが，否定形につくタメの使用条件には，あまり光が当てられていない。

肯定形につくタメの分布と比べて，否定形につくタメの分布は幅が狭い。しかし，具体的にどんな性格のものの否定形と共起することができ，どんな性格のものの否定形と共起することができないかについて，これまでの研究では必ずしも明確にされたとはいえない。以下では，先行研究を再検討し，「V＋ナイ＋タメ」型の目的節の構文的分布について，新たな提案を試みる。

5.1 先行研究の再検討

日本語記述文法研究会（2008：235）では，「V＋ナイ＋タメ」型目的節の使用条件について「目的節の事態が明らかに意志的な動きである場合には『ため（に）』が用いられ，そうでない場合には『ように』が用いられる。」と明記していながら，「従属節の述語が否定形の場合，基本的には『ように』を用いるが，否定的な状態を積極的に実現させようとしていることを強調して表す場合には，『ため（に）』も可能である。」とされている。しかし，このような説明では，なぜ例 (85)(86) では否定形が適格で，例 (87)(88) では否定形が不適格なのかについては充分に説明することができない。

(85) a 自殺のサインを見逃さないために，参加者は会員の中の専門家と，質問や意見をぶつけ合っていた。(『朝日新聞』2010年9月28日)

　　 b *自殺のサインを見逃すために，参加者は会員の中の専門家と，質問や意見をぶつけ合っていた。

(86) a 会議に無駄な時間を費やさないために制度を見直したりしてきた。(『朝日新聞』2010年12月10日)

　　 b *会議に無駄な時間を費やすために制度を見直したりしてきた。

(87) a 米国は（テロリスト集団など）国境を越える脅威が十分に力をつける前に打ち負かすため，同盟国との協力を続ける。(『朝日新聞』2007年8月6日)

　　 b *米国は（テロリスト集団など）国境を越える脅威が十分に力をつける前に打ち負かさないため，同盟国との協力を続ける。

(88) a 地球環境を守るために，自分のできることをしよう。(『朝日新聞』2010年6月18日)

　　 b *地球環境を守らないために，自分のできることをしよう。

　まず「意志的な動きである場合には『ため（に）』が用いられる」という説明の有効性を検証する。例(85)(86)の「見逃す」「無駄な時間を費やす」及び例(87)(88)の「打ち負かす」「守る」は，ともに「意志的な動き」であるにもかかわらず，それぞれの構文的条件が異なっている。前者は肯定形がタメを伴い目的節を構成することができず，後者は逆に否定形がタメを伴い目的節を構成することができない。

　さらに，「荒れる」「合格する」は「意志的な動き」ではないにもかかわらず，例(89)(90)に示すように，前者は否定形のみがタメを伴い目的節を構成することが可能であり，後者は肯定形のみがタメを伴い目的節を構成することが可能である。

(89) この広い土地が荒れないために農業をしているようなもんだよ。(『朝日新聞』2010年9月12日)

(90) 行政書士試験に合格するために必要な法律知識を修得して行きます。(asahi.com2010年9月28日)

以上から明らかなように、なぜ「見逃す」「無駄な時間を費やす」「荒れる」は否定形がタメを伴って目的節を構成でき、肯定形がタメを伴って目的節を構成できないかということについて、従来の枠組みでは充分に説明することができない。

次は「否定的な状態を積極的に実現させようとしていることを強調して表す場合には、『ため（に）』も可能である。」という説明の妥当性をみる。例(91)(92)における目的節の述語は否定形になっているが、否定形の表す状態は「否定的な状態」であるかどうか、再考の余地があるように思われる。

(91) 注目の競技を見逃さないために、競技日程はしっかり把握しておきたい。(『朝日新聞』2012年7月20日)

(92) ただ、自らが提案するユーロ圏共同債の発行については、他の参加国を刺激しないため、コメントを差し控えた。(『朝日新聞』2012年5月22日)

通常の「否定的」といえば、そのことについて否定する考えでいるという意味を表すものである。しかし、例(91)(92)における「見逃さない」「他国を刺激しない」は「否定的な状態」としては認めがたい。むしろそれがネガティブなことではなく、ポジティブなこととしてとらえなければならない。

タメはどんな場合に肯定形につき、どんな場合に否定形につくかについて説明しようとすれば、損得勘定の観点からみて、従属節述語の表す事柄が主節の主体や話し手[5]にとって何を意味しているかということ

が重要なポイントである。『朝日新聞』や asahi.com の記事,『新潮文庫 100 冊』から得られた 800 以上の用例[6]を通して「V ＋ナイ＋タメ」型目的節に現れうる述語の肯定形には主節の主体や話し手にとって不利益[7]の要素が含まれていることが観察された。このことは動詞の肯定形に不利益が含意されて, はじめて「V ＋ナイ＋タメ」型の目的節を構成しうることを示唆していると思われる。

　肯定形にネガティブな含意があれば, 当然のことながら否定形がポジティブな意味を含むことになる。例(91)(92)の目的節が適格なのは,「見逃さない」「参加国を刺激しない」といった状態の維持・保全は利益の実現につながるからだろう。つまり, 肯定形を受けるタメが動きの発生を促すことを通して利益を目指すのと異なって, 否定形を受けるタメは否定形の表す状態の維持・保全を通して利益を目指すのである。

　さらに, 前田直子（2006：37-47）では, 従属節と主節の主語が同じである場合は, タメが用いられ, そうでない場合はヨウニが用いられるとしている。たしかに例(85)(86)(87)(88)(91)(92)は従属節の述語に不利益が含意され, かつ主節と従属節が同一主語[8]を共有するケースである。しかし,「V＋ナイ＋タメ」型の目的節は必ずしもすべての場合において主節と従属節が同一主語を共有するという文環境を要求するわけではない。例えば, 例（93）は主節と従属節が異なる主語を有するケースである。

(93) 子どもがトラブルに巻き込まれないために, 保護者は自衛策を真剣に考えてほしい。(『毎日新聞』2009 年 6 月 4 日)

　このことから, 目的節を構成する場合のタメの意味・用法について, 画一的に処理してはならないといわなければならない。同一主語の共有の有無は「V ＋ナイ＋タメ」型目的節の成立にどのように関係しているかについて改めて整理する必要があるように思われる。以下では, 意味的に目的節述語の肯定形に不利益の要素が含まれているか否か, 構文的

に主節と従属節が同一主語を共有するか否か，従属節の述語がどんな性格のものなのかといった観点から分析を行う。

5.2 否定形につくタメの分布状況

　そもそも目的表現とは，何かの実現を目指すものでなければならない。「V＋ナイ＋タメ」型の目的節には否定形が含まれるので，「V＋タメ」型の目的節と対立しているようにみえるが，否定形の表す状態の維持・保全は利益の実現につながるので，「V＋タメ」型の目的節と「V＋ナイ＋タメ」型の目的節は究極的にさほど変わりがないと思われる。

　「V＋ナイ＋タメ」型の目的節に生起しうるのはこの章の第3節で示したタイプ2に属する不利益を含意する動詞・動詞フレーズである。このタイプの動詞・動詞フレーズは語彙的意味の制約から，肯定形がタメを伴い目的節を構成しえない。不利益なことを目指して励むということは通常ありえないからである。

(94) パリパリに焼いた皮に，注文を受けてからクリームを詰める。皮のサクサク感とクリームのとろりとした食感を<u>損なわないために</u>，手渡す時に「1時間以内にお召し上がり下さい」と声をかけ，袋には買った日付と時刻が刻印される。(『朝日新聞』2009年3月30日)

(95) 乳腺の中に隠れてしまうがんを<u>見逃さないため</u>，なるべく乳腺を薄くして押しながら写真をとる，ということを理解してください。(『朝日新聞』2009年10月2日)

(96) 南アフリカ・ワールドカップ出場を<u>逃さないために</u>，<u>マンチェスター・ユナイテッドGKベン・フォスター</u>はクラブ退団という決断を考えているようだ。(『朝日新聞』2009年12月4日)

(97) 1年後の7月，乗組員は気仙沼に無事帰港した。中国側の当時の厚遇について，ノンフィクションライターの西田耕三氏は「清が国威を<u>損ねないために</u>，日本人を丁重に扱ったのだろう。倭寇が

襲っていた時代なら伝兵衛らの命の保証はなかった」と解説する。(『朝日新聞』2006年10月24日)
(98) 社内の仲間を乳がんで<u>失わないために</u>私は、検診をみんなにすすめます。(『朝日新聞』2009年7月31日)
(99) <u>日本が</u>今後の方向を<u>誤らないために</u>、現状を総点検することである。(『朝日新聞』2011年3月8日)

　まず利益の含意の状況をみる。主節の主体や話し手の立場からみれば、「損なう」「見逃す」「逃す」「損ねる」「失う」「誤る」の語彙的意味には明らかに不利益の意味情報が含まれている。当然のことながら、そのような意味情報を含んだものはタメを伴い目的節を構成するならば、否定形をとるしかないのである。

　次は主語の状況をみる。例(94)〜(99)において、目的節述語の表す状態の維持・保全は主節述語の表す言動の発生する原因であり、主節述語の表す言動は逆に従属節述語の表す状態の維持・保全に作用を及ぼすのである。例(94)(95)は主語が省略されていると考えられるが、例(96)(97)(98)(99)では、「マンチェスター・ユナイテッドGKベン・フォスター」「清」「私」「日本」が主節の主語であると同時に、従属節の主語でもある。

　例(94)〜(99)では、不利益の意味情報は動詞の肯定形によって担われているが、次の例(100)〜(107)においては不利益の意味情報が、動詞と名詞との共起によって一つのまとまった意味として顕現されるのである。

　つまり、「広げる」「与える」「起こす」「繰り返す」「かける」「残す」「生む」「入れる」のような動詞は利益・不利益と直接に関わらないが、「感染」「予断」「悲劇」「過ち」「迷惑」「疲れ」「虚偽自白」「ウイルス」のような好ましくない情報を含む名詞と意味関係を結ぶと、動詞フレーズ全体が不利益の動きを表すことになる。

(100) 感染を広げないためにも，厚労省は検査目的の献血はやめるよう呼びかけています。(『朝日新聞』2010年5月25日)
(101) 裁判員に「被告＝犯人」との予断を与えないために，被告の手錠は裁判員の前では外しておく。(『朝日新聞』2009年10月23日)
(102) 提訴から10年間，その心の傷と向き合ってきた。裁判が終結しても再び私のようなつらく苦しい悲劇を起こさないため，この世から核をなくすよう，体力の続く限り奮闘します。(『朝日新聞』2009年10月1日)
(103) 同じ過ちを繰り返さないため，平和憲法を次の世代に引き継いでいきたい。(『朝日新聞』2009年3月6日)
(104) 公営企業に迷惑をかけないため，納付ではなく貸し付けの形を取っている。(『朝日新聞』2009年11月18日)
(105) 筋肉に負担をかけず疲れを残さないために，ウオーミングアップとクールダウンは欠かさない。(『朝日新聞』2004年10月16日)
(106) 再発防止策として，虚偽自白を生まないため，自白の信用性を吟味する専従の担当を設ける。(asahi.com 2010年4月10日)
(107) ウイルスを養鶏場に入れないため，できる限りの対策を尽くしたい。(『朝日新聞』2011年2月18日)

　以上の用例から明らかなように，「感染を広げる」「予断を与える」「悲劇を起こす」「過ちを繰り返す」「迷惑をかける」「疲れを残す」「虚偽自白を生む」「ウイルスを入れる」の否定形がタメを伴って目的節を構成しうるのは，それぞれの肯定形に不利益の要素が含まれているからである。
　例(94)～(107)はこの章の第3節で提出した「主節の主体や話し手の立場からみて，利益を含意する動詞・動詞フレーズなら，「V_1＋タメ，V_2」のような構造のV_1になりうる。不利益を含意する動詞・動詞フレーズなら，「V_1＋ナイ＋タメ，V_2」のような構造のV_1になりうる。「肯定形の表す動きの発生と否定形の表す状態の維持・保全は主節主体

の動きの結果でなければならない」という仮説の有効性を裏付けるものである。

次はいわゆる非意志的な動きを表す動詞の否定形の表す状態の維持に主節の主体や話し手がどのように関わるかをみる。

(108) ゴーリキイは飢えないために，ヴォルガへ，波止場へと出かけて行った。そこで十五——二十哥（カペイキ）を稼ぐことは容易であった。（『宮本百合子全集10』）
(109) 毎日，僕は夕方には滅茶苦茶に混雑する電車に揉まれて，夜学の勤めに出なければならなかった。僕は疲れないために，時間をゆっくり費して駅まで辿りつく。（『日本の原爆文学１』）
(110) 核武装に陥らないために科学者個人が自覚し，まさかの時は皆でとめないといけない。（『朝日新聞』2004年3月25日）
(111) この落とし穴にはまらないために技術革新を続けるよう通信事業者に提言している。（『朝日新聞』2011年2月17日）
(112) 合併症にならないためには，血糖値を低い水準に保つ必要がある。（『毎日新聞』2006年11月6日）
(113) 今後このような問題が起こらないために，どのような対策を講じるおつもりでしょうか。（asahi.com 2011年3月9日）

肯定形だけに着目していれば，非意志的な動きで主節の主体や話し手が直接に関わりえないことが原因で，「飢える」「疲れる」「陥る」「落とし穴にはまる」「合併症になる」「問題が起こる」などがタメを伴って目的節を構成しえないという見解は一理ある。しかし，これらの動詞の肯定形が目的節の述語として機能しえない直接の原因はほかでもなく不利益を含意しているからだと考える。

しかし，「飢えない」「疲れない」「陥らない」「落とし穴にはまらない」「合併症にならない」「問題が起こらない」といった状態の維持・保全は，主節の主体や話し手にとって利益になるので，積極的に取り組むことは

至極当然である。つまり，不利益を含意しているがゆえに，否定形が「V＋ナイ＋タメ」型の目的節を構成しうるのである。

タメは根本的には何かの実現に向けて努力するという意味を表す。そのため，タメは受身表現を受けても積極性がまったくないとは言い切れない。

(114) 父その人があまり正直であるため，しばしば人の欺くところとなった苦い経験があるのとで，人に欺かれないために，人に対して寛容でない偏狭な所があった。（有島武郎『私の父と母』

(115) 二度と悪夢に襲われないために，このままで夜の明けるのを待とうとおぬいは決心した。（『日本文学全集25 有島武郎集』）

(116) 気持を乱されないために，あれ以来，新聞もなるべく，読まないですませられるように努力した。（安部公房『砂の女』）

(117) だまされないためには，まずは疑ってかかり，家族に確認することが大切です。（『毎日新聞』2009年5月26日）

なぜ例(114)～(117)のような目的節が成り立つのだろうか。答えはやはり本研究の利益の含意の有無という見解に求めなければならない。「NP₁がNP₂に欺かれる」「NP₁がNP₂に襲われる」のような構造においては，主語としてのNP₁は不利益を被るサイドでもある。そのため，肯定形がタメを伴って目的節を構成しえない。不利益を目指すという理不尽な意味になってしまうからである。

しかし，何らかの形で対策を講じて「NP₂に欺かれない」「NP₂に襲われない」といった状態の維持に向けて努力しようとするならば，「欺かれないため」「襲われないため」のように否定形がタメを伴って目的節を構成しても理にかなうのである。さらに「欺かれる」「襲われる」「乱される」「騙される」などは否定形がタメを伴った場合，もとの消極性が相殺され，積極的に取り組むという含意を含むことになる。

以上の例(94)～(117)をみても明らかなように，否定形につくタ

メも多くの場合において，主節と従属節が同一主語を共有している文に生起しなければならない。しかし，次の例 (118)(119) のような文の構文的条件は例 (94)〜(117) と異なっている。例 (118)(119) のような文については，主節と従属節が異なる主語を有していると認めなければならない。

(118) 子どもがトラブルに巻き込まれないために，保護者は自衛策を真剣に考えてほしい。(例 (93) を再掲)
(119) 登校拒否の子供が社会に変な目で見られないため，奥地圭子氏は長年にわたり，「登校拒否は病気ではない」と人々に訴え，人々の誤った考え方を是正するために活動してきた。(『朝日新聞』2003 年 9 月 18 日)

　例 (118)(119) では，従属節の主語が「子ども」であり，主節の主語が「保護者」「奥地圭子氏」である。主節の主語と従属節の主語が異なっているから，一見，従属節述語の表す状態の維持・保全は主節の主体にとって，意志的コントロールが不可能なようにみえるが，そのような状態の維持・保全は目指すところであれば，間接ながら主節の主体が関与できると考えられる。
　目的節述語のスタイルが異なっているが，次の例 (120)(121) についても，状態の維持・保全を目指すものとして解釈することが可能である。

(120) だが，内部が空洞の張り子である本体が乾いてもひび割れないためには，純度が高い高価な漆が必要だった。(『朝日新聞』2009 年 5 月 15 日)
(121) この広い土地が荒れないために農業をしているようなもんだよ。(例 (89) を再掲)

　例 (120)(121) の従属節述語としての「ひび割れない」「土地が荒れな

い」は発話の時点の状態としてとらえられる。「ひび割れる」「荒れる」はゆっくり少しずつ変化すること（漸次的に進む動き）を表し，それの表す変化は一時点的な動き・非可逆的な動きではない。もとの状態に戻しうるので，「ひび割れない」「土地が荒れない」といった状態の維持・保全については　意志的コントロールはできないことではない。

　次にタイプ3に属する動詞をみる。このタイプの動詞は主節の主体にとって利益になるか否かという文脈的情報の制約を受けながら，肯定形も否定形もタメを伴って目的節を構成しうるのである。具体的にいえば，肯定形の表す事柄は文脈的に不利益であれば，例(122)a(123)aのように，否定形がタメを伴って「V＋ナイ＋タメ」型の目的節を構成し，文脈的に利益を生み出す動きであれば，例(122)b(123)bのように，肯定形がタメを伴って目的節を構成するのである。

(122)　a 辺野古に基地を<u>造らせないために</u>頑張ろう。（『朝日新聞』2010年5月24日）
　　　 b 辺野古に基地を<u>造らせるために</u>頑張ろう。
(123)　a しかし伍長を<u>怒らせないために</u>やはり僕に同意を表した。（『芥川龍之介全集5』）
　　　 b しかし伍長を<u>怒らせるために</u>やはり僕に同意を表した。

　従属節の述語が使役表現である場合は，させるか，させないかということの主導権が物事を動かし進める主節の主体に握られているのである。「させる」ことが利益になると判断されていれば，肯定形がタメを伴い目的節を構成し，「させない」ことが利益になると判断されていれば，否定形がタメを伴い目的節を構成しうるのである。

　このことから，例(122)(123)における使役表現はタイプ3に属し，「させるため」と「させないため」のようにどちらもありうるといえる。ただし，肯定形を用いるべきか否定形を用いるべきかについては，主節述語の性格なども絡んでいるので，適格の整合性は文脈上の利益（不利益）

の有無によって決まるのである。
　タイプ3の動詞は文脈的情報に左右されながら肯定形も否定形もタメを伴い目的節を構成しうるという考えの妥当性はさらに次の例（124）によって支持される。

(124)　a このビルの灯を<u>消さないため</u>，あらゆる努力をする。（『朝日新聞』2011年1月30日）
　　　 b このビルの灯を<u>消すため</u>，あらゆる努力をする。

　例(124)aと例(124)bに示すように，文脈的情報からみて，肯定形の表す事柄が不利益をもたらすのであれば，「消さないため」は適格であり，利益を生み出すのであれば，「消すため」は適格である。

6　本章のまとめ

　肯定形を受けるタメは動きの発生を目指すものであり，否定形を受けるタメは否定形の表す状態の維持・保全を目指すものである。従属節述語の表す意味が主節の主体や話し手の立場に立ってみた場合，利益なのか，不利益なのかという観点はタメがどんな動詞・動詞フレーズの肯定形に後接し，どんな動詞・動詞フレーズの否定形に後接すべきかを説明するのに有効である。タメによる目的節の使用条件をまとめると，次のようになる。
　　① 利益を含意する動詞・動詞フレーズは「V＋タメ」型の目的節を構成し，不利益を含意する動詞・動詞フレーズは「V＋ナイ＋タメ」型の目的節を構成する。
　　② 利益・不利益について中間的な動詞・動詞フレーズがタメを伴い目的節を構成する場合は，肯定形につくか否定形につくか，文脈的意味情報の支えがなければならない。文脈的に利益の含みがあれば肯定形，不利益の含みがあれば否定形がタメを伴う

第 6 章　タメの構文的分布　　177

のである。
③　タメによる目的表現は基本的には主節と従属節が同一主語を共有するが，目的節がとりたてられ，主節に判断のモダリティが現れた場合や否定形の表す状態の維持・保全を目指す場合は，異なる主語を有していても許容される。
④　タメは基本的には意志性のある述語を受ける。ただし，「幸福」「健康」のような状態を表す名詞や「環境」「将来」のような理念を含めた名詞を受ける場合はこの限りではない。また，従属節がとりたて詞によってとりたてられる場合，従属節の述語が否定形である場合も非意志的な述語を受けることがある。

注
1) 前田直子（2006：37 〜 47）は，次のような場合のタメはヨウニで置き換えられないと指摘している。
　　①従属節が取り立てられた場合。
　　②連体修飾節に立つ場合。
　　③動作性名詞を受ける場合。
　　④述語に立つ場合。
　この 4 つのルールは妥当であるが，目的を表すタメのすべての意味・用法が反映されていない。例えば，この章の例(2)(3)のような用例はこの 4 つのルールにあてはまらない。
2) あらかじめ考えたもくろみ，或いは思惑の場合はこの限りではない。たとえば，「容疑者を逃すために寝たふりをした」「勝たないために，わざと隙をつくった」のような結果の発生を意図した場合である。しかし，そのような場合も結果的に主節の主体にとって間接ながら利益になることである。
3) 沼田善子（2009：2）では，以下の語群をとりたて詞としている。
　「だけ」「ばかり」「しか」「のみ」「も」「まで」「さえ」「すら」「でも」「だって」「くらい（／ぐらい）」「など（／なぞ／なんぞ／なんか）」「なんて」「は」
　これらのとりたて詞は「こそ」「だけに」「のみ」「でも」「など」「は」「も」がタメに後接し目的節をとりたるが，「ばかり」「しか」「まで」「さえ」「すら」「だって」などにはそのような意味・用法がみられない。
4) 働きかけや願望・意志を表すモダリティについては，仁田義雄（1989）で詳しく解説されている。
5) 従属節の述語の表す事柄が主節の主体や話し手にとってためになることが基本であるが，後述の例(120)に示すように，主節の主語が有情物でない場合は話し

手が利益を受けると考える。
6) 分析のデータとして asahi.com から約 600 ぐらい,『朝日新聞』から 200 前後の用例を集めた。『新潮文庫 100 冊』も検索したが,わずか 60 前後の用例しか得られなかった。『新潮文庫 100 冊』の内訳をみると,明治時代の小説には「V＋ナイ＋タメ」型目的節の出現が少なく,昭和時代のものに集中している。このような事実は「V＋ナイ＋タメ」のような目的表現は歴史が浅いことを示唆していると考える。
7) 田中寛（2004：398）では,「タメは……当該対象にとって,何らかの益するところがあることを示す」のように,タメと利益との関連に触れているが,動詞フレーズの語彙的意味と「V＋ナイ＋タメ」型目的節の成立との関係には触れていない。確かにタメは「何らかの益する」という含みを持つが,目的節の成立条件を説く場合は,タメだけではなく,それと共起する動詞フレーズの語彙的意味も視野に入れておくべきである。
8) 前田直子（2006:37-47）では,従属節と主節の主語が同じである場合は,タメが用いられ,そうでない場合はヨウニが用いられるとしている。このような見解は不十分である。後述の例（118）（119）（120）（121）に示すように,タメは受身表現を受けた場合や主節と従属節に意志的な動きを表す要素が欠けている場合は,従属節と主節が異なる主語を有していても許容されるのである。

第7章
ヨウニの構文的分布

1 はじめに

　目的を表す意味・機能においては，ヨウニとタメが相補的に役割分担をしている。しかし，両者が具体的にどのように分布しているかについては，先行研究（前田直子 2006 など）で示されたルールは充分とはいえない。この章では，目的を表すヨウニが構文的にどのように分布しているか，その意味・用法にどんな制約が課せられているかについて記述し，その使用条件について，新たに提案することを試みる。

　以下，2 ではまず先行研究の妥当性を検証し，本研究の新たな提案を示す。3 では，目的を表すヨウニの用例を確認しながら，その構文的分布について詳細に述べる。4 ではまとめを行う。

2 先行研究と問題点

　「モダリティ表現『ようだ』の連用形である」[1] ヨウニの目的用法について，前田直子（2006：37 - 47）では他の先行研究より詳しく記述されている。当該研究では，タメとヨウニの使用条件について，タメは「意志的な事態を目的とする場合に用いられる」とされ，ヨウニは「非意志的な場合」に用いられると定められている。

　また，ヨウニの構文的分布については，次の2つの場合に限って使用可能であるとされている。

　　ⅰ）同一主体で，非意志的・状態的述語を受ける場合

ⅱ）前節と後節の主体が異なる場合

さらに，前田直子（2006）はタメとヨウニの使い分けについて，下記の表1のようにまとめている。

表1　前田直子（2006：39）のまとめ

		従属節の主体	
		同	異
従属節の述語	動作的（意志的）	ために	
	状態的（非意志的）	ように	

表1は，どんな場合にタメが許容され，どんな場合にヨウニが許容されるかのルールである。しかし，これは従属節の述語が肯定形である場合の使用条件であり，否定形である場合は射程に入れていないようである。また，従属節の述語が否定形である場合，ヨウニに限らず，タメも生起しうるのである。しかし，表1ではそのような事実が示されていない。このことから，表1で示されたルールはどんな場合にタメとヨウニの両方が許容されるかということについて曖昧であると言わざるをえない。

たしかに例(1)に示すように，主節と従属節が同一主語を共有し，従属節の述語が「動作的」であるという文環境ではタメが用いられ，ヨウニが排除される。また，例(2)(3)に示すように，「同一主体で」従属節の述語が「非意志的・状態的」である場合は，ヨウニが用いられタメが排除される。しかし，例(4)に示すように，タメとヨウニの両方が許容されるケースがある以上，ヨウニの構文的分布は2つの場合だけではなく，第3の可能性も充分に考えられる。つまり，否定形の表す状態はすべて「非意志的」なのかどうかは再考する余地があり，目的を表すヨウニの意味・用法の全容を解明しようとすれば，第3の可能性を含めて包括的に記述することが必要不可欠である。

第 7 章　ヨウニの構文的分布　　181

(1) ロシアは自動車産業を<u>守る</u>（ため／*ように）今月から関税を引き上げる。(『朝日新聞』2009 年 1 月 3 日)
(2) 1 回でも多く校歌を<u>歌える</u>（ように／*ために），チームはさらに高みを目指す。(『朝日新聞』2011 年 7 月 19 日)
(3) 震災時，すぐに持ち<u>運べる</u>（ように／*ために）枕元などに貴重品を入れたバッグなどを準備している人もいるかもしれません。(asahi.com2011 年 7 月 20 日)
(4) 東電は汚染水を<u>増やさない</u>（ように／ために），19 日から 1，2 号機の原子炉への注水量を減らしている。(『朝日新聞』2011 年 7 月 20 日)

　例 (1)(2)(3) の従属節の述語は肯定形であり，例 (4) の従属節の述語は否定形となっている。タメと同様にヨウニの構文的分布について考える場合，目的節の述語はどんな意味素性のものなのかということも無視してはならない（cf. 第 6 章の第 3 節）。
　例 (1)(2)(3)(4) では，主節と従属節が同一主語を共有している。つまり，主節述語と従属節述語が同じ主体の動きを表しているのである。この点においては，4 者が共通している。しかし，例 (4) の従属節述語としての「増やさない」は，はたして「非意志的」なのかというと，必ずしもそうではないように思われる。
　第 6 章の分類に基づいて考えれば，「増やす」はタイプ 3 の a グループに属するものと見なしうる。そのため，「増やす」は否定形でなくても，「各自治体に財源を少しでも増やす {ため／ように} 努力している」のように言うことも可能である。「増やさない」は「増やす」と対立関係にあるので，それの表す動きにまったく意志性がないとは言い切れない。
　さらに，前田直子（2006：37～47）はどんな場合にタメがヨウニで置き換えられないかについて詳しく言及しているが，どんな場合にヨウニがタメで置き換えられないかについては具体的に言及していない。し

かし，ヨウニの構文的分布を明らかにしようとするならば，それを中心にすえて，タメとの係わり合いを観察することも重要で必要である。

　また，ヨウニの構文的分布を示すのなら，肯定形に限らず，否定形を受ける場合の使用条件も視野に入れるべきである。第6章で述べたように，目的節の述語に利益の含意を含んだ場合は肯定形がタメを伴い目的節を構成し，不利益の含意を含んだ場合は否定形がタメを伴い目的節を構成するのである。ヨウニの共起制限についても同じことがいえる。つまり，ヨウニは否定形を受ける場合，話し手や主節の主体の立場からみて，前置の述語の肯定形に不利益の含意がなければ成り立たない。

　このことから，例(1)(2)(3)(4)の関わり合いをうまく説明するために，前田直子（2006：37～47）が示したルールを見直す必要があるように思われる。そこで，本研究は表1の前田直子（2006：37～47）のまとめを次のように修正し，利益の含意の有無という条件を付け加え，タメとヨウニの構文的分布を表2のようにまとめる。

表2　タメとヨウニの構文的分布

従属節述語の様相			主節と従属節の主体 同	異
利益の含意	有	動作的（肯定形）	タメ	ヨウニ
		状態的（肯定形）		
	無	状態的（否定形）		
		動作的（否定形）	タメ・ヨウニ	

　ただし，表2については条件を1つ付け加えなければならない。それは従属節がとりたて詞によってとりたてられた場合は，従属節の述語が「状態的」であっても，タメが生起することが可能であり，ヨウニが制限されるということである[2]。

　例(4)のような文においてはタメもヨウニも許容されている。このことは，否定形につくタメとヨウニの使用条件が肯定形を受ける場合と異

なっていることを意味している。つまり，否定形につくヨウニは構文的にどのように分布しているか，それがタメの意味・用法とどのように関連しているかを明らかにするためには，新たな視点が必要である。

以下では，どんな場合にヨウニもタメも許容されるかということも視野に入れて，表2の仮説に基づいて，構文的に主節と従属節が同一主語を共有しているかどうか，意味的に目的節の述語に利益の含意を含んでいるかどうか，それが動作的なのか状態的なのかという観点から分析を行い，肯定形につく場合の分布状況，否定形につく場合の分布状況，のように分けて順を追ってみていく。

3　ヨウニの構文的分布

ヨウニは動詞の肯定形にも否定形にも，さらに形容詞や接尾語の「〜にくい」「〜やすい」にもつくが，肯定形につく場合は，従属節の述語に主節の主語や話し手からみて，利益が含意されるものでなければならず，否定形につく場合は，従属節の述語に不利益の含みがなければならない。まず肯定形につくヨウニの分布状況をみる。

3.1　肯定形につく場合の分布状況

タメの意味・用法は日本語の目的表現の特質を端的に示しているのに対して，ヨウニは二次的目的表現であるがゆえに，ひたすら目的を表すものではない。つまり，ヨウニはタメと異なる役割を担っている。従属節述語の表す事柄が「状態的・非意志的」の場合が多いということもそれの具体的な反映である。

(5)　会場には，子供たちも楽しめるように縦50メートル横150メートルの巨大コスモス迷路が登場。(『朝日新聞』2010年10月11日)
(6)　今回の本は日本人や外国人留学生が語学テキストとしても使えるように，日本語と英語の両方で書いた。(『朝日新聞』2011年7

月 28 日）
(7) 今後も来館者が気持ちよく利用できるように努力を重ねていく。（『朝日新聞』2010 年 10 月 7 日）
(8) スタンド席の一番上から，横約 2 メートル，縦約 1.3 メートルで，校章と校名が入ったオレンジ色の旗を校名がきれいにみえるように気をつけながら，なびかせている。(asahi.com 2011 年 7 月 18 日）

　従属節述語の意味特徴についていえば，例(5)(6)(7)(8)の従属節における「楽しめる」「使える」「できる」「みえる」は「動作的・意志的」ではなく，「状態的・非意志的」な意味を表すものである。また，話し手や主節の主体の立場からみれば，これらの動詞の表す状態はいずれも利益を含意していると認めなければならない。

　統語的特徴をみれば，例(5)(6)(7)(8)では主節と従属節の主語が異なっている。例えば，例(5)の従属節の主語は「子供たち」であり，主節の主語は「巨大コスモス迷路」である。例(6)(7)(8)については，従属節の主語が「日本人や外国人留学生」「来館者」「校名」であり，主節の主語が省略されたと考えられる。しかし，それは潜在的な「わたし」「彼」「〇〇さん」のようなものだと推測されうる。

　従属節の述語が利益を含意し「非意志的・状態的」である点と，主節と従属節の主語が異なっている点に着目すれば，例(5)(6)(7)(8)におけるヨウニの意味・用法は表 2 で提出した仮説にかなっていると考えられる。

　しかし，ヨウニによる目的節の成立は主節と従属節の主語が異なるという状況に限られているわけではない。従属節の述語が状態的で，主節と従属節が同一主語を共有する場合も，ヨウニが使えるケースがよくみられる。

(9) 突然強くなったわけではない。球足の速い今大会は直前に，より強い球を打てるようにラケットの握り方を変えた。(asahi.

com2010 年 9 月 15 日）
(10) 大西さんは「行けと言われればすぐ<u>行けるように</u>，準備をしていきたい」と抱負を語った。（『朝日新聞』2010 年 4 月 12 日）
(11) 森次さんはブログなどで「ファンの皆さまにも<u>見ていただけるように</u>店で展示していました。お金では買うことができない大切なものなので，どうか返してください」とコメントしている。（『朝日新聞』2011 年 7 月 28 日）
(12) 寝台列車とはいえ，9 時間の長旅だから疲れているはずだが，今泉さんはそんなそぶりは少しも見せず，「よく<u>眠れるように</u>枕を列車に持ち込みました」と笑っていた。（『朝日新聞』2010 年 3 月 27 日）

　例 (9)(10)(11)(12) の従属節の述語も利益の含みを持ち，状態的な意味を示しているととらえられる。また，例 (9)(10)(11)(12) の従属節の述語は可能の意味を表している点においては，例 (5)(6)(7)(8) の従属節の述語と共通している。しかし，両者の間に相違点もある。

　具体的にいえば，例 (5)(6)(7)(8) の従属節における「楽しめる」「使える」「できる」「見える」は状況的に可能であるということを示しているのに対して，例 (9)(10)(11)(12) の従属節における「打てる」「行ける」「見ていただける」「眠れる」は能力的に可能であるということを示しているのである[3]。いわば，例 (9)(10)(11)(12) の従属節述語は主節主体の有する能力を示しているのである。主節主体の能力を表すのだから，主節と従属節が同一主語を共有しても当然の帰結である。

　しかし，例 (5)(6)(7)(8) においては主節主体の意志が従属節述語の表す動きを直接に左右できるわけではない。従属節述語の表す動きが主節主体の意志と直接に関係せず，かつ，主節主体自身の能力を表さないので，従属節が独自の主語を持つことが可能となるのである。ヨウニの意味・機能は，主節と従属節が同一主語を共有する場合と共有しない場合の 2 つに分布しているのはこのためである。このような意味・用法も表

2の仮説に合致している。

　このように，ヨウニの用いられる文環境について考える場合，従属節述語の意味性格を無視してはならない。従属節の述語が可能の意味を表す場合についていうかぎり，「状況的に可能」という文環境であれば，主節と従属節の主語が異なるという構文的条件が求められ，「能力的に可能」という文環境であれば，主節と従属節の主語が同じという構文的条件が求められるのである。

　肯定形につくヨウニの構文的分布はもう1つのケースがある。それは従属節述語の表す現象が外からの働きを受けずに自然に起こる場合である。そのような文環境では，主節と従属節の主体が異なるのが普通である。例(13)(14)(15)(16)(17)では，従属節述語の示す動きの発生・成立について，人間の意志が直接にかかわるわけではない。

(13) 公社によると，10日前後に花が開くように，会場のひまわりの丘約6ヘクタールに42万本分の種をまいた。(asahi.com2010年8月6日)

(14) 先生は，発表した一人ひとりの考え方を，矢印や線などを使い，思考の流れが分かるように黒板にまとめた。(『朝日新聞』2011年2月14日)

(15) 彼はアレクサンダーに「自分に陽があたるように，ちょっと身をよけてくれ，それだけでいい」と言ったという。(中井正一『知識と政治との遊離』)

(16) 白のポスターカラーで顔を塗り，ほお紅とオレンジ系の口紅を塗って仕上げた＝写真。広報課の西山香織さんは「優しい人柄が出るように，暖かい色を選びました」と話した。(『朝日新聞』2010年10月6日)

(17) ひごろ新書を読まない層からの問いあわせも多く，全国にまんべんなく届くように意識して配本しています。(asahi.com2010年7月28日)

例(13)(14)(15)(16)(17)における「花が開く」「分かる」「陽があたる」「人柄が出る」「届く」といった状態の発生・成立は意志性の有無と直接に関係しない。従属節述語の示す状態は意志的コントロールができないので、望みをかけて状態の発生、状態の成立を待ち受けるのが当然の帰結である。さらに人為によらない非意志的な動きなので、生成・変化の主体が主節の主体と異なるのもごく自然なことである。例(13)(14)(15)(16)の従属節の主体は「花」「思考の流れ」「陽」「人柄」であり、例(17)の従属節の主体は「新書」のような無情物だと考えられる。

以上は動詞・動詞フレーズがヨウニを伴い目的節を構成するケースであるが、ヨウニの分布はタメと比べて相対的に幅が広い。というのは、一部の形容詞もヨウニを伴い目的節を構成することがあるからである。そのような場合はヨウニがいわゆる連体形を受けなければならない。

(18) また、社内で情報整理や追加が可能なように電子データーの一覧表もお付けしています。(『朝日新聞』2011年7月19日)

(19) 独女は、彼がいつ来ても大丈夫なように、普段からトイレをキレイにしておくことが、「しあわせへの近道？」になるかもしれない。(asahi.com 2011年6月1日)

(20) 治療では患者にとって最も有効で安全な薬が選ばれるべきなのに、資金提供した企業に有利なように医師の意見が偏ると、患者の不利益になり、医療をゆがめることになる。(『朝日新聞』2011年3月2日)

(21) 抜け駆けしてドル資産の売却に走ることがないように参加国が目配せする場になった。(『朝日新聞』2009年1月6日)

(22) ユーザーの皆様に少しでも不便な思いをさせることのないように、できるだけのことをやります。(asahi.com 2011年6月29日)

(23) 山本淳主将(3年)は「試合がいつになってもいいように、気持ちと体をしっかり作っていく」と話した。(『朝日新聞』2011年7月20日)

(24) 伊賀祐美子さん（22）は「他県の例も調べて，どんなテーマが与えられてもいいように準備を進めています」と話す。(『朝日新聞』2011年7月16日)

(25) 河本準一は「日本代表として韓国のステージへ上がることになるので，恥ずかしくないように実力を積んでいきたい」と意欲をみせた。(『朝日新聞』2011年6月27日)

「可能だ」「大丈夫だ」「有利だ」「資産の売却に走ることがない」「不便な思いをさせることがない」「いい」といった表現には利益の含意があるのと異なって，「恥ずかしい」という表現には不利益の含意がある。そのため，それが「恥ずかしくない」という形で目的節の述語として機能しなければならない。また例(18)～(24)では，主節と従属節の主語が異なっているのに対して，例(25)は主節と従属節が同じ主語を共有している。

さらに，ヨウニは接尾語の「～やすい」「～にくい」に後接することがある。ただし，「～やすい」を受けるにしても「～にくい」を受けるにしても従属節述語の表す状態が主節の主体や話し手にとって利益の含意がなければならない。

(26) 73校に分かれて通うことになった部員たちが移動しやすいように，前監督は200台以上の自転車を集めてくれた。(『朝日新聞』2011年7月1日)

(27) 1978年開業のバー「ポパイ」は今でも1ドル100円換算でビールやカクテルを提供する。どちらの通貨でも支払いやすいように据え置いてきた。(『朝日新聞』2010年10月22日)

(28) ただ，多くのファンドが8月2日の期限までに交渉がまとまらなかった場合でも投資家への償還や解約に応じやすいように資産配分を調整している。(『朝日新聞』2011年7月28日)

(29) このため市では，福祉や教育関係の部局と連携をとりやすいよう

に同相談室を本庁へ移した。(『朝日新聞』2010 年 10 月 2 日)
(30) 文具メーカーのプラスは，長時間使っても手が痛くなりにくいように角を斜めにカットした。(asahi.com2010 年 9 月 22 日)
(31) 「誤まって女子トイレに入った」と言い逃れができにくいように男女のトイレを色分けしたり，店舗部分とトイレの通路を仕切る壁をガラス張りにして目が行き届くようにしたりといった改善策も考えられるという。(asahi.com2011 年 5 月 6 日)
(32) キッズコーナーは，約 73m^2 のゆったりしたスペースを確保するとともに，小さなお子さまが転んでも怪我をしにくいように，フロアマットは柔らかい素材を使用しています。(asahi.com2011 年 12 月 19 日)

「移動しやすい」「支払いやすい」「応じやすい」「連携をとりやすい」「痛くなりにくい」「言い逃れができにくい」「怪我をしにくい」といったことは「非意志的・状態的」であるという点においては共通している。主節の主体に意志的コントロールができないから，望みをかけて状態の発生を待ち受けるのが普通である。

　ただし，構文的には「〜やすい」「〜にくい」とヨウニによって構成される目的表現の内部に違いがないわけではない。前者の「〜やすいように」は主節と従属節の主語が同じでも異なっていてもかまわないのに対して，「〜にくいように」は主節と従属節の主語が異なる文にしか用いることができないようである。コーパスから「〜にくいように」を含めた用例を 40 例抽出したが，主節と従属節が同一主語を共有する例がなかった。

3.2　否定形につく場合の分布状況

　否定形がヨウニを伴い目的節を構成する場合は，目的節述語の肯定形には不利益の意味情報を含んでいなければならない。「汚す」「汚染水を増やす」「悔しさを忘れる」「取り違える」「熱中症になる」「トラブルに

なる」といったことは不利益を含意している。そのため，ヨウニはこれらの動詞・動詞フレーズの否定形を受けて「V＋ナイ＋ヨウニ」のような形で目的節を構成しなければならない。

(33) お陰でトイレを<u>汚さないように</u>，座って小用を足すはめになってしまった。（asahi.com2010年4月22日）
(34) 東電は<u>汚染水を増やさないように</u>，19日から1, 2号機の原子炉への注水量を減らしている。（例（4）を再掲））
(35) <u>悔しさを忘れないように</u>，当時身につけていた監督証を学校のロッカーに張った。（『朝日新聞』2011年7月17日）
(36) 牧童が自分の牛を他人の牛と<u>取り違えないように</u>焼き印を押す。（asahi.com2011年5月26日）
(37) その舞台裏では，選手も応援の人たちも，<u>熱中症にならないように</u>水分補給や体を冷やす工夫をしたはずです。（asahi.com2010年9月7日）
(38) トラブル回避に暴力団が関与した臓器売買事件で，臓器移植法違反容疑などで逮捕された医師堀内利信容疑者（55）の妻則子容疑者（48）が「相手が暴力団なので，<u>トラブルにならないように</u>金の受け渡しを撮影した」と供述していることが捜査関係者への取材でわかった。（『朝日新聞』2011年7月19日）

　例(33)(34)(35)(36)における「汚さない」「汚染水を増やさない」「悔しさを忘れない」「取り違えない」などは意志的な動きを表しているのに対して，例(37)(38)の従属節における「熱中症にならない」「トラブルにならない」は非意志的な動きを表している。さらに例(33)〜(38)では主節と従属節が同一主語を共有している。しかし，次の例(39)(40)(41)(42)では，主節の主語と従属節の主語が異なっている。

(39) 現在の高崎については，「多くの大学，専門学校が市内にあり約

1万5千人の学生が通っているのに，活気のある街になっていない。街が停滞しないように，高崎の文化と産業を発展させていきたい」と抱負を語った。(『朝日新聞』2010年10月5日)

(40) 授乳中に胸が見えないようにデザインされたモーハウス（つくば市，光畑由佳代表）の授乳服が，日本産業デザイン振興会が主催する今年度のグッドデザイン賞に選ばれた。(『朝日新聞』2010年10月8日)

(41) プールでは赤ちゃんが壁にぶつからないように，ラムが寄り添って泳ぐ姿が観察されているという。(『朝日新聞』2009年6月4日)

(42) 生活経済課と西署によると，男の容疑は，1月に名古屋市内の男性（43）になりすましてオンラインゲームにアクセスし，ゲームで使う武器などのアイテムを購入したうえ，クレジットカードの利用明細が男性に届かないように勝手にメールアドレスを変更したというもの。(asahi.com2010年9月27日)

　例(39)の従属節の主語は「街」であり，主節の主語は話し手としての「わたし」である。例(40)の従属節の主語は「胸」であり，主節の主語はデザインを施した人だと考えられる。また，例(41)(42)の主節の主語は，「ラム」「男の容疑者」であり，従属節の主語はそれぞれ「赤ちゃん」「利用明細」である。

　このように，否定形につくヨウニの使用条件も主節と従属節の主語が異なる場合と同一主語を共有する場合の2つに分布しているのである。

4　本章のまとめ

　以上，ヨウニによる目的表現の成立にどのような意味的制約，統語的制約が課せられているかについて述べた。ヨウニは意味的には，利益が生じるよう期待感を込めて待ち受ける場合に用いられ，統語的には，主節と従属節の主語が異なる場合も同じである場合も用いられる。

ただし，従属節述語の表す事柄が「能力的に可能」である場合は，主節と従属節が同一主語を共有するのが普通であり，「状況的に可能」である場合は異なる主語を有するのが普通である。また，ヨウニが形容詞を受ける場合や接尾語の「〜やすい」を受ける場合は主節と従属節の主語が同じでも異なっていてもかまわないが，接尾語の「〜にくい」を受ける場合は主節と従属節が別々の主語を有するのが普通である。

注
1) 前田直子（2006：46）では，目的を表すヨウニの品詞について，助動詞の「ようだ」の連用形であるとされている。なぜそれが目的を表しうるかについては，「『時間的に後から発生する，結果としての様態』という意味での『目的』或いは『結果としての目的』というものを表すからである。……『ため（に）』のような純粋に，或いは単純に『目的』を表すわけではない。」と述べている。
2) これについては第6章の第4節を参照されたい。従属節がとりたて詞によってとりたてられた場合は，従属節の述語が「状態的」であっても，タメが生起しうる。例えば，「部下の目が<u>輝くためには</u>，まず管理職である自分が，人として，女性として，仕事人として輝くことが大切である」などがその裏付けである。
3) 渋谷勝己（1995）では可能（不可能）の理由に焦点を当てて，「ぼくは英語が書けない」のような可能文を「能力可能」と位置づけ，「忙しくて手紙がなかなか書けない」のような可能文を「状況可能」と位置づけている。

第8章
タメとヨウニの役割分担

1 はじめに

　第6章と第7章で目的を表すタメとヨウニの構文的分布について述べた。しかし，両者の役割分担の実態を明らかにするためには，それぞれの意味・用法を俎上に載せて比較することが必要である。この章では，タメとヨウニの役割分担を明らかにする。

　これまでの研究は肯定形を受けるタメとヨウニの使用条件の比較に集中していて，否定形を受けるタメとヨウニの比較は，あまり行われていない。以下では，タメとヨウニが肯定形を受けるか否定形を受けるか，主節と従属節が同一主語を共有するか否かという構文的条件に焦点を当てて，あわせて後接の主節がどんな構造をなしているか，ということも視野に入れて考察を加える。

　具体的に，タメが使えてヨウニが使えないケース，ヨウニが使えてタメが使えないケース，タメとヨウニの両方が許容されるケースのように分けて説明し，両者の使い分けを明らかにする。以下，第2節では肯定形につくタメとヨウニの意味・機能の比較を通して両者の使用条件を明らかにする。第3節では否定形につくタメとヨウニの意味・機能を比較し両者の使用条件を浮き彫りにする。第4節ではまとめを行う。

2　肯定形につくタメとヨウニの使用条件

2.1　先行研究

　タメとヨウニの役割分担について，前田直子（2006：37 – 47）では，「『ため（に）』は意志的な事態を目的とする場合に用いられる。それに対して，非意志的な場合は『よう（に）』が用いられる。」のように定められ，さらに，次のような場合のタメはヨウニで置き換えられないと指摘されている。

　　① 　従属節が取り立てられた場合。
　　② 　連体修飾節に立つ場合。
　　③ 　動作性名詞を受ける場合。
　　④ 　述語に立つ場合。

いうまでもなく，以上のような見解はタメとヨウニの使い分けをある程度反映している。しかし，充分とはいえない。次の例(1)(2)(3)(4)の従属節をみれば，どれも前田直子（2006：37 – 47）の位置づけにあてはまらないことに気付かされる。

(1) 2004年の世界遺産登録から2年ほど前，健康の（ために／*ように）古道を歩く市民が増えた。（asahi.com2012年7月18日）
(2) これからも省エネ・省資源・省スペースなど，省の技術を活かした製品をとおして，環境の（ため／*ように），そして未来の（ために／*ように）貢献していきます。（『朝日新聞』2011年11月3日）
(3) 看護師による治療の開始は，現地の保健医療システムへの負担を軽減し，治療の地域社会への定着を促す（ために／*ように）不可欠である。（『朝日新聞』2012年7月27日）
(4) 民主党の候補者選びは，「勝つ（ために／*ように）誰を選ぶか」

という「身内の論理」に終始した。(『朝日新聞』2010年9月22日)

上の例(1)(2)(3)(4)では，ヨウニが不適格である。この4つの用例の表す現象は前田直子 (2006：37 − 47) で示された枠組みで説明することができない。そのため，タメしか使えないケースのルールについては，包括的な観点から見直す必要があるように思われる。

例(1)(2)では タメが名詞を受けている。例(3)では，タメの後に動きを表す要素がなく，判断のモダリティを表す要素しか続いていない。例(4)では，主節に疑問詞が現れている。例(1)(2)(3)(4)において，ヨウニが排除される原因はタメの前置成分のほかに，主節のあり方と何らかの関係があるかもしれない。以下，先行研究を踏まえながら，肯定形を受ける場合のタメとヨウニの関わり合いをみる。

2.2 タメしか使えないケース

従属節の述語が肯定形である場合のタメとヨウニの意味・用法に関する比較は2つのケースに集約される。1つはタメしか使えないケースであり，いま1つはヨウニしか使えないケースである。どちらも使えるケースはないようである。アンケート調査をした結果，肯定形を受ける場合は，タメとヨウニが基本的には互いに置き換えることができないという結果が得られた[1]。

タメとヨウニの使い分けは日本語母語話者にとっては問題とならないかもしれない。しかし，日本語を第二言語として学ぶ学習者にとっては，意味が同じ，或いは意味が近いという基準だけではタメとヨウニを使い分けることが困難であろう。構文的条件が変われば，タメが容認されたり排除されたり，或いはヨウニが容認されたり排除されたりすることがあるからである。では，どんな文環境においてタメしか使えないのだろうか。

統語的には，「V_1＋タメ，V_2」のような複文構造において，V_1 も V_2 も同じ主体によってなされるのが普通である。つまり，従属節がとりた

て詞によってとりたてられる場合や単文に用いられる場合を除いて、タメは主節と従属節が同じ主語を共有するという構文的条件を要求するのである。

　しかし、これだけではタメとヨウニの使い分けが完全に解き明かされたとはいえない。文の意味特徴にも注目する必要がある。意味的には、タメは利益を目指して進んで働きかける場合に用いられ、ヨウニは利益が生じるよう期待感を込めて待ち受ける場合に用いられる。つまり、どちらを用いても従属節の述語には利益の含意がなければならない。

(5) 僕は賞を<u>勝ち取る</u>（ために／*ように）イングランドに来た。だけど悪い時期だった。（『朝日新聞』2012年2月29日）
(6) 市民は自身の人生を<u>豊かにする</u>（ために／*ように）意見を声に出している。（『朝日新聞』2008年12月1日）
(7) 硬直した財政を<u>立て直す</u>（ために／*ように）退職金辞退や市長給与50％カットなどを打ち出したが、及ばなかった。（『朝日新聞』2011年4月25日）
(8) パキスタン政府は7日、ザルダリ大統領（56）が心臓の<u>治療を受ける</u>（ため／*ように）ドバイ入りしたと発表した。（『朝日新聞』2011年12月8日）

　例(5)(6)(7)(8)については、利益を目指して進んで働きかけ、主節述語の表す事柄と従属節述語の表す事柄が同一主体によってなされると解されうる。そのような文環境では主節と従属節が同一主語を共有するのが普通である。例(5)(6)(7)(8)のような文環境ではヨウニが排除される。

　タメは動作性名詞（動名詞）を受けて目的節を構成することがある。しかし、ヨウニはそのように使うことができない。次の例(9)(10)(11)(12)は前田直子（2006：37－47）でいう「動作性名詞を受ける場合」の使用条件にあてはまる。

(9) 教育長は信頼回復の（ため／*ように），保護者の参観を常に受け入れるとしている。(『朝日新聞』2012年7月27日)
(10) 同州は債務返済の（ために／*ように）上半期中にすでに中央政府の与信枠を利用してきたが，年末までにさらに28億5000万ユーロの債務を返済する必要がある。(『朝日新聞』2012年7月21日)
(11) 舟山氏は週末に山形に戻り，離党届提出の報告の（ため／*ように）関係者をまわるという。(『朝日新聞』2012年7月19日)
(12) 同署はコピー機とシュレッダーの配置を変えたほか，無断持ち出し防止の（ため／*ように），各課の部屋の鍵を1カ所に集めて管理することにしたという。(『朝日新聞』2012年7月13日)

　例(9)(10)(11)(12)における「回復」「返済」「報告」「防止」はいわゆる動作性名詞にほかならない。「回復のため」「返済のため」「報告のため」「防止のため」は意味的には「回復するため」「返済するため」「報告するため」「防止するため」と大差がない。
　次の例(13)～(19)は前田直子（2006：37－47）でいう「従属節が取り立てられた場合」の使用条件にあてはまる。しかし，ヨウニはとりたて詞の後続を容認しない。

(13) より多くの人命を救うために，より多くの人の幸福を実現する（ために／*ように）こそ，政府は経済合理的に運営されなければならない。(asahi.com 2011年9月29日)
(14) 宮崎県が，県議会の常任委員会と特別委員会で出席者にお茶を出す（ため／*ように）だけに職員を雇っていることが県議会事務局への取材で分かった。(『朝日新聞』2011年9月27日)
(15) 経済への懸念を指摘することでIEAは，石油備蓄は供給不足に対応する（ため／*ように）のみに放出されるのではなく，価格を引き下げ，投機筋をけん制するためにも活用できる，との石油

市場の大方の見方を確認したことになる。(『朝日新聞』2011年6月24日)

(16) いじめを受けた経験から，笑いを取る（ため／*ように）でも，誰かを傷つけるようなことはしたくない。(『日刊スポーツ』2010年12月21日)

(17) 大阪の在日には，虐殺を逃れる（ため／*ように）などに済州島から日本に来た人も多く，遺族会や研究者らが毎年4月に慰霊祭を催している。(asahi.com 2011年4月16日)

(18) この政策を推し進めていく（ために／*ように）は，大きく分けて4つの課題をクリアせねばならない。(『朝日新聞』2012年7月2日)

(19) 将来を担う子どもたちのかけがえのない命を守る（ために／*ように）も，実効性のある防災教育に力を入れていく。(『朝日新聞』2012年3月28日)

　例(13)(14)(15)(16)(17)(18)(19)の「ため」や「ために」に後続した「こそ」「だけ」「のみ」「でも」「など」「は」「も」は従属節をとりたてる働きをするものである。

　「幸福」「幸せ」「健康」「平和」「安全」などは名詞としても形容詞としても機能することができるが，タメを伴う場合は，「幸福のため」「幸せのため」「健康のため」「平和のため」「安全のため」のように，名詞として機能しなければならない。また，タメを伴い目的節を構成できるのは利益が含意されるものに限る。

(20) 大学では，最先端の知識に加えて，それを自分の将来や社会の幸福の（ために／*ように）どう使うのかという知恵も身につけてほしい。(『読売新聞』2010年4月25日)

(21) 東日本大震災で多くの人が，家族や日常の大切さにあらためて気付いた。日常に潜む幸せの（ために／*ように）努力する姿を描

きたかった。(『毎日新聞』2012 年 2 月 25 日)
(22) 10 年ほど前に健康の (ために／*ように) ウオーキングを始め,走るようになりました。(『読売新聞』2010 年 11 月 30 日)
(23) 突然の電話には驚いたが,平和の (ために／*ように),お手伝いできるなら協力したい。(『朝日新聞』2011 年 8 月 7 日)
(24) 警察官自身の身の安全の (ため／*ように),夜間などは警察官を拠点交番に集中配置し,複数勤務,複数パトロールが行われるようになっている。(『読売新聞』2004 年 10 月 5 日)

「幸福」「幸せ」「健康」「平和」「安全」のような状態を表す名詞を受けたタメはヨウニで置き換えることができない。さらに,タメは理念として追求すべき意味内容を含む名詞や名詞フレーズを受けて「N ＋の＋タメ」のような形で,目的節を構成することが可能である。しかし,ヨウニはそのように機能することができない[2]。

(25) 被災した学校の復興復旧工事を行う際に,新たにソーラーパネルを設置することで,被災した地域と子供たちの未来の (ために／*ように),クリーンエネルギーを教材として環境教育を通じて支援してまいりたいと考えております。(『朝日新聞』2011 年 7 月 8 日)
(26) 戦争や貧困の無い愛の世界の (ために／*ように),私は絵を描いて戦っていきたい。(『朝日新聞』2012 年 7 月 29 日)
(27) われわれは市場の (ため／*ように) でなく,ドイツ国民の将来の (ために／*ように) 政策を策定する。(『朝日新聞』2012 年 6 月 15 日)
(28) 石油ショックを機に,明日の (ために／*ように) 何かしようと思った。当時は故郷でも,ハーブを蒸留する伝統がすたれ,自然の香りより合成の方が上等と思われていた。(asahi.com 2012 年 6 月 4 日)

(29) 彼はバルサで素晴らしい仕事をしたし，<u>今後の</u>（ために／*ように）もう一度力を蓄える必要がある。（『朝日新聞』2012年5月2日）

　タメは単文に用いられ，「タメ＋ノ＋N」のように，連体修飾関係を結ぶことがある。それと対照的に，ヨウニは単文に用いられることはない。

(30) 私はその食堂の一角で，彼女らのひとりひとりと，台本を<u>書く（ため／*ように）の取材</u>をしていた。（五木寛之『風に吹かれて』）
(31) 私達はその月末に八ヶ岳山麓のサナトリウムに<u>行く（ため／*ように）の準備</u>をし出していた。（堀辰夫『美しい村』）
(32) それらの傭兵が町にあるときには，この自由都市の富と自治を<u>守る（ため／*ように）の警備軍</u>になっている。（司馬遼太郎『国盗り物語』）
(33) 私が処理したあの博士の実験データは私を<u>呼び寄せる（ため／*ように）の餌</u>であって，実質的には何の価値もないものだったということになるね。（村上春樹『世界の終りとハードボイルド・ワンダーランド』）

　例(30)〜(33)は前田直子（2006：37-47）でいう「連体修飾節に立つ場合」にあたる。ヨウニは連体修飾節に立つことがない。
　さらに，タメは判断を表す「だ」「だった」「ではない」「〜に違いない」や推測を表す「だろう」「か」などを伴い，述語の一部として機能することがある。

(34) これは電力需要が減る夜間に水をくみ上げ，需給がひっ迫する昼間に水力で発電する揚水発電に<u>用いる（ため／*ように）だ</u>。（『朝日新聞』2012年6月12日）

(35) 警視庁は，自転車操業状態に陥っていた浅川容疑者らが，解約金を捻出する（ため／*ように）だったとみて調べている。（『朝日新聞』2012年6月10日）

(36) 私たちがここにいるのは戦争をつくりだす（ため／*ように）ではない。安定と平和をもたらすためだ。（『朝日新聞』2011年10月18日）

(37) 駆け込みの「自主退職」はこの規定から逃れる（ため／*ように）に違いない。（『朝日新聞』2007年12月13日）

(38) 何のために？たぶん彼らが何かを捜しまわったと第三者に思わせる（ため／*ように）だろう。（村上春樹『世界の終りとハードボイルド・ワンダーランド』）

　例(34)〜(38)のタメの意味・機能は前田直子（2006：37 - 47）の「述語に立つ場合」にあたる。目的を表すヨウニは述語の一部として機能することができない[3]。

　これまでの研究で言及されていないようだが，タメの後にいわゆるナ形容詞しか現れない場合がある。そのような構文的条件ではヨウニが排除される。

(39) レーン委員は「前月の決定には，恒久的な措置や構造改革が含まれており，これらは，財政を持続可能にする（ために／*ように）重要だ。実施される必要がある」と指摘。（『朝日新聞』2012年5月10日）

(40) 遊べる環境を整えることは，震災の恐怖心やストレスをなくす（ために／*ように）大切です。（『毎日新聞』2011年4月20日）

(41) （菅直人首相が）特例公債法案などについて，自らの責任で野党と交渉して通す道筋を付け，辞められるのが，新たなスタートを切る（ために／*ように）大事だ。（『朝日新聞』2011年6月26日）

(42) イタリア政府は「支援は銀行の信頼を取り戻すという欧州連合

(EU) の約束を果たす (ために／*ように) 必要なものだ」としている。(『朝日新聞』2012年6月27日)
(43) 調査団の受け入れはその一環で，わが国の経験を各国と共有する (ために／*ように) 有意義だ。(『朝日新聞』2011年5月17日)

例(39)(40)(41)(42)(43)では，タメの後にいわゆるナ形容詞しか続いていない。タメの後に続いた「重要だ」「大切です」「大事だ」「必要だ」「有意義だ」などは話し手の事柄に対する評価を表すものである。ヨウニはこのような文には生起しにくい。

さらに，タメによる目的表現の主節に疑問詞が現れることがある。しかし，主節が疑問文の形となった場合はヨウニは容認されない。この章の第3節でも詳しく述べるが，ヨウニは情報を求める文には生起しない。

(44) プライベートな時間を持ちにくいと思いますが，心も体も健康に保つ (ために／*ように) どうされていますか。(『読売新聞』2011年2月5日)
(45) さまざまな生き物を育む自然を守る (ために／*ように) 何をすべきか。(『朝日新聞』2011年10月7日)
(46) 植物は，子孫を残す (ために／*ように) どんな戦略をもって，分布を広げているのだろうか。(『朝日新聞』2010年6月16日)
(47) 今後10年間で国防費を4500億ドル (約34兆円) 削減する (ために／*ように) どこをカットするか思案中だ。(『朝日新聞』2010年10月25日)

例(44)(45)(46)(47)の主節は疑問文として認められる。このような構文的条件を有する文ではタメしか生起しえない。

タメの後には副助詞の「か」が生起することがある。そのような場合のタメはヨウニで置き換えることができない。ヨウニの後にはいかなる形であろうとも，他の成分の後接が容認されない。

(48) わずか数百メートルという短さを<u>カバーする</u>（<u>ため／*ように</u>）<u>か</u>，滑走路が上り坂になっている。（『朝日新聞』2010 年 12 月 17 日）
(49) 作品の傍らに，専門家らに<u>見てもらう</u>（<u>ため／*ように</u>）<u>か</u>，その学生の過去の作品の写真などをまとめたファイルや名刺が置いてあることが少なくないのだ。（『朝日新聞』2012 年 3 月 3 日）

　例（48）（49）では副助詞の「か」が従属節の一部として機能し不確かな意味を表している。従属節がとりたて詞の「は」や「も」によってとりたてられる場合は，「ためには」「ためにも」のような形で使うのが普通であるが，副助詞の「か」が従属節に現れる場合は「ためか」「ためにか」の両方が使えるようである。

2.3　ヨウニしか使えないケース

　ヨウニはタメと類義語関係にあるとはいうものの，両者の違いも歴然としている。それは具体的にタメが使えてヨウニが使えないケースによって反映されるほか，ヨウニが使えてタメが使えないケースによっても反映されるのである。例えば，従属節の述語が可能の意味を表す場合や状態の変化を表す場合はヨウニが用いられるが，タメは用いられない。

(50) 親戚のメールが<u>読める</u>（<u>ように／*ために</u>）ポルトガル語も勉強したい。（『朝日新聞』2012 年 3 月 27 日）
(51) 時速約 50 キロで車を運転すればタイヤの接地音が音楽となって聞こえる「メロディー道路」が伊方町三机の国道 197 号に完成した。「メロディーライン」の愛称がある佐田岬半島の国道 197 号は，文字どおりの路線となった。珍しげなドライバーらがよく<u>聞こえる</u>（<u>ように／*ために</u>）車の窓を開けるなどして走っている。（『朝日新聞』2011 年 3 月 2 日）

(52) 19世紀はじめころ，サケ漁でアイヌを労働力にしていた場所請負の村山家は，和人とアイヌがうまく<u>共働できる</u>（ように／*ために），アイヌの世界観と和人の明神信仰を組み合わせて，チョウザメを神の現れだとした。(『朝日新聞』2012年7月11日)

(53) ウサギがどこに行っても<u>見つかる</u>（ように／*ために）首に赤いリボンで鈴をつけたそうです。(asahi.com 2012年1月27日)

(54) 児童らは網を張った木枠を使い，冷水の中からコウゾなどの紙の原料をすくい上げ，均等に<u>広がる</u>（ように／*ために）慎重に揺らしていた。(『朝日新聞』2011年1月13日)

(55) 私はその年越し餃子の1円玉が<u>当たる</u>（ように／*ために），正月の午前0時までずっと我慢して起きていた。(『朝日新聞』2008年3月1日)

(56) 器に砂糖，みりん，酢，ゴマ油各大さじ1，しょうゆ大さじ2，赤唐辛子を合わせ，砂糖が<u>溶ける</u>（ように／*ために）よく混ぜます。(asahi.com 2010年3月8日)

「読める」「聞こえる」「できる」「見つかる」は可能の意味を表すが，「広がる」「当たる」「溶ける」のような自動詞の表す状態の変化は「可能」に近い側面がある。このような動詞が目的節述語として機能する場合，タメとはなじまない。

ヨウニは名詞を受けて目的節を構成することができないとはいうものの，いわゆるナ形容詞を受けて目的節を構成することが可能である。タメはナ形容詞について目的節を構成する意味・用法を持っていない。

(57) このような形式ばかりに捉われずに企業の"真実の姿"を伝える考え方が原則主義であるが，原則主義のもとで会計基準は企業自身の経営判断によって具体化され，監査法人によってこの判断は信頼性が付与され，ひいては他企業にも適用<u>可能な</u>（ように／*ために）制度化されていくことになる。(『毎日新聞』2012年6

月 19 日）

(58) だから，会社は 2 本続けて失敗作を出しても<u>大丈夫な</u>（ように／*ために），資産を内部留保している。（『読売新聞』2004 年 5 月 11 日）

(59) 自民党の谷垣禎一総裁は 2 日，党本部で記者団に「防衛省の政策に少しでも<u>有利な</u>（ように／*ために）選挙結果を導こうとした疑念がある」と批判。（『毎日新聞』2012 年 3 月 6 日）

さらに，ヨウニはいわゆるイ形容詞を受けて目的節を構成することも可能である。タメはイ形容詞を受けて目的節を構成することができない。

(60) 僕は川沿いの道から森に入り，道に迷うことの<u>ない</u>（ように／*ために），なるべく壁伝いに歩いて森の内部を調べることにした。（村上春樹『世界の終りとハードボイルド・ワンダーランド』）

(61) 欧州首脳らはギリシャで何が起きても<u>いい</u>（ように／*ために），ファイアウオール（防火壁）を作ろうとしている。（『朝日新聞』2012 年 6 月 12 日）

(62) 御格子をおろせ。物恐ろしい夜ではないか。私が宿直人になろう。姫君がお<u>淋しくない</u>（ように／*ために），みなみな，近くへ寄るがいい。（田辺聖子『新源氏物語』）

(63) 北京市は，運動に合わせ，五輪開催都市として<u>恥ずかしくない</u>（ように／*ために），一層のマナー向上を図る。（『読売新聞』2006 年 3 月 2 日）

ヨウニは接尾語の「〜やすい」「〜にくい」に後接して目的節を構成することがある。しかし，タメは同様な意味・用法を持っていない。タメは「〜やすい」「〜にくい」と共起しても原因・理由しか表すことができない。

(64) 参加者は登山者が歩きやすい（ように／*ために）灰を除去したり，土のう袋に灰を入れて，土砂が流出しないように積んだりした。(『読売新聞』2012 年 7 月 28 日)

(65) JR 東日本によると，E3 系はパソコンを使いやすい（ように／*ために）座席のテーブルを大きくしたり，わきに電源コンセントを設けたりしてビジネスマンにも配慮。(『朝日新聞』2012 年 6 月 28 日)

(66) （終盤の）30 キロ過ぎが勝負所になると想定し，疲れにくい（ように／*ために）安定性も加味した。(『読売新聞』2007 年 8 月 9 日)

(67) NTT ドコモの「プライムシリーズ　L—01A」は，傷が付きにくい（ように／*ために）強化ガラスを使っている。(『読売新聞』2009 年 1 月 26 日)

　このように，タメとヨウニの使い分けは，単に意味だけではなく，文の構造の枠組みの中で考えなければならない。ヨウニはとりたて詞の後接，副助詞の「か」の後接，さらに「の」の前置を容認せず，また述語の一部として機能しえない。しかし，形容詞や接尾語の「〜やすい」「〜にくい」を受けて目的節を構成することが可能である。
　それと対照的に，タメはとりたて詞と副助詞の後接を容認し，また「の」の前置も容認する。さらに述語の一部として機能しうる。しかし，形容詞や接尾語について目的節を構成することができない。また，タメは可能の意味を表す述語を受けて目的節を構成しえないのに対して，ヨウニは可能の意味を表す述語を受けて目的節を構成することが可能である。このように，両者の構文的分布は相互補完的な関係にあるのである。

3 否定形につくタメとヨウニの使用条件
3.1 先行研究

　従属節の述語が否定形である場合，「Ｖ＋ナイ＋タメ」と「Ｖ＋ナイ＋ヨウニ」の両方が許容されるケースもある。しかし，どんな条件を満たせば「Ｖ＋ナイ＋タメ」も「Ｖ＋ナイ＋ヨウニ」も使えるか，「Ｖ＋ナイ＋タメ」と「Ｖ＋ナイ＋ヨウニ」の根本的な違いは何かということについて，先行研究で示されたルールでは十分に説明することができない。

　日本語記述文法研究会（2008：233 － 238）では「同じ主体の動作目的を表すもっとも基本的な形式は『ため（に）』である。『よう（に）』は，主体が違う場合や，目的節の事態が状態的な場合，無意志的な場合に用いられる」とされ，さらに「目的節の事態が明らかに意志的な動きである場合には『ため（に）』が用いられるが，そうでない場合には，『ように』が用いられる」のようにタメとヨウニの使用条件が規定されている。

　肯定形だけを対象にするならば，このようなルールは一理あるかもしれない。しかし，例(68)(69)のような現象に適用することはできない。例(68)に示すように，従属節の述語が否定形である場合は，「目的節の事態が状態的な場合，無意志的な場合」であっても「Ｖ＋ナイ＋タメ」も使えるのである。また，例(69)に示すように，目的節の表す事態が「意志的な動き」であっても「Ｖ＋ナイ＋ヨウニ」型の目的節も成立するのである。

(68) ひったくりの<u>被害にあわない</u>（<u>ために／ように</u>），次の防犯行動を実践してください。（大阪府警ホームページ）
(69) 大切な人を<u>悲しませない</u>（<u>ために／ように</u>），乳がん検診に行きましょう。（『朝日新聞』2009 年 7 月 6 日）

　このことから，「Ｖ＋ナイ＋タメ」と「Ｖ＋ナイ＋ヨウニ」の違いに

ついて,「目的節の事態が明らかに意志的な動きである場合には『ため(に)』が用いられるが,そうでない場合には,『ように』が用いられる。」のように線引きすることには限界があると認めなければならない。

さらに,目的節の述語が否定形である場合の役割分担について,日本語記述文法研究会（2008：233 - 238）では,「基本的には『ように』を用いるが,否定的な状態を積極的に実現させようとしていることを強調して表す場合には,『ため(に)』も可能である」とされている。

例（68）（69）の従属節における「被害にあわない」「大切な人を悲しませない」は「否定的な状態」であるかどうかを別としても,「積極的に実現させようとしていることを強調して表す」という解釈から読み取れるのは,「V＋ナイ＋タメ」と「V＋ナイ＋ヨウニ」の違いは単に程度の差に過ぎないということであろう。

しかし,このような解釈は前記の「目的節の事態が明らかに意志的な動きである場合には『ため(に)』が用いられるが,そうでない場合には,『ように』が用いられる」と矛盾していると言わざるをえない。つまり,「V＋ナイ＋タメ」と「V＋ナイ＋ヨウニ」の違いは単に程度の差だけであれば,互いに簡単に置き換えられるはずである。しかし,例（70）（71）のタメはヨウニで置き換えられず,例（72）のヨウニはタメで置き換えることができない。

(70) 芝居や歌舞伎,伝統芸能を名古屋で<u>絶やさない</u>（ため／*ように）何をすればいいか。（『朝日新聞』2009年10月11日）

(71) 過去の事実を学んで自分の立ち位置を知り,自覚する。それが,かつて歩んだ<u>侵略の道を繰り返さない</u>（ために／*ように）大切です。（『朝日新聞』2010年6月18日）

(72) 観光庁は業者が資金面で<u>困らない</u>（ように／*ために）支援策を考えている。（『朝日新聞』2011年5月9日）

例（70）（71）（72）を通して,「V＋ナイ＋タメ」と「V＋ナイ＋ヨウニ」

の違いは程度の差にとどまらないことが明らかである。また,「否定的な状態を積極的に実現させようとしていることを強調して表す」という基準は話し手の判断にまかされるものなので,客観性に欠けているといわなければならない。

　構文的条件に着目すれば,例(70)の主節は疑問文であり,例(71)のタメの後には評価を表す形容詞のみが続いているのである。また,例(68)(69)では主節の述語と従属節の述語が同じ主語と意味関係を結んでいると考えられるのに対して,例(72)では主節の述語と従属節の述語が異なる主語に関わっているのである。例(68)(69)(70)(71)(72)のような目的表現をより適切に説明するために,本研究は次の4つの代案を提示する。

①主節に疑問詞が現れた場合,及びタメの後に評価を表す形式のみが続いた場合は「V＋ナイ＋タメ」が用いられ,「V＋ナイ＋ヨウニ」は制限される。
②主節の述語と従属節の述語がそれぞれ異なる主語に関わりを持つ場合は「V＋ナイ＋ヨウニ」が用いられ「V＋ナイ＋タメ」が制限される。
③主節の述語と従属節の述語が同じ主語に関係を持つ場合は「V＋ナイ＋タメ」も「V＋ナイ＋ヨウニ」も許容される。

　このように,肯定形につく場合のタメとヨウニの意味・用法と違って,「V＋ナイ＋タメ」と「V＋ナイ＋ヨウニ」の使い分けは3つのケースに集約されうる。①「V＋ナイ＋タメ」が使えて「V＋ナイ＋ヨウニ」が使えないケース,②「V＋ナイ＋ヨウニ」が使えて「V＋ナイ＋タメ」が使えないケース,③「V＋ナイ＋タメ」も「V＋ナイ＋ヨウニ」も使えるケースである。

　以下では,この3つのケースに絞り,「V＋ナイ＋タメ」と「V＋ナイ＋ヨウニ」のつながりと隔たりを明らかにする。

3.2 「V＋ナイ＋タメ」しか使えないケース

先にも述べたように，従属節の述語が否定形で，タメが使えてヨウニが使えないケースは主に主節に疑問詞が現れ疑問文が構成された場合と主節が評価を表す形式のみになった場合に分布している。以下，構文的条件に焦点を当てて，順次に述べていく。

3.2.1 主節が疑問文である場合

第6章で述べたように，「V＋ナイ＋タメ」型の目的節が用いられる場合は，主節の述語と従属節の述語が同じ主体の動きを表すのが普通である。タメは事態の発生や状態の維持・保全を目指して努力するという含みを持っているので，それが肯定形を受けても否定形を受けても，主体が意志的に動作を発動し，何かを目指して努力するという意味を表す点においては変わりがない。

しかし，タメとヨウニの使い分けを考える場合，それがどんな性格のものを受けているかに注目すると同時に，その後にどんな性格のものが後接しているかということも注目しなければならない。例えば，例(73)(74)(75)(76)(77)(78)においてヨウニが排除されるのは，その後の構文的特徴と大いに関係している。

(73) W杯で悪い日があると敗退してしまう。それはコンフェデで実際に経験した。でも，それを繰り返さない（ために／*ように）何をすべきか理解している。(『朝日新聞』2010年1月12日)

(74) 死因究明や事件性を見逃さない（ために／*ように），それをどのようにチェックしていくか課題もある。(『朝日新聞』2010年5月27日)

(75) この問題で岡本（厚労）政務官は，今回の課長通達を把握していたけれども細川大臣に報告しなかったということですが，政府として今回どこに問題があったと考えますか。また，今後このような問題が起こらない（ために／*ように），どのような対策を講

じるおつもりでしょうか。(asahi.com2011年3月9日)
(76) 安全でおいしい食べ物がなぜ大量に捨てられているのか，捨てない（ために／*ように）どんな手だてがあるのか。(『毎日新聞』2009年5月18日)
(77) そのときから，二度と同じような失敗を繰り返さない（ために／*ように）どうしたらいいのか，より深く考える癖がつきました。(『朝日新聞』2009年5月11日)
(78) この夏，政界では多くの「小沢チルドレン」が誕生した。哀れな末路をたどった「小泉チルドレン」と同じ轍を踏まない（ために／*ように）どうするか。(『朝日新聞』2009年10月24日)

なぜ例(73)(74)(75)(76)(77)(78)ではヨウニが排除されているのか，その原因はタメの後の構文的条件に求められる。例(73)(74)(75)(76)(77)(78)では，タメの後は疑問文になっている。安達太郎(1999：11-13)では，「はい」「いいえ」で応答できる疑問文のことを真偽疑問文(Yes-No Question)と呼び，説明を求める疑問文のことを補充疑問文(WH Question)[4]と呼ばれている。例(73)(74)(75)(76)(77)(78)の主節における「何をすべきか」「どのようにチェックしていくか」「どのような対策を講じるおつもりでしょうか」「どんな手だてがあるのか」「どうしたらいいのか」「どうするか」などは「はい」「いいえ」のような答えを要求せず，説明を求める形なので，補充疑問文になるだろう。

「V＋ナイ＋タメ」型の目的節は否定形の表す状態の維持・保全を目指して努力するという含みを持つ以上，目的節の表す状態は主節述語の表す行為の結果でなければならない。また，「努力する」という含みを持つ以上，そのプロセスにおいて，手段や方法，または方向付けが必要である。そのため，話し手が手段や方法，或いは方向付けなどに関して具体的な情報を把握していなければ，それについて説明を求めることが至極当然である。例(73)(74)(75)(76)(77)(78)のタメの後の疑問文は手段や方法，或いは方向付けについて説明を要求するものにほかならな

一方，ヨウニは事態の発生や状態の維持・保全を結果として待ち望むという含みを持っている。「結果として待ち望む」という含みは，主節述語の表す行為が事態の発生や状態の維持・保全に必ずしも直接につながるとは限らないということを意味するものである。そのため，手段や方法はもとより，方向付けもなくてはならないものではない。手段や方法といった問題が存在しないから，それについて情報を求めても無意味である。

　このように，例(73)(74)(75)(76)(77)(78)において「Ｖ＋ナイ＋ヨウニ」が制限されるのは，タメの後の疑問文によるものである。ちなみに，例(73)(74)(75)(76)(77)(78)のような，主節が疑問文となっている用例を55例得られたが，ネイティブに対するアンケート調査をした結果，ヨウニで置き換えられるケースはなかった。

3.2.2　タメの後が評価を表す形式のみになった場合

　タメの後には動作・行為を表す動詞や動作性名詞がなく，もっぱら話し手の評価を表す形式のみが続いている場合は，ヨウニで置き換えることができない。まず例(79)(80)(81)(82)をみる。

(79) 過去の事実を学んで自分の立ち位置を知り，自覚する。それが，かつて歩んだ侵略の道を繰り返さない（ために／*ように）大切です。（例(71)を再掲）
(80) 次に，米が熱くなるまでしっかりと炒めて米粒の表面に壁をつくる。この作業も粘りを出さない（ために／*ように）重要。(asahi.com2009年7月10日)
(81) 家電に囲まれた快適な生活は続けながら，使う電力を減らす。両方あきらめない（ために／*ように）省エネ家電が有効なのです。(asahi.com2009年7月26日)
(82) 消費税10％は次世代に負担を残さない（ため／*ように）やむを

えないと思います。(asahi.com2010 年 7 月 11 日)

　例(79)(80)(81)(82)は複文として認められるかどうかは別として，タメの後には動きを表す要素がなく，もっぱら事柄に対する話し手の評価を表す形式のみが続いているのである。典型的な目的表現であれば，主節に動作・行為を表す動詞や動作性名詞が現れ，主節と従属節の間に引き続いて起こるという時間的前後関係が形成されなければならない。しかし，例(79)(80)(81)(82)は，タメを含む部分とその後の成分との間に，時間的前後関係が形成されていないので，典型的な目的表現からずれているといわなければならない。

　統語的特徴をみると，例(79)(80)(81)(82)は「～ために～である」「～ために～やむをえない」のように構成され，評価を表す波線の部分は前置の「～は(が・も)」によってとりたてられた部分に対して「それがどうであるか」を叙述しているのである。このことを考えれば，例(79)(80)(81)(82)のタメを含む部分は，後接の評価を表す形式とともに主語に対して述語として機能しているといっても差し支えないだろう。

　ヨウニは従属節述語の表す状態を「結果として待ち望む」という含みを持っているので，そのような含みは，従属節述語としてのV_1の表す状態が主節述語としてのV_2のもたらした結果でなければならない，という束縛を加えたのである。つまり，ヨウニはタメ以上に時間の「さきとあと」の束縛を受けるので，時間的前後関係が形成されていない文には生起しにくいのである。

　以上の事実から，タメの表す目的内容は評価の対象になりうるが，ヨウニの表す目的内容は評価の対象になりえないといえる。言い換えれば，タメはV_2の欠けた文にも生起しうるのに対して，ヨウニの成立は常に時間の「さきとあと」の支えを必要とするので，V_2の欠けた文環境には生起しにくい。

　このような見解は，さらに次の例(83)(84)と例(85)(86)(87)(88)との比較によって裏付けられる。例(83)(84)では，いわゆるナ形容詞の連体

形を含む部分がさらにとりたて詞によってとりたてられ，主語として機能しているのである。

(83) 敷金が正しく返ってくるのか，こないのか。問題となるのは，多くはその部屋を退去するときですが，トラブルに遭わない（ために／*ように）重要なのは入居前の行動です。ここで油断しないことで，その部屋を不安なく借りつづけることができます。(asahi.com2009年12月21日)

(84) 新首相が失敗を繰り返さない（ために／*ように）一番必要なのは，政治主導が円滑に実質的に機能する体制の再構築である。(asahi.com2010年6月4日)

　文の時間的特徴をみて，例(83)(84)ではタメを含む部分とその後のとりたて詞によってとりたてられた部分との間に時間の「さきとあと」のような意味関係が存在しない。これらの文については時間的前後関係が形成されていないから，ヨウニが制限されているのだと解される。ただし，タメの後に評価を表す形容詞のほかに，言動を表す動詞や動作性名詞を含んだ場合は，この限りではない。

(85) 精神疾患のある患者は，社会生活を営む力を落とさない（ため／ように），地域で暮らしながら治療するのが重要だ。(asahi.com2010年9月24日)

(86) また混乱を起こさない（ために／ように）「正確な情報を届けることが大事だ」と強調した。(『毎日新聞』2009年5月18日)

(87) 生臭みを出さない（ため／ように），余分な血を丁寧に落とす手順が大切です。(asahi.com2010年9月14日)

(88) 景気の腰折れを招かない（ために／ように），証券優遇税制は継続が適当だ。(asahi.com2011年4月1日)

例(85)(86)(87)(88)のような文環境では「Ｖ＋ナイ＋タメ」も「Ｖ＋ナイ＋ヨウニ」も許容される。タメとヨウニの後に続く「暮らしながら治療する」「届ける」「落とす」「継続」は動作・行為を表しているので，それによって時間的前後関係が形成されているのである。例(85)(86)(87)(88)において，ヨウニも許容されるのは時間的前後関係がはっきりとしているからであろう。

3.3 「Ｖ＋ナイ＋ヨウニ」しか使えないケース

3.2でみてきたように，「Ｖ＋ナイ＋タメ」しか使えないケースの制約条件を説明する場合，タメの後に続く部分はどんな性格のものなのかをみることも大切である。しかし，「Ｖ＋ナイ＋ヨウニ」しか使えないケースについて考える場合は，むしろ従属節の述語の表す動きは主節の主体に意志的コントロールができるか否か，つまり主節と従属節が同一主語を共有しているかどうかということに注目する必要がある。

(89) 森林組合は現在，伐採した木が雨で流れ出さない（ように／＊ために）斜面に横向きに積んで固定する作業をしている。(asahi.com2011年6月3日)

(90) それほど責任を感じているんなら『組織』の中でこれ以上犠牲が出ない（ように／＊ために）もっと研究を進めるべきじゃないのかな？（村上春樹『世界の終りとハードボイルド・ワンダーランド』)

(91) 補強用の厚い鉄板が縦横に打ちつけられた見るからに重く頑丈そうな門だ。高さは四メートルから五メートルといったところで，人が乗りこえることができない（ように／＊ために）上部には鋭く尖った釘が針山のようにぎっしりと埋めこまれている。（村上春樹『世界の終りとハードボイルド・ワンダーランド』)

(92) 生活経済課と西署によると，男の容疑は，1月に名古屋市内の男性（43）になりすましてオンラインゲームにアクセスし，ゲーム

で使う武器などのアイテムを購入したうえ，クレジットカードの利用明細が男性に<u>届かない</u>（ように／＊ために）勝手にメールアドレスを変更したというもの。(asahi.com2010年9月27日)

(93) 松井さんは「悔いが<u>残らない</u>（ように／＊ために）大会を楽しむつもりで臨んだ。普段通りやれば3位以内に入れる自信はあったが優勝できるとは思っていませんでした」と喜びを語った。(asahi.com2010年10月21日)

　例(89)〜(93)については，主節の述語と従属節の述語がそれぞれ異なる主語と意味関係を結んでいると認めなければならない。例えば，例(89)の従属節における「流れ出さない」，例(90)の従属節における「出ない」は従属節内の「ガ」格のもの（「木が」「犠牲が」）と意味関係を結んでいるのであり，主節の「横向きに積んで固定する作業をしている」「研究を進める」といった行為を発動する主体と直接に関わりを持たないのである。

　さらに例(89)〜(93)の従属節述語の表す変化が一時点的な動き・非可逆的な動きである。もとの状態に戻しえない。主節の述語と従属節の述語が異なる主体の一時点的な動き・非可逆的な動きを表しているので，従属節の述語の表す動きは主節の主体に意志的コントロールができないのが当然である。例(89)〜(93)において，ヨウニしか生起しえないことの原因は「異なる主体の動き」と「一時点的な動き・非可逆的な動き」に求められる。

　主節の述語と従属節の述語が異なる主体の動きを表すケースはさらに2つのグループに分けて考えられる。1つは，例(89)〜(93)のような，従属節の動きの主体が感情や意識を持たないグループであり，もう1つは，例(94)(95)(96)(97)(98)のような，従属節の動きの主体（「赤ちゃん」「ハエ」「業者」「障害者」「子ども」）が感情や意識を有するグループである。しかし，従属節述語の表す動きは主節の主体に直接に左右されないという点においては，両者が共通している。

(94) プールでは赤ちゃんが壁にぶつからない（ように／*ために），ラムが寄り添って泳ぐ姿が観察されているという。（『朝日新聞』2009年6月4日）

(95) ハエが食材に付かない（ように／*ために），一人は追い払う係なの。（asahi.com 2011年6月13日）

(96) そこで，観光庁は業者が資金面で困らない（ように／*ために）支援策を考えている。（『朝日新聞』2011年5月9日）

(97) 県は，災害時に介助の必要な障害者が避難所で孤立しない（ように／*ために），基本的な介助方法や接し方を説明したハンドブックを今年度，作成する。（『朝日新聞』2011年6月15日）

(98) 子どもが怖がらない（ように／*ために）照明を少し明るくし，音量を調整して上映する。（『朝日新聞』2011年6月24日）

　例(94)の従属節の主体は「赤ちゃん」であり，主節の主体は「ラム」である。従属節述語としての「壁にぶつからない」は「ガ」格の「赤ちゃん」の位置変化を表し，そのような位置変化は主節の主体としての「ラム」と直接に関わりを持たない。例(95)についても同じことがいえる。従属節の「付かない」という動きの主体は「ハエ」であり，主節の「追い払う」という動きの主体は「一人」である。

　つまり，例(94)(95)(96)(97)(98)のような文環境では，主節主体の立場からみれば，従属節述語の表す動きは他者の変化である。他者の変化だから，主節の主体が直接に意志的コントロールをすることが不可能である。主節の主体が意志的コントロールをできないから，違う主語をとることも当然の帰結である。さらに主節と従属節が異なる主語を有しているので，タメの要求する構文的条件に背反しているのである。

3.4　「Ｖ＋ナイ＋タメ」も「Ｖ＋ナイ＋ヨウニ」も使えるケース

　「Ｖ＋ナイ＋タメ」しか使えないケースと「Ｖ＋ナイ＋ヨウニ」しか使えないケースの存在はけっして，この2種類の目的節がまったく相容

れない関係にあることを意味しているわけではない。というのは，第3種の可能性があるからである。例えば，例(99)～(105)のような文環境では「Ｖ＋ナイ＋タメ」も「Ｖ＋ナイ＋ヨウニ」も適格である。

しかし，両方が許容される原因は単純に日本語記述文法研究会（2008：233－238）で示された「積極的に実現させようとしている」か否かということに帰してはならない。適格性の判断は目的節の述語に不利益の含意があるかどうかをみなければならず，その上，どのような構文的条件を有しているかもみなければならない[5]。

(99) 同じ過ちを繰り返さない（ため／ように），平和憲法を次の世代に引き継いでいきたい。（『朝日新聞』2009年3月6日）
(100) 公営企業に迷惑をかけない（ため／ように），納付ではなく貸し付けの形を取っている。（『朝日新聞』2009年11月18日）
(101) 社内の仲間を乳がんで失わない（ために／ように）私は，検診をみんなにすすめます。（『朝日新聞』2009年7月31日）
(102) 私は無駄を出さない（ため／ように），剣で丁寧に根を切り取り，水で洗い，皮を剥いた。（大岡昇平『野火』）
(103) 私は懐中電灯の光を彼女の背中にしっかりとあて，その姿を見失わない（ように／ために）死にもの狂いで前に進みつづけた。（村上春樹『世界の終りとハードボイルド・ワンダーランド』）
(104) 商機を逃さない（ように／ために），資生堂は，中国向けの商品はほかの海外向けと違う成分をつかい，販売できるようにしている。（『朝日新聞』2012年3月8日）
(105) 板長の土岐篤司さん（41）は「淡泊なタイの味を損なわない（ように／ために），だしの味を調整する。そのバランスが難しい。」と話す。（『朝日新聞』2011年9月26日）

「Ｖ＋ナイ＋タメ」も「Ｖ＋ナイ＋ヨウニ」も使えるケースについて，さらに2つのグループに分けられる。1つは例(99)(100)(101)(102)(103)

(104)(105)のような従属節の述語が格助詞の「ヲ」の前置を要求するグループであり，もう1つは例(106)(107)(108)(109)のような従属節の述語が格助詞の「ヲ」の前置を容認しないグループである。

(106) 中国移動（China Mobile）の会長を務める王建宙氏も，15日の基調講演の中で同じような意見を述べており，この落とし穴には<u>まらない</u>（ために／ように）技術革新を続けるよう通信事業者に提言している。（『朝日新聞』2011年2月17日）
(107) 毎日，僕は夕方には滅茶苦茶に混雑する電車に揉まれて，夜学の勤めに出なければならなかった。僕は<u>疲れない</u>（ために／ように），時間をゆっくり費して駅まで辿りつく。（『日本の原爆文学1』）
(108) 二度と悪夢に<u>襲われない</u>（ために／ように），このままで夜の明けるのを待とうとおぬいは決心した。（『日本文学全集25　有島武郎集』）
(109) その舞台裏では，選手も応援の人たちも，<u>熱中症にならない</u>（ように／ために）水分補給や体を冷やす工夫をしたはずです。（asahi.com 2010年9月7日）

例(106)(107)(108)(109)の従属節の述語は格助詞の「を」の前置を容認しないという点においては，例(89)〜(93)と共通している。また，従属節の述語が「意志的な動き」を表さない点においても，例(89)〜(93)の従属節の述語と共通しているのである。ただし，例(106)(107)(108)(109)の従属節の述語が「意志的な動き」を表さないにもかかわらず，タメの後接を容認しているのである。この点においては，例(89)〜(93)と違うと認めなければならない。

しかし，例(106)(107)(108)(109)のような文環境にタメが生起しうるとなると，1つの問題が生じてくる。それは従属節の述語がともに格助詞「を」の前置を容認せず，ともに「意志的な動き」を表さないのに，

なぜ例(106)(107)(108)(109)ではタメが容認され，例(89)～(93)ではタメが容認されないかという問題である。

この問題を解決するのに，従属節述語の表す動きと主節の主体との関わりに注目しなければならない。例(89)～(93)では主節と従属節が異なる主体の動きを表し，2つの主体が存在しているのに対して，例(106)(107)(108)(109)では，従属節述語の表す動きは主節の主体自身の動きであり，つまり，従属節の述語と主節の述語が同一の主体の動きを表しているのである[6]。その点においては両者の違いがはっきりしている。

具体的にいえば，例(106)(107)(108)(109)については，従属節の述語としての「落とし穴にはまらない」「疲れない」「襲われない」「熱中症にならない」が主節の主体としての「王建宙氏」，「僕」，「おぬい」，「選手・応援の人たち」自身の動きとして解釈できる。（主節の）主体がそのような不利益を含意する動詞の肯定形の表す動きの発生を促すことは考えられないが，否定形の表す状態の維持・保全を目指すならば，関与できないことはない。つまり，例(106)(107)(108)(109)のような従属節の述語の表す動きはやはりある程度（主節の）主体の意志によってコントロールできるのである。

一方，例(89)～(93)についてはそのように解釈することができない。主節と従属節が異なる主体の動きを表しているから，主節の主体が従属節述語の表す動きに直接に関わることが不可能である。これが例(89)～(93)においてタメが排除される原因である。

このことから，従属節の述語と主節の述語が同一主体の動きを表していれば，それが「落とし穴にはまらない」「疲れない」「熱中症にならない」のような動きであっても，「V＋ナイ＋タメ」の使用が可能だといえる。ただし，「V＋ナイ＋タメ」が用いられた場合は「否定形の表す状態の維持・保全を目指して努力する」のように解釈しなければならず，「V＋ナイ＋ヨウニ」が用いられた場合は「否定形の表す状態の不変を待ち望む」のように解釈しなければならない。

4　本章のまとめ

　以上，目的節を構成する場合のタメとヨウニの成立にどのような意味的制約，統語的制約が課せられているかを確認した。タメによる目的節とヨウニによる目的節の成立は，利益・不利益の含意の有無という従属節述語の意味情報の制約を受けるほかに，主節と従属節の主語の状況という構文的条件の制約も受けなければならない。分析の結果を改めてまとめると，次のようになる。

　肯定形を受けて目的節を構成する場合のタメとヨウニの意味・用法は2つのケースに収斂される。1つはタメしか使えないケースであり，いま1つはヨウニしか使えないケースである。どちらも利益の含意のある述語を受けなければならない。両者の役割分担は次のようにまとめられる。

① 　主節述語の表す動きと従属節述語の表す動きが同一主体によってコントロールされるという文環境では，タメしか用いることができない。

② 　主節述語の表す動きと従属節述語の表す動きが異なる主体によってコントロールされる文環境では，従属節がとりたて詞によってとりたてられる場合を除いて，ヨウニしか用いることができない。

③ 　動作を表す名詞，状態を表す名詞，理念を含意する名詞を受けた場合のタメはヨウニで置き換えることができない。

④ 　従属節がとりたて詞によってとりたてられた場合やタメの後に副助詞の「か」が続いた場合は，ヨウニが排除される。

⑤ 　タメは「ための」「ためだ」の形で単文に用いられるが，ヨウニは単文に用いることができない。

⑥ 　タメの後に話し手の評価を表す形式のみが続いた場合や疑問詞が現れた場合は，ヨウニが制限される。

⑦ 　従属節の述語が可能の意味を表す場合や状態の変化を表す場合

はヨウニしか用いることができない。
　⑧　ヨウニは形容詞や接尾語の「〜やすい」「〜にくい」を受けるが，タメはそのように用いることができない。

　否定形を受けるタメとヨウニの意味・用法は，タメしか使えないケース，ヨウニしか使えないケース，タメもヨウニも使えるケース，のように3つに分けられる。どちらも不利益の含意のある述語を受けなければならない。否定形につくタメとヨウニの意味・用法は次のようにまとめられる。
　①　主節に疑問詞が現れ，情報獲得を目的とする疑問文が構成された場合は「Ｖ＋ナイ＋タメ」が用いられ，「Ｖ＋ナイ＋ヨウニ」は用いられない。
　②　タメの後に話し手の評価を表す形式のみになった場合は，「Ｖ＋ナイ＋ヨウニ」が制限される。
　③　主節の述語と従属節の述語が異なる主体の動きを表す場合は「Ｖ＋ナイ＋ヨウニ」が用いられ，「Ｖ＋ナイ＋タメ」は制限される。ただし，漸次的に進む動き，もとの状態に戻しうる動きを表す場合は「Ｖ＋ナイ＋タメ」も容認される。
　④　主節と従属節が同じ主体の動きを表す場合は，「Ｖ＋ナイ＋タメ」も「Ｖ＋ナイ＋ヨウニ」も許容される。ただし，「Ｖ＋ナイ＋タメ」型の目的節は「否定形の表す状態の維持・保全を目指して努力する」という含みを持ち，「Ｖ＋ナイ＋ヨウニ」型の目的節は「否定形の表す状態の不変を待ち望む」という含みを持つ。

　このように，本研究の結論はこれまでの研究より一歩前進していることは明らかである。とくに従属節の述語が否定形である場合の役割分担に関する記述は先行研究を覆したといっても過言ではない。

注
1) 肯定形につくタメとヨウニの文法性判断は8名のネイティブの方に協力していただいた。肯定形を受ける場合の用例について，タメもヨウニも使える回答がなかった。
2) 「健康のため」「幸福のため」と「未来のため」「環境のため」における「健康」「幸福」と「未来」「環境」はともに名詞としてみることができるが，両者には違いがある。統語的に「未来な人」とはいえないが，「健康な人」とはいえるからである。
3) ヨウニの基本形「ようだ」は文末に用いらるが，そのような場合は様態や推測を表し，目的を表すのではない。
4) 安達太郎（1999：11-13）のいう真偽疑問文は「これは最新の技術ですか」のように聞き手に問いかけて，そうすることによって情報の不確定性を解消するものである。一方，いわゆる補充疑問文は「何をしますか」のように聞き手に問いかけて，そうすることによって情報の獲得を意図するものであろう。前者では不明な事がらは「最新の技術」の真偽であり，後者では「何」で表されている「する」の内容である。
5) 前田直子（2006:43）では次の2つをヨウニの使用条件としてまとめられている。
　　ⅰ 同一主体で，非意志的・状態的述語を受ける場合
　　ⅱ 前節と後節の主体が異なる場合
しかし，「同一主体で，非意志的・状態的述語を受ける場合」という条件は「僕は疲れない（ために），時間をゆっくり費して駅まで辿りつく」のような表現にも当てはまるので，使い分けの基準としては不十分である。
6) 従属節に主語が形として現れていなくても，それが主節の主体自身の動きとして認められない場合がある。例えば，次の用例の中の「見えない」は主節の主体の動きとしては考えにくい。
　　（1）彼女は私に本をわたしてそのかわりに私からアイスクリームをうけとり，表から見えない（ように／*ために）カウンターの中で下を向いて食べはじめた。(村上春樹『世界の終りとハードボイルド・ワンダーランド』
この文における「彼女」は「下を向いて食べはじめた」の主体であり，「見えない」という状態の主体ではない。

第3編
中国語の目的表現と日本語の目的表現に関する総合的分析

第9章
一次的目的表現の対照分析

1 はじめに

　第1編と第2編では，類義語研究の観点から，中国語の一次的目的表現と二次的目的表現の使い分け，及び日本語の一次的目的表現と二次的目的表現の使い分けを考察し，文法機能の違いなどを明らかにした。この第3編では，習得研究の観点から中国語の一次的目的表現と日本語の一次的目的表現の共通点や相違点，及び中国語の二次的目的表現と日本語の二次的目的表現の共通点や相違点を明らかにする。

　中国語の"为了"はすべての動詞と共起して目的節を構成できるわけではない。同じように，日本語の場合もタメを伴い目的節を構成しえない動詞が数多くある。中国語の一次的目的表現と日本語の一次的目的表現は，意味的にまったく同じ共起制限を受けているかどうか，統語的に同じ構文的条件を要求しているかどうか，といった問題はまだ解決されていないようである。

　この章では，目的節述語の意味素性や統語機能に焦点を当て，中国語の"为"類の目的表現と日本語のタメの意味・用法にどんな共通点があり，どんな相違点があるのか，さらに"为"類の目的表現と日本語の二次的目的表現はどのように関連しているのかについてルールを示したい[1]。

2 先行研究の再検討

　"为"類の目的表現とタメの目的用法に関する対照研究は管見の限り，未だ見当たらないが，"为了"の目的用法に関する個別研究なら呂叔湘（1980），江天（1983），古川裕（2000）などがあり，タメの目的用法に関する個別研究なら，前田直子（1995, 2006），于日平（2000），日本語記述文法研究会（2008）などがある。

　中国語の目的表現に関する従来の研究はもっぱら意味解釈に集中している。例えば，"目的是要达到怎样"（何かを達成するためのもの），"目的是要避免怎样"（何かを回避するためのもの）（江天1983：287-289）[2]のような捉え方は単に何を表しているかを記述したにすぎない。しかし，習得研究の立場からみれば，どんな動詞が，どんな場合に，どんな目的を表すマーカーを伴い目的節を構成しうるかについて，具体的なルールを示すことは誤用を予測し事前に回避したり，誤用が起こった場合，その原因を理解したりするために現実的な意味を持つものと思われる。一例を示せば，

(1) a 为了不伤到幸存者，官兵们用双手掏、挖、刨。（《人民日报海外版》2008年5月26日）（生存者を傷つけないように兵隊が両手で取り出したり掘ったりした。）
　　 b *为了伤到幸存者，官兵们用双手掏、挖、刨。

　なぜ例(1)aは適格で例(1)bは不適格なのかについては，いわゆる「達成」と「回避」のような解釈だけでは，誤用の予測に役に立たない。意味解釈のほかに，目的節述語の意味素性や構文的特徴なども視野に入れておくべきだろう。

　一方，タメの使用条件について，日本語記述文法研究会（2008：235）では「目的節の事態が明らかに意志的な動きである場合には『ため(に)』が用いられ，そうでない場合には『ように』が用いられる。」と

されている。しかし、「意志的な動き」という習得モデルには、例(2)のような目的用法が当てはまらない。

(2) だが、内部が空洞の張り子である本体が乾いても<u>ひび割れないためには</u>、純度が高い高価な漆が必要だった。(『朝日新聞』2009年5月15日)

「ひび割れる」は意志的な動きではないにもかかわらず、その否定形がタメを伴い目的節を構成しうるのはなぜか。また例(3)のように、「守る」は肯定形のみが目的節を構成しうるのはなぜなのか。このような疑問に答えるのに新たな視点が必要である。

(3) a 地球環境を<u>守るために</u>、自分のできることをしよう。(『朝日新聞』2010年6月18日)
　　b *地球環境を<u>守らないために</u>、自分のできることをしよう。

例(1)aや例(2)が適格なのは恐らく主節の主語や話し手の立場からみて、"伤到"や「ひび割れる」の意味情報に不利益が含意されていることと関係があるだろう。一方、例(3)bが不適格なのは、「守る」に利益の含みがあることに起因していると考えられる。さらに、例(1)(3)は主節と従属節が同一主語を共有しているのに対して、例(2)は主節と従属節が異なる主語を有しているのである。中国語の"为"類の目的表現と日本語のタメの使用条件に、ともに同一主語を共有するか否かという条件がかかわっているのは興味深いところである。

以上のような問題意識をもって、本研究は、意味的に従属節の述語に主節の主語や話し手にとって利益・不利益の要素が含まれているか否か、統語的に主節と従属節が同一主語を共有するか否かという観点から対照分析を試み、新たに習得モデルを模索する。

3 "为"類の目的表現とタメの共起制限の比較

　この節では，利益・不利益という観点から"为"類の目的表現とタメの共起制限のあり方を検討する。ここでいう利益・不利益は主節の主体の立場からみた場合の結果であり，それは例えば，次の例(4)～(9)のように，主に従属節の述語の含みとして含意されるのである（cf. 第1章）。

(4) 为了保证林一的安全，几个情报站负责人都作了周密安排。（《人民网》2009年12月18日）（林一の安全を守るため，諜報部の責任者たちが綿密に段取りをしておいた。）
(5) 6者協議を推進するために積極的に努力する。（『朝日新聞』2010年5月13日）
(6) 为了不留下遗憾，不少人特意准备了收音机。（《人民日报》2009年10月3日）（心残りがないように，多くの人がわざわざラジオを用意しておいた。）
(7) 感染を広げないためにも，厚労省は検査目的の献血はやめるよう呼びかけています。（『朝日新聞』2010年5月25日）
(8) 某些商家是什么高招都想得出来的。为了卖房子，无所不用其极甚至不惜"挑拨"男女关系，这样的广告宣传不仅低俗，还非常不厚道。（《东南快报》2009年4月26日）（うまい考えを思いつく会社がある。家を売るために，あの手この手を使っていて男女関係を利用するケースもある。このような宣伝は低俗で配慮に欠けている。）
(9) 直接商品を選び，直接売るため，基行社長は百貨店への飛び込み営業を始めた。（『朝日新聞』2010年5月26日）

　主節の主体の立場に立って考えれば，例(4)(5)の従属節における"保证"や「推進する」は利益を含意する動詞であり，例(6)の"留下遗憾"，例(7)の「感染を広げる」は不利益を含意する動詞フレーズである。ま

た，例(8)では文脈からみて"卖"ということは利益の含みを有し，例(9)の「売る」も文脈からみて利益の含みがあるものとして解される。"为"類の目的表現とタメの共起制限について，第1編と第2編の分類に基づいて，改めて整理すると，次のようになる。

タイプ1：利益が含意される動詞・動詞フレーズ
  a：動詞
   中国語の動詞："赢得""胜利""争取""考上""赚取""克服""巩固""促进""督促""呵护""确保""保护""击败""纠正""根治""挽回""弥补"……
   日本語の動詞：「勝つ」「勝ち取る」「受かる」「もうかる」「稼ぐ」「合格する」「克服する」「改善する」「獲得する」「是正する」「退治する」……
  b：動詞フレーズ
   中国語の動詞フレーズ："疗伤""排毒""止血""除害""养颜""强身""取暖""得奖""有效利用""辟谣""避邪""抗灾""防盗""救市""减排""拿冠军"……
   日本語の動詞フレーズ：「病気を治す」「損失を取り返す」「疲れを取る」「血を止める」「害虫を絶やす」「成功を収める」「若さを保つ」「安全を守る」「人気を取り戻す」「立派に育てる」「有効に利用する」「ベストを尽くす」……

タイプ2：不利益が含意される動詞・動詞フレーズ
  a：動詞
   中国語の動詞："失去""失败""丢失""延误""贻误""误伤""误判""遗漏""漏掉""弄丢""饿死""输掉""浪费""感染""病倒""上当""穿帮""惊扰""赔本""迟到""辜负""连累""伤及""殃及""损害"……
   日本語の動詞：「失う」「損なう」「損ねる」「誤る」「逃す」「溺れる」「捕まる」「陥る」「敗れる」「失敗する」「餓死する」「流血す

る」……

b：動詞フレーズ

中国語の動詞フレーズ："出事故""留把柄""露馅儿""露丑""受迫害""树敌""留后遗症""丢面子""迷路""碰钉子""生病""出问题""影响工作"……

日本語の動詞フレーズ：「悪影響を与える」「失敗を繰り返す」「迫害を受ける」「事故を起こす」「信用を落とす」「誤解を招く」「咎めを受ける」「前轍を踏む」「溝を広げる」「被害に遭う」「合併症になる」「罠にかかる」……

タイプ3：利益・不利益について中間的な動詞

中国語の動詞："唱""进行""卖""买""切""吃""喝""使用""生产""继续""说""说出""炒""煮""蒸""看""听"……

日本語の動詞：「歌う」「行う」「売る」「買う」「切る」「食べる」「飲む」「使う」「つくる」「続く」「話す」「見る」「聞く」「使用する」……

　利益・不利益という意味素性に，さらに主節の述語と従属節の述語が同一主語を共有するか否か，という構文的な条件を重ねてみるとどうであろうか。これまで筆者の収集した用例によって分析してみた結果，中国語の"为"類の目的表現は，常に主節と従属節が同一主語を共有するという構文的条件を要求するのに対して，日本語のタメは主節と従属節が異なる主語を有することもある[3]。

　さらに，共起制限の観点からみれば，タイプ1に属する動詞や動詞フレーズは"为了""为"・タメを伴い目的節を構成できるのに対して，タイプ2の動詞や動詞フレーズは"为了""为"・タメを伴い目的節を構成できない。しかし，"为了＋不＋V"・「V＋ナイ＋タメ」のような形で目的節を構成することが可能である[4]。タイプ3の動詞は文脈からみて，利益の含意があれば，"为了""为"・タメを伴い目的節を構成し，不利益の含意があれば，"为了＋不＋V"・「V＋ナイ＋タメ」型の目的

節を構成するのである。

　このように，主節と従属節が同一主語を共有しているか否か，従属節の述語に利益（不利益）の含意があるかないかということは中国語の一次的目的表現と日本語の一次的目的表現の成立に大きくかかわっているのである。以下では，このような見解について，具体的な用例を通して，その妥当性を証明する。

4　"为"類の目的表現の意味・用法の概観

　対照研究を行う場合，まず個別言語にまつわる諸現象を概観しておく必要がある。第3節で述べたように，"为了""为"による目的表現の成立は従属節と主節が同一主語を共有し，かつ従属節に利益の含意があるという条件が必要である。利益の含意は動詞のほかに，動詞フレーズに含まれることがある。

(10)　a 有些日本商人<u>为了打赢</u>经济仗，挖空心思研究中国的兵书。(《经济日报》1992年11月20日)（商戦を勝ち抜くために，多くの日本人ビジネスマンが知恵をしぼって中国の兵書を研究している。）
　　　b＊有些日本商人<u>为了不打赢</u>经济仗，挖空心思研究中国的兵书。
(11)　a <u>为了找到</u>人物的形体自我感觉，我每天坚持练摔跤的基本动作。（刘章春《茶馆的舞台艺术》）（役者の感覚を身に付けるために，わたしは毎日レスリングの基本動作を反復した。）
　　　b＊<u>为了不找到</u>人物的形体自我感觉，我每天坚持练摔跤的基本动作。

　第3節の分類に照合すれば，例(10)(11)における"打赢"や"找到"は，その語彙情報に利益が含意されているので，タイプ1に属するものである。このような動詞は"为了"となじむ関係にあるが，"为了＋不"とはなじまない関係にある。そのため，例(10)bと(11)bは成立しない。

これと逆に，次の例(12)(13)における"辜负"や"耽误"のような動詞は不利益を含意しているため，"为了"とは共起しにくい。

(12) a 他已经快五十岁了，<u>为了不辜负</u>这美好的岁月，他给自己定下一个指标。(《报告文学》1985 年 12 期)（彼はまもなく 50 歳になる。幸せな日々を無駄にしないように，彼は指標をつくった。）

　　 b＊他已经快五十岁了，<u>为了辜负</u>这美好的岁月，他给自己定下一个指标。

(13) a <u>为了不耽误</u>试验的进展，郭士魁决定先在自己身上做试验。(《人民日报》1981 年 2 月 17 日)（実験を遅らせないために，郭士魁はまず自分の体を使ってテストを実施することにした。）

　　 b＊<u>为了耽误</u>试验的进展，郭士魁决定先在自己身上做试验。

"辜负"や"耽误"は"为了"と共起することができないとはいうものの，そのようなことの発生を望まない場合は，"为了＋不"を伴い目的節を構成することが可能である。例(1)の"伤到"もこの類に入る。目的節と主節が同一主語を共有するのは，例(10)(11)(12)(13)の共通した構文的特徴である。

"为"も目的節を構成することがある。しかし，"为＋不"はあまり使われない。一方，"为"は名詞を伴い動作の受益者を導き出す用法も併せ持っているのに対して，"为了"は同様な意味機能を有していない（cf. 第 1 章）。

(14) 当日，于都 14 名志愿者在东溪小学开展学雷锋助学活动，<u>为孩子们</u>送去 480 余套精心挑选的课外图书。(《江西日报》2012 年 3 月 5 日)（当日，于都の 14 名のボランティアは東溪小学校で雷鋒に学ぶ活動を行い，子どもたちのために 480 冊の課外読み物を選び寄付した。）

　例(14)に示すように，"为"は目的と原因・理由を表すほかに，受益

者を表すことも可能である。それに対して，"为了"は受益者を表すことがない。役割が違うので，例(14)における"为"は"为了"で置き換えていうことができない。

タイプ3に属する動詞が"为了"を伴い目的節を構成できるかどうかについては，文脈からみて，利益の含意があるかないかによる。

(15) 一些地方政府<u>为了减少</u>投入，就对公办幼儿园进行转制或外包。至此，绝大部分的学前教育经费已经转移到社会尤其是家长的身上。(《南方日报》2010 年 7 月 28 日)（一部の地方政府は支出を減らすために幼稚園を外部に委託した。これで多くの就学前教育の経費は保護者に押し付けられた。)

文脈からみて，例(15)における"减少"には利益の含みがあると考えられる。しかし，例(16)になると，同じ"减少"でありながら，文脈からみて，それが不利益を含意しているため，"为了＋不"のみが許容される。

(16) <u>为了不减少</u>联赛的总场次，在保证常规赛场次的同时，中国篮协增加了季后赛每轮比赛的场次。(《重庆时报》2005 年 9 月 20 日)（リーグ戦の試合回数を減らさないため，中国バスケット協会は定期戦の試合回数を保証すると同時に，リーグ戦後の試合回数を増やした。)

このように，タイプ3の動詞は文脈の制約を受けながら，"为了"とも，"为了＋不"とも共起するのである。例(8)の"卖"もこの類に入る。そして，例(15)(16)では主節述語の表す事柄と従属節述語の表す事柄が同じ主体によってコントロールされているのである。次は動詞フレーズに焦点を当ててみる。

(17) <u>为了降低成本</u>，已有人设计出一种带有斜面盖子的玻璃箱。(叶永

烈《中国科学小品选》）（コストを下げるため，斜めの蓋のつくガラス箱をデザインした人がいる。）

(18) 由于大多数现榨饮料经营者都是小本经营，<u>为了不增加经营者负担</u>，提倡免费备案。（《人民日报》2010 年 8 月 30 日）（作り立てのドリンクを扱うほとんどの店は規模が小さいので，経営者の負担を増やさないため，無料登録が唱えられた。）

"降低"は直接に利益・不利益と関わりを持たない。しかし，"成本"のような名詞と共起した場合，利益の含意を含むことになる。このような意味特徴を有する動詞フレーズは"为了"と共起するが，"为了＋不"とはなじまない関係にある。一方，"增加"は"负担"のような名詞と共起した場合，不利益を含意することになる。通常，このような動詞フレーズは"为了"とは共起しない。例(17)(18)では，主節と従属節が同じ主語を共有しているのである。

何かを目指すということを示すのは目的表現の根本的な意味特徴である。そのため，目的節に積極性が欠けてはならない。受身表現は消極的な事態として捉えられがちであるが，例(19)(20)のように，"为了"を伴い目的節を構成した場合は，必ずしも消極的な意味を表すとは限らない。

(19) 像朱宁东一样，很多"80后"<u>为了被选上志愿者</u>，尽管身体看上去不强壮，也"非常非常踊跃"地说"我是从农村来的，天天搬东西很有力气"。（《人民网》2008 年 6 月 3 日）（朱寧東さんのように，多くの「80 後」[5]はボランティアに選ばれるために，体が強くみえないにもかかわらず，我勝ちに「田舎から来た。毎日荷物を運ぶので，力がある」と言う。）

(20) 自杀不成，<u>为了被判死刑</u>，或盼被人杀死，小伙王某竟然动手杀人。（《人民网》2010 年 7 月 16 日）（自殺に失敗し，死刑になるために，或いは誰かに殺されるために，王という若者は人を殺そうとした。）

例(19)(20)は間接ながら積極的な動きとして捉えられる。一般の状況においては"被判死刑"は不利益なことである。しかし，それが目指すところであれば，"为了"との共起が許される。もちろん"被判死刑"は不利益のこととして捉えられていれば，"为了＋不"と共起することも可能である。さらに，例(21)(22)のように，受身表現は"为了＋不"と共起した場合も，従属節に積極的な含みが認められる。

(21) <u>为了不被别人打扰</u>，他关掉手机，切断了与朋友的一切联系。(《长沙晚报》2010年3月15日)（人に邪魔されないように，彼は携帯電話の電源を切り，友人との連絡を断った。）
(22) 原来，王耀武<u>为了不被活捉</u>，在济南陷落前事先安排多个体态、相貌和他差不多的部下，让他们在被捉后都自称"王耀武"。(《人民政协报》2010年2月5日)（なんだ，王耀武は捕まらないために，済南が陥落する前，彼と体型，容貌が似ている人をさがし，捕まったら王耀武だと言うように命令しておいたんだ。）

"被别人打扰"や"被活捉"は"为了＋不"と共起すると，もともとの消極的な含みがかき消されてしまうのである。このことから，"为了""为了＋不"は何かを目指すという意味を表す点においてはさほど変わらないと考えられる。例(19)(20)(21)(22)についても，主節の主語と従属節の主語が同じであると考えられる。

"为了"を含めた従属節は場合によっては目的と原因・理由のどちらにもとれることがある。ただし，原因・理由を表す場合は，"因为"で置き換えられるのに対して，目的を表す場合はそのように置き換えることができない。

(23) <u>伍班长为了掩护</u>一个朝鲜孩子，受了致命的伤，他牺牲了。(《保卫和平》1956年第10号)（伍班長は朝鮮の子どもを守るために，致命傷を負い命を落とした。）

例(23)の"为了掩护一个朝鲜孩子"の意味については，原因・理由と目的の2つの解釈が可能である。

"为了""为"は基本的には同一主語を共有する文環境を要求するが，可能の意味を表す助動詞の"能"や"能够"が従属節に現れた文環境では主節と従属節の主語が異なっていても生起しうるのである。

(24) <u>为了</u><u>能够</u>弄清她信里的两个地方，<u>我</u>告诉你以下的情况。(《马克思全集》第30卷)（あなたが彼女の手紙の2ヶ所をはっきりとわかるように，以下のことを教えておきます。）

(25) <u>领导们为了他能</u>早日恢复健康，总是嘱咐我们多加个菜，可是有时做点好菜，他总说不爱吃。(何滨，何立群《跟随周副主席在南方局》)（幹部たちは彼が早く回復できるように，料理を増やしなさいと言いつける。しかし，おいしい料理を出すと，彼は決まって好きではないと言う。）

中国語では主節と従属節の主語が異なるケースは従属節に可能を表す助動詞の"能""能够"が現れた場合に限っているようである。

以上は動詞・動詞フレーズとの共起についてみてきたが，"为了"と形容詞との共起について考える場合も利益・不利益というメカニズムが有効である。具体的にいえば，"健康""快乐"のような利益を含意する形容詞は"为了"となじむが，"为了＋不"とはなじまない関係にある。それに反して，"尴尬""难堪"のような不利益を含意する形容詞は"为了＋不"と共起できるが，"为了"とは共起できない。

(26) a <u>为了健康、快乐</u>，我希望大家一定注意避免喝过量。(叶永烈《中国科学小品选》)（健康で楽しい生活を送るために，酒を飲み過ぎないようにしていただきたい。）

　　b *<u>为了不健康、快乐</u>，我希望大家一定注意避免喝过量。

(27) a 那时工地上连女厕所都没有。<u>为了不尴尬</u>，她每天早上出门时坚

持不喝水，晚上回宿舍第一件事就是抱着水猛灌。(新华社《成为"极限战士"的五个关键词》)（当時，現場には女性トイレさえなかった。トイレで困らないように，彼女は出勤時には水を飲まず，帰宅するとまず水をたくさん飲んだ。）

b *<u>为了尴尬</u>，她每天早上出门时坚持不喝水，晚上回宿舍第一件事就是<u>抱</u>着水猛灌。

このように，形容詞も"为了"を伴って目的節を構成できるのは，利益を含意する一部の語に限られ，"为了＋不"を伴って目的節を構成できるのは，不利益を含意する一部の語に限られるのである。

5　目的を表すタメの意味・用法の概観

タメの目的用法について考える場合も目的節述語の意味素性を無視してはならない。利益の含みがあれば肯定形がタメを伴い，不利益の含みがあれば否定形がタメを伴うのが普通である。例（28）（29）と（30）（31）を比較してみたい。

(28) a 地球環境を<u>守るために</u>，自分のできることをしよう。(例(3)を再掲)
　　 b *地球環境を<u>守らないために</u>，自分のできることをしよう。
(29) a 韓国は南ベトナムを<u>支援するため</u>，派兵した。(『朝日新聞』2008年1月29日)
　　 b *韓国は南ベトナムを<u>支援しないため</u>，派兵した。
(30) a 社内の仲間を乳がんで<u>失わないために</u>私は，検診をみんなにすすめます。(『朝日新聞』2009年7月31日)
　　 b *社内の仲間を乳がんで<u>失うために</u>私は，検診をみんなにすすめます
(31) a 乳腺の中に隠れてしまうがんを<u>見逃さないため</u>，なるべく乳腺

を薄くして押しながら写真をとる，ということを理解してください。(『朝日新聞』2009年10月2日)
　　b＊乳腺の中に隠れてしまうがんを<u>見逃すため</u>，なるべく乳腺を薄くして押しながら写真をとる，ということを理解してください。

　タイプ1に属する「守る」「支援する」には利益の含みがあるので，肯定形がタメを伴い目的節を構成しうる。しかし，否定形はそのように機能することができない。それに対して，タイプ2に属する「失う」「見逃す」は不利益を含意しているので，肯定形が目的節を構成しえない。不利益な結果を目指して努力するということは通常ありえないからである。しかし，否定形の表す状態の維持を目指すのなら，否定形がタメを伴い目的節を構成することが可能である。

　いわば，利益・不利益の含意については，「守る」「支援する」と「失う」「見逃す」が両極にあるため，目的節を構成する場合の使用条件が正反対である。ただし，タメは肯定形に後接しても否定形に後接しても，結果的に利益を目指すという意味を表す点においてはまったく変わりがない。

　また，従属節の述語が肯定形であろうが，否定形であろうが，従属節がとりたてられた場合を除いて，主節と従属節が同じ主語を共有しなければ，タメの意味・用法が成り立たない。同じメカニズムは動詞フレーズにもみられる。

(32)　a ガザの<u>流血を止めるため</u>にもっと積極的に動くべきだ。(『朝日新聞』2009年1月6日)
　　　b＊ガザの<u>流血を止めないため</u>にもっと積極的に動くべきだ。
(33)　a 裁判が終結しても再び私のようなつらく苦しい<u>悲劇を起こさないため</u>，この世から核をなくすよう，体力の続く限り奮闘します。(『朝日新聞』2009年10月1日)

b ＊裁判が終結しても再び私のようなつらく苦しい<u>悲劇を起こすため</u>，この世から核をなくすよう，体力の続く限り奮闘します。

「止める」「起こす」自身は，利益・不利益を含意するわけではない。しかし，特定の名詞と共起し動詞フレーズを構成した場合，利益・不利益を含意することがある。例(32)のように動詞フレーズに利益の含みがあれば，肯定形が目的節を構成することが可能であり，例(33)のように不利益の含みがあれば，「Ｖ＋ナイ＋タメ」型の目的節を構成することが可能である。

例(34)(35)の従属節における「使う」はタイプ３に属するものである。このタイプの動詞は肯定形も否定形も目的節を構成しうる。

(34) 伊丹には滑走路が２本並び，ジェット機中心のＢ滑走路を<u>使うため</u>にはプロペラ機中心のＡ滑走路を横切らなければならない。(『朝日新聞』2009年9月11日)
(35) 核は「使えない兵器」だと言われることがある。だから安心だ，<u>使わないために</u>配備するのだ，という倒錯した論理が，「核抑止」という一見防衛的な言辞を弄して語られる。(『朝日新聞』2009年11月26日)

「使う」自身は利益・不利益に関して中間的である。そのため，肯定形がタメと共起するか，否定形がタメと共起するかについては，文脈からみて，それが利益を含意するか不利益を含意するかによる。いわば，文脈からみて利益の含みがあれば肯定形，不利益の含みがあれば否定形が目的節を構成するのである。例(32)(33)(34)(35)では主節の主語と従属節の主語が同じである。

さきにも述べたように，タメの根本的なはたらきは何かを目指すという意味を示すことにある。そのため，タメは受身表現を受けても，従属節に積極的な意味合いが認められるのである。

(36) 第二次大戦後，国際社会の名誉ある一員と認められるために，日本は日米同盟を機軸とし，「平和外交」と経済発展に徹し，やがて，その基礎の上に，国際社会への「貢献」を旗印として，国際的地位の向上を図った。(『朝日新聞』2008年10月20日)

「名誉ある一員と認められる」ことは利益の含みがあると考えられる。このような場合は肯定形のみがタメを伴うことができる。しかし，タメは多くの場合において，むしろ「れる」「られる」の否定形に続くことが多い。

(37) 二度と悪夢に襲われないために，このままで夜の明けるのを待とうとおぬいは決心した。(『日本文学全集25 有島武郎集』)
(38) 卑怯だと思われないためには，やはり罪を被る方がいいと思った。(『下村湖人全集 第一巻』)

例(37)(38)が適格なのは，事態発生の回避を通じて結果的に利益の実現を目指すと解されうるからである。「悪夢に襲われる」「卑怯だと思われる」のような意味情報では肯定形がタメを伴い目的節を構成することが不可能である。

以上は主節と従属節が同じ主語を共有するケースである。まれではあるが，タメによる目的表現は主節の主語と従属節の主語が異なる場合もある。

(39) 経済が伸びるためには人が伸びることが必要，というのはごく当り前。(『朝日新聞』2008年3月18日)

例(39)は意味的には利益の含みを有し，統語的には主節と従属節が異なる主語を有するものである。構文的条件についていう限り，例(2)もこれとさほど変わらない。日本語記述文法研究会(2008)は「意志的な

動き」を表すことをタメの使用条件としているが，例(39)はこの限りではない。

「伸びる」という動きは人の意志によってコントロールできるものではない。それがタメを伴い目的節を構成できるのは，漸次的に進む動きを表し，利益の含みがあり，従属節がとりたて詞によってとりたてられたからである。例(2)の「ひび割れる」も「意志的な動き」を表すのではない。なぜそれの否定形がタメを伴い目的節を構成できるかについては，従属節がとりたて詞によってとりたてられていることが原因の一つである。そのほか，否定形の表す状態の維持・保全にある程度，意志的コントロールができるからであろう（cf. 第6章）。

日本語のタメも目的と原因・理由の両方を表すことがある。例（40）における「考えないため」は文脈の裏付けがなければ，目的と原因・理由のどちらともいえず，どちらでもあるように思われる。

(40) 考えることは何もなかった。<u>考えないために</u>，すべてを頭の外に放り出しておきたかった。（『豊島与志雄著作集5』）

わずかながら，「幸せ」「幸福」「健康」「安全」のようなナ形容詞と名詞の品詞性を兼備した一部の語はタメを伴い目的節を構成することができる。しかし，イ形容詞はそのような意味機能を持っていない。

(41) 動物の<u>幸せのために</u>どんな工夫ができるか，考えてみよう。（『朝日新聞』2008年7月21日）

「幸せのため」「幸福のため」は，そのような状態の実現を目指すと解される。ただし，統語機能からみて，これらの語がタメを伴う場合は「幸せの」「幸福の」のように展開しなければならないので，名詞として認めるべきである。

6 対照分析

　この節では、習得研究の観点から"为"類の目的表現とタメによる目的表現にどんな共通点があり、どんな相違点があるかについて、誤用の予測に向けて考察を試みる。具体的に、どんな現象が日本語では明示的に表れ、中国語では非明示的になっているのか、また、どんな現象が中国語では明示的に表れ、日本語では非明示的になっているのかということを浮き彫りにする。

　日本語の表現、中国語の表現を問わず、タイプ1aグループに属する動詞・動詞フレーズはタメ、または"为了""为"を伴い目的節を構成することができる。

(42) a 弟の学費や家族の生活費を稼ぐためにレストランで働いた。
　　　（『朝日新聞』2015年3月8日）
　　　b *弟の学費や家族の生活費を稼がないためにレストランで働いた。
(43) a 为了赚弟弟的学费和家里的生活费而在餐厅打工[6]。（作例）
　　　b *为了不赚弟弟的学费和家里的生活费而在餐厅打工。

「稼ぐ」は利益の含みを有するものである。そのため、例(42)aは成立するが、例(42)bは成立しない。これと同じように、中国語の"赚"も利益を含意しているため、例(43)aは適格であるが、例(43)bは不適格である。

　一方、タイプ2に属する動詞・動詞フレーズは"为了"、またはタメを伴い目的節を構成することができない。

(44) a このチャンスを逃さないためにも、こうした企画で挑戦したい。
　　　（『朝日新聞』2010年4月24日）
　　　b *このチャンスを逃すためにも、こうした企画で挑戦したい。

(45) a <u>为了不错过</u>这一次机会，希望以这种模式进行尝试。（作例）
　　 b*<u>为了错过</u>这一次机会，希望以这种模式进行尝试。

　「逃す」という動きは不利益な結果が予測される。このような動詞の肯定形は目的節を構成することができない。しかし，そのような動きが生じないことを目指す場合は，否定形がタメを伴い目的節を構成することが可能である。「逃す」の訳語としての"错过"も"为了＋不＋V"型の目的節しか構成することができない。このことから，「V＋ナイ＋タメ」型の目的節と"为了＋不＋V"型の目的節を構成する動詞の意味素性はほぼ共通しているといえる。
　このような共起制限上の共通点は動詞フレーズにも観察される。タイプ１ｂグループに属する動詞フレーズは，利益を含意しているので，日本語の場合は例(46)ａのように，肯定形のみがタメを伴い目的節を構成することができ，中国語の場合は例(47)ａのように，"为了""为"のみが許容されるのである。

(46) a <u>メダルを取るために</u>，ベストの状態でもう一度五輪に臨みたい。
　　　（『朝日新聞』2010年4月16日）
　　 b*<u>メダルを取らないために</u>，ベストの状態でもう一度五輪に臨みたい。
(47) a <u>为了拿奖牌</u>，想以最佳状态参加奥运会。（作例）
　　 b*<u>为了不拿奖牌</u>，想以最佳状态参加奥运会。

　次はタイプ２ｂグループの動詞フレーズを比較してみる。「繰り返す」自身には利益・不利益の含意はない。しかし，「惨事」のような不利益を含意する名詞と共起した場合，動詞フレーズに不利益の含意を含むことになる。これと同じように，中国語の"发生"も"惨祸"のような名詞と共起した場合，動詞フレーズ全体が不利益を含意することになる。このグループの動詞フレーズは"为了""为"，またはタメを伴い目的節

を構成することができない。しかし，例（48）a（49）a に示すように，「Ｖ＋ナイ＋タメ」・"为了＋不＋Ｖ"型の目的節を構成することが可能である。

(48) a 惨事を繰り返さないためには何をすべきなのか。（『朝日新聞』2010年3月18日）
    b *惨事を繰り返すためには何をすべきなのか。
(49) a 为了不再发生惨祸，应该做些什么呢？（作例）
    b *为了再发生惨祸，应该做些什么呢？

ところで，タイプ３の動詞はどうであろうか。例(50)(51)に示すように，文脈的に"卖"や「売る」は利益の含みがあるから，"为了""为"，またはタメと共起しうるのである。ただし，文脈的に不利益の含みがあれば，"为了＋不＋Ｖ"・「Ｖ＋ナイ＋タメ」型の目的節が成立しないことはない。

(50) a 有的地方政府为了卖地，从老百姓手里低价拿地，反手一卖几十倍的高价，老百姓当然不服气。（《学习时报》2009年12月22日）
    b *有的地方政府为了不卖地，从老百姓手里低价拿地，反手一卖几十倍的高价，老百姓当然不服气。
(51) a 土地を売るため，一部の地方政府は低価格で庶民の手から土地を買い取って十数倍の価格で転売する。庶民の反発は当然である。（作例）
    b *土地を売らないため，一部の地方政府は低価格で庶民の手から土地を買い取って十数倍の価格で転売する。庶民の反発は当然である。
(52) a 为了不卖房子，借了高利贷，最终保住了房子。（作例）
    b *为了卖房子，借了高利贷，最终保住了房子。

(53) a 家を売らないために，消費者金融で金を借りて売らずにすんだ。
　　　（作例）
　　　b *家を売るために，消費者金融で金を借りて売らずにすんだ。

　さらに主語の状況を比較してみると，日本語の表現も中国語の表現も"为"類の目的表現やタメが現れた場合，主節と従属節が同一主語を共有していることは明らかである。このことから，中国語の"为"類の目的表現と日本語のタメの要求する構文的条件はさほど変わらないといえる。
　以上は共通点をみてきたが，以下では相違点を取り上げる。中国語の"为"類の目的表現は助動詞の"能""能够"を伴い目的節を構成することができる。しかし，日本語の可能表現はタメを伴い目的節を構成する例は見当たらない。

(54) 原安徽省政协副主席王昭耀，出身于贫苦农民家庭，体弱多病的母亲为了他能吃口饱饭，食堂发一个窝头都要留着他放学回来吃。(《人民日报》2007年6月6日)（前安徽省政治協商会議副主席の王昭耀は貧しい農家の出身である。体が弱く病気がちの母は彼が飢えないように，食堂から「窩頭」をもらっていても必ず彼が学校から帰ってくるのを待って彼に食べさせたのだった。）

(55) 2001年中考结束，小凯被县中学录取。但父母为了他能有一个更好的将来，托人找关系把他送进了省重点中学——巢湖一中。(《安徽市场报》2006年12月26日)（2001年の入学試験で，凱君は県立中学校に合格した。しかし，親は彼の明るい将来のために，コネをつけて彼を省の重点学校——巣湖第一中学校に入れた。）

　つまり，一次的目的表現が可能表現を伴い目的節を構成できるか否かという構文的特徴の違いは中国語母語話者の日本語習得に影響を与える可能性が充分に考えられる。学習者が日本語のタメは中国語の"为了"

にあたると仮定するなら，「ご飯が食べられるために，～」「明るい将来があるために，～」のような誤用が出てきても，何も不思議なことはない。ちなみに，大学院に在籍している6名の中国人の留学生に聞いたところ，全員が「ご飯が食べられるために，～」「明るい将来があるために，～」は適格だと答えた。これは中国語の"为"類の目的表現の持つ文法的な振る舞いから生ずる誤りであろう。

　さらに，誤用は目標言語と類似しているから起こるケースがある。"健康""方便""谨慎""稳定""稳妥""安全""凉快""暖和""舒服""快乐""高兴""幸福""开心"のような好ましい状態を意味する形容詞は"为了"を伴い目的節を構成することができる。しかし，日本語の場合はタメと共起しうるのは「平和」「幸福」「健康」「幸せ」「安全」「自由」のような，いわゆるナ形容詞と名詞の品詞性を兼備したものに限り，イ形容詞はタメを伴い目的節を構成することがない。

(56) <u>为了安全</u>，陈绍禹（王明）要租下整个一层楼……中共中央为此支付了一笔可观的租金。(《同舟共进》2009年第11期)（陈绍禹（王明）は安全のために，ワンフロアーをレンタルしようとした。……中国共産党中央はこれに相当額の金を支払った。）

(57) 天气热得要命，<u>为了凉快</u>，我决定理成平头。(《京华时报》2005年7月1日)（今日は非常に暑い。涼しくなるように，わたしは角刈りにした。）

(58) そういう報告が出れば，船長は直ちに乗組員の生命の<u>安全のために</u>応急処置をとるであろう。(『海野十三全集11』)

(59) 4年前に心筋症を患った同市千間台西3丁目の牧村信彦さん（63）は<u>健康のために</u>毎日約2時間，自宅周辺を散策している。(『朝日新聞』2010年6月15日)

　日本語能力試験N2相当の中国人の留学生に対して，「安全なため，帽子をかぶっている」「涼しいため，クーラーをつけている」といった

表現の適格性について判断してもらったところ，5名のうち，3名が適格と答えた。このような調査の結果は，中国語母語話者の日本語学習者が母語の転移が起これば，形容詞にタメをつけて目的節をつくる可能性があることを示唆している。

　また，中国語の場合は，"尴尬""被动""难堪"のような不利益を含意する形容詞が"为了＋不"を伴い目的節を構成することができるのに対して，日本語の場合はいかなる状況においても，形容詞の否定形がタメを伴い目的節を構成することがない。しかし，「～ことがないように，～」の形であれば，許容されるのである（cf. 第8章）。

(60) <u>为了不尴尬</u>，她每天早上出门时坚持不喝水。（例(27)を再掲）
(61) <u>気まずいことがないように</u>，彼女は出勤時には水を飲まない。（作例）

　話は「意志的な動き」を表すか否かに変わる。前にも述べたように，「伸びる」の肯定形，「ひび割れる」の否定形がタメを伴い目的節を構成しうるのは，それぞれに利益・不利益の含意があり，漸次的に進む動きを表し，従属節がとりたてられているからである。

(62) 経済が<u>伸びるためには</u>人が伸びることが必要，というのはごく当り前。（例(39)を再掲）
(63) だが，内部が空洞の張り子である本体が乾いても<u>ひび割れないためには</u>，純度が高い高価な漆が必要だった。（例(2)を再掲）

「伸びる」こと，「ひび割れる」ことは「意志的な動き」ではないが，「伸びる」ことの発生を目指すならば，例(62)のように肯定形が目的節を構成し，「ひび割れない」状態の維持を目指すならば，例(63)のように否定形が目的節を構成するのである。

　ただし，これは日本語の表現に限ってのことであり，中国語で表現す

る場合は，さらに使役の意味を表す動詞の"使"や"让"を付け加え，そうすることによって「非意志的な動き」を「意志的な動き」に変える必要がある。さらに，例(64)(65)に示すように，"使"の使用によって主節と従属節が同一主語を共有することになるのである。

(64) a <u>为了使（促使）</u>经济增长，人的成长是很必要的，这一点是毋庸置疑的。（作例）
　　 b ？<u>为了</u>经济增长，人的成长是很必要的，这一点是毋庸置疑的。
(65) a 然而，<u>为了不使（让）</u>内部呈空洞纸糊状的本体产生裂痕，需要高纯度的昂贵的油漆。（作例）
　　 b ＊然而，<u>为了不</u>内部呈空洞纸糊状的本体产生裂痕，需要高纯度的昂贵的油漆。

「意志的な動き」という使用条件はむしろ中国語の"为"類の目的表現の構文的条件に合致しているように思われる。例(64)は"使"を省いたら据わりの悪い文になり[7]，例(65)は"使"がないと，非文になってしまうのである。

　このように，主節と従属節が異なる主語を有するタメによる目的表現は中国語の表現になると，"使"や"让"などを付け加え同一主語を共有するという構文に変える必要がある。誤用は第一言語の構造が無標の場合に起こる確率が高い。日本語母語話者のための中国語教育なら，このような相違点は無視してはならない。

7　本章のまとめ

　以上，"为"類の目的表現とタメによる目的表現の類似点や相違点を究明するために，目的節述語の意味素性に基づいた利益・不利益という観点に同一主語の共有の有無という観点を加え，分析を行いその有効性を示した。分析の結果を改めてまとめてみると，次の3点になる。

① 目的節が成立するかどうか，どんな形で構成されるかということは，動詞・動詞フレーズに利益・不利益の含意があるかないかにかかっている。
② 中国語の形容詞は，"为了"とも"为了＋不"とも共起しうるのに対して，日本語の形容詞はタメを伴い目的節を構成することができない。
③ 日本語の場合は，一部の「意志的な動き」を表さない動詞がタメを伴い目的節を構成することができ，主節と従属節が異なる主語を有することも許される。しかし，中国語の場合は，「意志的な動き」を表さない動詞なら，"使"や"让"などの使用が要求され，同一主体による「意志的な動き」に変える必要がある。

注
1) 邢福义（2001）は，目的表現の前件を"目的分句"，後件を"主句"と呼び，前田直子（1995, 2006）は，目的表現の前件を「目的節」「従属節」，後件を「主節」と呼んでいる。本研究は前件の性格を言う場合には「目的節」を使い，主節に対して言う場合には「従属節」を使う。
2) 江天（1983：287-289）では，"为了""为的是""是为了""以便""借以""用以""以"が達成を表すものとされ，"以免""免得""省得"が回避を表すものとされている。
3) このような現象は従属節がとりたてられた場合にみられる。例えば「本体が乾いてもひび割れないためには，純度が高い高価な漆が必要だった。」においては，従属節の主語は「本体」であり，主節の主語は「漆」であると考えられる。
4) あらかじめ考えたもくろみ，或いは思惑の場合はこの限りではない。例えば，「容疑者を逃すために寝たふりをした。」"为了放跑敌人，假装睡着了。"のような結果の発生を意図した場合である。しかし，そのような場合も結果的に主節の主体にとって間接ながら利益になることである。
5) 「80後」は，1980年以降に生まれた「一人っ子」の世代を指す。1990年以降に生まれた若者は「90後」と呼ばれている。
6) 作例は複数のネイティブのチェックを経たものである。
7) 10名の中国語母語話者に対してアンケート調査を行った結果，7名が"使"や"促使"を付け加えたほうがもっと言いやすいと答えた。

第10章
二次的目的表現の対照分析

　中国語の"以便""以期""以求""以防""以免""用以""借以"及び"免得""省得"などは日本語のヨウニで訳すことができるし，また，タメで訳すこともできる。しかし，具体的にどんな場合にヨウニの意味・用法と対応し，どんな場合にタメの意味・用法と対応するかについては明らかにされていない。また，どんな場合にタメとヨウニの両方で訳されうるかについても，まだ明確なルールが示されていない。

　中国語の二次的目的表現は多くの形式がある。それと対照的に，日本語の二次的目的表現はヨウニしかない。言語が違えば，同じ事柄を表現する際，表現の形式に違いが生じるのは当たり前のことである。では，なぜ違いが生じるのか。その違いは無秩序に存在しているのか。その違いを統一的に説明するためには，対照研究の観点から異なる言語の統語的特徴や共起制限を突き合わせ分析していかなければならない。

　この章では，主節と従属節の主語のあり方に焦点を当てて，"以便""以期""以求""以防""以免""用以""借以"及び"免得""省得"の意味・用法とタメやヨウニとの意味・用法を照らし合わせ，どの部分が共通し，どの部分が相違しているかを明らかにし，第二言語教育や第二言語習得のためのルールを確立したい。以下第1節では"以"類の目的表現とヨウニとの対応・非対応関係を明らかにし，第2節では"免得""省得"とヨウニとの対応・非対応関係を明らかにする。

1 "以"類の目的表現とヨウニとの対応・非対応関係

1.1 はじめに

　目的を表す"以便""以期""以求""以防""以免""用以""借以"の意味・用法は目的を表すヨウニと対応することがあり，また，目的を表すタメと対応することもある。しかし，具体的にどんな場合にヨウニの意味・用法と対応し，どんな場合に対応しないかについては，まだ明確なルールが示されていない。

　以下では，目的を表すタメの意味・用法と関連付けて，"以"類の目的表現とヨウニとの対応・非対応関係を明らかにし，そうすることによって第二言語教育や第二言語習得のためのルールを確立したい。

1.2 先行研究の再検討

　中国語の"为了""为"による目的表現，または日本語のタメによる目的表現を一次的目的表現として位置づければ，"以"類の目的表現，またはヨウニによる目的表現は二次的目的表現として位置づけてもよいように思われる。

　"以"類の目的表現とヨウニの意味・用法に関する対照研究は未だみられていない。"以便""以免""用以""借以"に関する研究は江天（1983：287-289），邢福义（2001：126-134），北京大学中文系现代汉语教研室（2004：363-377）に散見されるが，"以便""以期""以求""以防""以免""用以""借以"を一つの体系として，統一的にまとめた研究は战慶勝（2010）しかないようである[1]。

　一方，目的を表すヨウニの意味・用法について，前田直子（2006：37-47）では詳しく述べている。ヨウニの使用条件について，「前節と後節の主体が異なる場合」や「同一主体で，非意志的・状態的述語を受ける場合」にしか用いることができないとされている。しかし，従属節の述語が否定形である場合は，必ずしも「非意志的・状態的述語」を受けなければならないことはない。例えば，例(1)における「汚染水を増や

さない」は「非意志的・状態的述語」とは言いがたい。

(1) 東電は汚染水を増やさないように，19日から1，2号機の原子炉への注水量を減らしている。(『朝日新聞』2011年7月20日)

　従属節の述語が肯定形である場合についていう限り，前田直子 (2006：37-47) で示されたルールは目的を表すヨウニの構文的分布を反映しているかもしれない。しかし，そうだとしても，対照研究の観点からみる場合は，それが必ずしも中国語の目的表現と日本語の目的表現の共通のルールとして役に立つとは限らない。
　つまり，目的を表すタメとヨウニの構文的分布は"为了""为"，または"以"類の目的表現の構文的分布とまったく同様であるとは限らない。中国語の一次的目的表現は日本語の二次的目的表現としてのヨウニが担うべき意味・機能を担うことがありうるからである。例えば，例 (2) における日本語のヨウニは「非意志的・状態的な述語」を受けていることが原因で，タメで置き換えることができない。しかし，このような一次的目的表現と二次的目的表現の役割分担は必ずしも中国語の目的表現にあてはまるとは限らない。

(2) 政府は交雑種を特定外来生物に指定できる（ように／*ために），外来生物法を改正する方針で，いまの国会で改正案が議論されているよ。(『朝日新聞』2013年5月15日)
(2') 政府计划修改外来生物法，以便能把杂交物种指定为特定外来生物，现在国会正在讨论修改方案。
(2'') 为了能把杂交物种指定为特定外来生物，政府计划修改外来生物法，现在国会正在讨论修改方案。

　タメとヨウニの役割分担に基づいて考えれば，例(2)のヨウニは中国語の"为了""为"と非対応関係にあるはずである。しかし，訳文の(2'')

に示すように，例(2)におけるヨウニは"为了""为"で訳してもまったく支障がない。さらに，同じ二次的目的表現でありながら，例(3)の"以便"はヨウニで訳すと非文になる。

(3) 他亲自为几个"斗、批、改"的调查报告写"编者按"，<u>以期</u>向全国推广。《党史文苑》2012年6月1日）
(3') 運動を全国に押し広げる（ために／*ように），彼は自ら何篇かの「闘（争）」「批（判）」「改（造）」関係の報告書に「編者注」を書き加えた。

なぜこのようなずれが生じているのだろうか。このような意味・用法上の食い違いを説明するのに，新たなルールの確立が必要である。以下では，まず中国語の"以"類の目的表現と日本語のヨウニの構文的分布を概観する。そうしたうえで，統語論の観点から"以"類の目的表現とヨウニとの対応・非対応関係について述べる。

1.3 "以"類の目的表現の意味・用法の概観

一口に"以"類の目的表現といっても，その内部に違いがないわけではない。意味的には"以便""以期""以求""用以""借以"が常に利益を含意するものと共起しなければならず，"以防""以免"が必ず不利益を含意するものと共起しなければならない[2]。また，統語的には"以便""以期""以求""以防""以免"は主節と従属節の主語が異なる文においても，主節と従属節が同一主語を共有する文においても機能しうるのに対して，"用以""借以"は"为了""为"と同様に，主節と従属節が同一主語を共有する文においてしか機能しえない。

まず，"以便""以期""以求"の構文的分布をみる。これらのものは接続詞であるがゆえに，常に後件の文頭において機能しなければならない。また，その後には動詞フレーズが後接することも，名詞フレーズが後接することもある。

(4) 目前，各国政府正在推出各种政策，以便稳定国际金融市场。(《南方日报》2008 年 12 月 25 日)（目下，各国の政府は国際金融市場を安定させるために，色々な政策を打ち出している。）

(5) 他总是无情地解剖自己，以期引起党内同志的警戒。(《人民日报》2009 年 2 月 19 日)（党内の注意を喚起するため，彼はいつも容赦なく自己批判をしていた。）

(6) 这两年中，各地采取了许多措施和办法，以求优化本地区的信用环境。(《上海证券报》2003 年 6 月 20 日)（この 2 年間，信用状況を合理化させるために，各地では色々な措置が取られた。）

例(4)(5)(6)では，"以便""以期""以求"の後に動詞フレーズが後接し，二重下線部の"稳定""引起""优化"が従属節の述語として機能している。また，"以便""以期""以求"によって導かれた従属節には主語が存在しないので，当然のことながら波線部の主節主語（"各国政府""他""各地"）は従属節の主語にもなるのである。

つまり，例(4)(5)(6)では，主節の主語（主体）は主節述語の表す事柄だけではなく，従属節述語の表す事柄もコントロールしていると考えられる。このことから，主節の述語と従属節の述語が同一主語を共有するということは，"以便""以期""以求"による目的表現の構文的分布の 1 つとしてとらえられる。

"以便""以期""以求"による目的表現のもう 1 つの構文的分布は主節と従属節が異なる主語を有するパターンである。主節と従属節の主語が異なる場合は，"以便""以期""以求"の後には動詞や動詞フレーズが続くのではなく，名詞や名詞フレーズが続き，主述構造が展開されるのである。

(7) 宋子文在这时提出异议，极力让周恩来说服杨虎城，以便蒋介石和宋美龄在当天同走。(《中共党史研究》2007 年第 2 期)（宋子文はその時，反対意見を述べた。蒋介石と宋美齢が当日一緒に出発できるよ

うに，周恩来に楊虎城を極力説得するように頼んだ。）

(8) 去世前夕，她把这件事记在了本子上，<u>以期家人</u>将来把钱还上。(《人民日报》2009 年 2 月 27 日）（家族が将来お金を返すようにと，彼女は世を去る前にそのことを手帳に書いておいた。）

(9) 训练地通常选在野外各种陌生的地形上，<u>以求新兵</u>能掌握识图用图的真本事。(《中国国防报》2003 年 8 月 26 日）（新兵が設計図の識別と運用を身につけるように，訓練は通常野外の不案内なところが選ばれた。）

例(7)(8)(9)では，主節の主語に対して，従属節の波線部の"蒋介石和宋美齢""家人""新兵"が従属節の主語として機能していると考えられる。つまり，接続詞の直後に名詞や名詞フレーズが現れた場合，それが従属節の主語として機能し，主節の表す事柄と従属節の表す事柄が異なる主体によってコントロールされることになる。例えば，例(7)では主節の主語が"宋子文"であり，従属節の主語が"蒋介石和宋美齢"である。言い換えれば，"宋子文"が"提出异议"の主体であり，"蒋介石和宋美齢"が"同走"の主体である。

次は"以防""以免"の分布状況をみる。"以防""以免"は常に不利益の含意を有する動詞フレーズの後続を要求する点においては"以便""以期""以求"との間に一線を画しているが，統語機能については両者の間に明白な差がないようである。

(10) 在候车室和列车上，不要接受陌生人递来的食品饮料，同时旅客还要注意尽量不要向陌生人购票，<u>以防买到假票</u>。(《山西晚报》2012 年 6 月 13 日）（待合室や列車では知らない人の飲食物をもらわないこと。また，偽切符の被害を受けないように，知らない人から切符を買わないこと。）

(11) <u>孔从周</u>默默地坐在一旁望着他，<u>以免干扰他</u>。(《人物》2008 年第 10 期）（彼の邪魔にならないように，孔叢周は黙って傍に座って彼を眺

めていた。)

(12) 不要公开成立群众团体，不要进行土地改革，以防敌人摧残群众。（《毛泽东选集第四卷》）（敵側が群衆に害を与えないように、公然と群衆の団体をつくるな。公然と土地改革を行うな。）

(13) 但老二老三绝不提起一句，以免别人误会。（《文摘报》2010年4月21日）（しかし、ほかの人たちが誤解しないように、2番目の子と3番目の子はそのことについて一言も言及しなかった。）

　主節の述語と従属節の述語が同一主語と意味関係を結んでいるか否かという点においては、例(10)(11)と例(12)(13)との間にずれがあると認めなければならない。例(10)(11)では、"以免""以防"の後に動詞フレーズが続き、主節と従属節が同一主語を共有しているのに対して、例(12)(13)では"以免""以防"の後に名詞フレーズが続き、主述構造が展開されているので、主節と従属節がそれぞれ独自の主語を有することになる。例(12)(13)の従属節における"敌人摧残"や"别人误会"は主述構造にほかならない。

　以上の分布状況に基づいて、接続詞としての"以便""以期""以求""以免""以防"の統語的特徴を2つのパターンにまとめることができる。1つは [CONJ+VP] というパターンであり、もう1つは [CONJ+NP+VP] というパターンである。[CONJ+VP] のような構造における"以"類の目的表現は"为了""为"、さらに"为了＋不"で置き換えることができる。しかし、[CONJ+NP+VP] のような構造であれば、"为了""为""为了＋不"で置き換えることができない。

　このような見解は例(7)(8)(9)(12)(13)における"以"類の目的表現は"为了""为""为了＋不"で置き換えることができず、例(4)(5)(6)(10)(11)における"以"類の目的表現は"为了""为""为了＋不"で置き換えることができることによって裏付けられる。

　1.5で詳しく述べるが、"以"類の目的表現とヨウニとの対応・非対応関係について考える場合は、[CONJ+VP] と [CONJ+NP+VP] の2つの

第10章　二次的目的表現の対照分析　259

パターンが重要な手がかりとなるのである。次は"借以""用以"の構文的分布を概観する。

(14) 让人民币适度升值，<u>借以缓解</u>进口商品价格上涨的影响。《中国经济时报》2009年4月7日）（輸入品の価格上昇を緩和させるために，人民元を適切に切り上げる。）

(15) 将更多的资源调配到自主创新阶段，<u>用以改善</u>科研条件，完善技术创新体系建设。（《黑龙江日报》2008年12月1日）（科学研究の条件を改善し技術開発の新たな体系を完備させるために，自主的に開発するプロセスに多くの資源を配置した。）

"借以""用以"は動詞として機能することもある[3]。コーパスを調べた結果，接続詞としての"借以""用以"は主節と従属節が同一主語を共有する文にしか現れないようである。つまり，接続詞としての"借以""用以"は [CONJ+VP] のような従属節しか構成しえない。同一主語を共有する文なので，タメで置き換えることが可能である。

1.4　目的を表すヨウニの意味・用法の概観

日本語と中国語の二次的目的表現の形式に目をつける場合，中国語の雑多な形式と対照的に，日本語では，多くの場合において，ヨウニだけが二次的目的表現として機能するということに気付かされる[4]。目的を表すヨウニの意味・機能は主に従属節の述語が非意志的な動きを表す場合，否定形を受ける場合，さらに一部の形容詞や接尾語を受ける場合に分布している。

(16) 会場には，子供たちも<u>楽しめるように</u>縦50メートル横150メートルの巨大コスモス迷路が登場。（『朝日新聞』2010年10月11日）

(17) 今後も来館者が気持ちよく利用<u>できるように</u>努力を重ねていく。（『朝日新聞』2010年10月7日）

統語特徴の角度からみれば，例(16)(17)では主節の述語と従属節の述語がそれぞれ異なる主語と意味関係を結んでいる。また意味特徴の角度からみれば，主節の述語と従属節の述語が異なる主体の動きを表しているのである。つまり，主節の主体が従属節述語の表す動きに直接にかかわらないのである。

　日本語の目的表現では，従属節の述語が可能の意味を表している場合はタメが排除される。しかし，一口に「可能」といっても，その内部に違いがないわけではない。つまり，事柄の性格によって，いわゆる「可能」の意味はさらに能力的に可能なのか，状況的に可能なのかのように二大別されうるのである。

　例(16)(17)では，主節の主体が従属節述語の表す動きを直接にコントロールすることができないので，可能かどうかの原因は主節主体の側にないと考えられる。つまり，従属節述語の表す動きが実現するか否かということは，主節主体の意志と直接に関係しない。このような「可能」は状況可能にほかならない。

　これと対照的に，主節と従属節が同一主語を共有する場合は，可能かどうかの原因が主節主体の側にあり，従属節述語の表す状態は主節主体の意志が関与した結果としてとらえられる。例(18)(19)の従属節述語の表す事柄は，状況的に可能なのか，能力的に可能なのかという点おいては，例(16)(17)との間に違いがあると認めなければならない。

(18) 大西さんは「行けと言われればすぐ行けるように，準備をしていきたい」と抱負を語った。(『朝日新聞』2010年4月12日)
(19) 政府は交雑種を特定外来生物に指定できるように，外来生物法を改正する方針で，いまの国会で改正案が議論されているよ。(例(2)を再掲)

　例(18)(19)における「大西さん」「政府」は主節の述語としての「準備する」「改正する」の主体であると同時に，従属節の「行ける」「指定

できる」といった状態の主体でもある。つまり，主節主体の意志は主節述語の表す事柄だけではなく，従属節述語の表す事柄にもかかわっているのである。可能かどうかは同一主体の意志的作用の結果なので，このような「可能」は能力的可能としてとらえられる。1.5 の対照分析に備え，ここで「状況可能」と「能力可能」を伏線として敷いておきたい。

例 (20)(21) では，従属節述語の表す動きは自然の変化なので，意志的にコントロールすることができないと考えられる。

(20) 公社によると，10 日前後に花が開くように，会場のひまわりの丘約 6 ヘクタールに 42 万本分の種をまいた。(asahi.com 2010 年 8 月 6 日)
(21) 彼はアレクサンダーに「自分に陽があたるように，ちょっと身をよけてくれ，それだけでいい。」と言ったという。(中井正一『知識と政治との遊離』)

「花が開く」「陽があたる」といった動きは主節主体の意志にコントロールされない。意志的コントロールができないことが原因でタメを伴い目的節を構成することが不可能である。

目的を表すヨウニは一部の利益，または不利益の意味を含んだイ形容詞やナ形容詞を受けて目的節を構成することがある。ただし，不利益を含意する場合は否定形を受けなければならない。タメは形容詞を受けて目的節を構成することができない。

(22) 抜け駆けしてドル資産の売却に走ることがないように参加国が目配せする場になった。(『朝日新聞』2009 年 1 月 6 日)
(23) 河本準一は「日本代表として韓国のステージへ上がることになるので，恥ずかしくないように実力を積んでいきたい」と意欲をみせた。(『朝日新聞』2011 年 6 月 27 日)
(24) また，社内で情報整理や追加が可能なように電子データーの一覧

表もお付けしています。(『朝日新聞』2011 年 7 月 19 日)

　さらに，ヨウニは接尾語の「〜やすい」「〜にくい」を受けて目的節を構成することが可能である。「〜やすい」と「〜にくい」は反対の意味を表すとはいうものの，ヨウニを伴い目的節を構成する場合は，それを含めた動詞フレーズに主節の主体，或いは話し手にとって利益の含意がなければ成立しにくい。

(25) 73 校に分れて通うことになった部員たちが<u>移動しやすいように</u>，監督は 200 台以上の自転車を集めてくれた。(『朝日新聞』2011 年 7 月 1 日)
(26) 文具メーカーのプラスは，長時間使っても手が<u>痛くなりにくいように</u>角を斜めにカットした。(asahi.com 2010 年 9 月 22 日)

「手が痛くなる」ということには不利益の意味が含まれている。しかし，このような動詞フレーズが「〜にくい」と一緒になった場合は，利益を含意することになる。例 (25)(26) におけるヨウニはタメで置き換えることができない。
　一部の不利益を含意する動詞や動詞フレーズはヨウニを伴い目的節を構成することができる。ただし，否定形でなければならない。

(27) 東電は<u>汚染水を増やさないように</u>，19 日から 1，2 号機の原子炉への注水量を減らしている。(例(1)を再掲)
(28) 上映中は赤ちゃんが<u>怖がって泣き出さないように</u>照明を明るめにしたり、眠った子を起こさないように音量は小さめにしたり配慮している。(asahi.com 2016 年 2 月 3 日)

　例 (27)(28) に示すように，「V ＋ナイ＋ヨウニ」型の目的節は，主節と従属節が同一主語を共有していても異なる主語を有していてもかまわ

ない。ただし，例(27)のような同一主体の動きを表す文環境であれば，「Ｖ＋ナイ＋タメ」で置き換えることが可能である。一方，例(28)のような，異なる主体の動きを表す文環境であれば，「Ｖ＋ナイ＋タメ」が排除され，「Ｖ＋ナイ＋ヨウニ」のみが容認される。

1.5 対照分析

この節では，習得研究の観点から"以"類の目的表現の意味・用法とヨウニの意味・用法について，タメと関連づけて対照分析を行う。具体的に，主節と従属節が同一主語を共有しているか，異なる主語を有しているかということに焦点を当てて，対応・非対応関係を浮き彫りにする。まず"以便""以期""以求"とヨウニとの対応・非対応関係をみる。

(29) 韓国政府与秘鲁当局及空军保持紧密联系，以便迅速展开搜索工作。(《人民日報》2012年6月8日)(迅速に捜索活動を展開させる（ため／*ように），韓国政府はペルー当局及びペルー空軍と緊密に連携している。)

(30) 他亲自为几个"斗、批、改"的调查报告写"编者按"，以期向全国推广。(例(3)を再掲)(運動を全国に押し広げる（ために／*ように）彼は自ら何篇かの「闘（争）」「批（判）」「改（造）」関係の報告書に「編者注」を書き加えた。)

(31) 韓国政府将重点关注属于自杀高危人群的独居老人，以求降低独居老人的自杀率。(《人民日報》2012年4月24日)(一人暮らしのお年寄りの自殺率を下げる（ために／*ように），韓国政府は自殺率の高い一人暮らしのお年寄りに注意を払っている。)

例(29)(30)(31)における"以便""以期""以求"はヨウニで訳すと非文になる。従属節の述語が意志的な動きを表し，主節と従属節が同一主語を共有していることが主な原因であろう。日本語の目的表現では，従属節の述語が意志的な動きを表し，主節と従属節が同一主語を共有して

いる場合はヨウニが排除されるようである。

　一方，目的を表すタメはとりたて助詞の「は」や「も」によってとりたてられた場合を除いて，基本的には主節と従属節が同一主語を共有する文にしか現れない[5]。つまり，例(29)(30)(31)における"以便""以期""以求"の構文的条件はタメの構文的条件と対応関係にあり，ヨウニの構文的条件と非対応の関係にあるのである。

　しかし，主節と従属節の主語が異なる文における"以便""以期""以求"に目を向けると，まったく逆の対応・非対応関係となることに気付かされる。

(32) 有些公司的老板甚至愿意出钱让员工赶快去休假，以便他们能时时保持精神饱满的工作状态。(《环球时报》2012年5月30)（従業員がどんな時も元気いっぱいで仕事に取り組む（ように／*ために），金を出して従業員に休暇を取らせる経営者もいる。）

(33) 北约正在对忠于卡扎菲的部队进行"攻心战"，以期他们放下武器放弃反抗。(《中国新闻网》2011年5月18日)（NATOはカダフィの部隊が抵抗をやめる（ように／*ために），改心させることに工夫している。）

(34) 驻肯使馆将协助他们在内罗毕顺利转机，以求他们早日回国。(《华声报》2006年8月7日)（在ケニア大使館は彼らが早く帰国できる（ように／*ために），ナイロビでの乗換に協力する。）

　例(32)(33)(34)では主節と従属節の主語が異なっている。そのような文における"以便""以期""以求"はヨウニの構文的条件とほぼ一致している。しかし，タメとの間に大きな隔たりがあると認めなければならない。このことはタメで訳すと，不自然な表現になってしまうということによって裏付けられる。

　中国語の"以便""以期""以求"は可能の意味を表す"能""能够""可以"などを伴い目的節を構成することがある。

(35) 李燕娥把照片摆在自己的房间里，以便随时都能看到。(王凡《宋庆龄的晚年生活》)（いつでも目に入る（ように／*ために），李燕娥は写真を自分の部屋に置いた。）

(36) 300多名初考、中考、高考学生代表在祭孔大典上行"开笔礼"，以期未来能够金榜题名。(《人民网》2012年4月30日)（300名ほどの中学校入試の志願者代表，高校入試の志願者代表，大学入試の志願者代表は試験に合格する（ように／*ために），孔子を祭る式典で「開筆礼」をした。）

(37) 我仍愿永远地批评自己，以求能够稍稍弥补我的罪过。(叶永烈《陈伯达传》)（罪滅ぼしができる（ように／*ために），わたしはずっと自己反省を続けていきたい。）

(38) 宁夏高速交警支队已经全部取消休假，以便可以保证充足的警力来维持秩序。(《银川晚报》2012年10月1日)（十分な人数で秩序の維持にあたる（ように／*ために），寧夏高速警察ではすべての休暇を返上した。）

　例(35)(36)(37)(38)における"以便""以期""以求"はタメで訳すと不適格な表現になってしまう[6]。タメと非対応の関係にあることの原因は従属節述語の前に可能の意味を表す"能""能够""可以"などが生起していることに求められる。この章の1.4で述べたように，日本語の目的表現では，従属節の述語が可能の意味を含めた場合は，ヨウニしか許容されない。それが原因で，"能""能够""可以"を伴った場合の"以便""以期""以求"は一次的目的表現としてのタメとは非対応の関係にあるのである。

　しかし，タメとヨウニのこのような役割分担はそのまま中国語の目的表現にあてはまるわけではない。つまり，日本語の目的表現では，目的節の述語が可能の意味を含めた場合は，タメとヨウニとの間に，はっきりとした一線が画され，ヨウニしか容認されないが，そのような文におけるヨウニは構文的条件の違いによって，一次的目的表現としての"为

了""为"で対応できる場合と対応できない場合があるという事実を見逃してはならない。今度は日本語の表現をベースに対応・非対応関係を検証する。

(39) 大西さんは「行けと言われればすぐ行ける（ように／*ために），準備をしていきたい」と抱負を語った。（例(18)を再掲）
(39') 大西说："我要一直准备着，以便能随时奉命出发。"
(39'') 大西说："为了能随时奉命出发，我要一直准备着。"
(40) 政府は交雑種を特定外来生物に指定できる（ように／*ために），外来生物法を改正する方針で，いまの国会で改正案が議論されているよ。（例(2)を再掲）
(40') 政府计划修改外来生物法，以便能把杂交物种指定为特定外来生物，现在国会正在讨论修改方案。
(40'') 为了能把杂交物种指定为特定外来生物，政府计划修改外来生物法，现在国会正在讨论修改方案。

　例(39)(40)では主節と従属節が同じ主語を共有している。そのような文環境におけるヨウニは"以便""以期""以求"はもちろんのこと，一次的目的表現としての"为了""为"とも対応関係にある。しかし，次の例(41)(42)におけるヨウニは例(39)(40)と同様に可能表現を受けているにもかかわらず，"为了""为"とは非対応関係にある。

(41) 会場には，子供たちも楽しめる（ように／*ために）縦50メートル横150メートルの巨大コスモス迷路が登場。（例(16)を再掲）
(41') 场地里出现了上下宽50米、东西长150米的巨大波斯菊迷宫，以便孩子们能玩得开心。
(41'') *为了孩子们能玩得开心，场地里出现了上下宽50米、东西长150米的巨大波斯菊迷宫。
(42) 今後も来館者が気持ちよく利用できる（ように／*ために）努力

を重ねていく。（例 (17) を再掲）

(42') 我们会不懈地努力下去，<u>以便今后来参观的人能心情舒畅</u>。
(42") *<u>为了今后来参观的人能心情舒畅</u>，我们会不懈地努力下去。

例 (41) (42) におけるヨウニは，"以便""以期""以求"としか対応しない。"为了""为"は主節と従属節の主語が異なった文に生起しえないからである。

意味の角度からみれば，例 (39) (40) の従属節述語が「能力可能」を表し，例 (41) (42) の従属節述語が「状況可能」を表している。例 (39") (40") で"为了"が許容されるのは主節と従属節が同一主語を共有し，目的節の述語が能力的可能を表しているからであろう。辞書や教科書では，ほぼ対応関係にあるとされてきた"为了""为"とタメの使用条件は能力的可能を表す場合においては相違しているのである。

"以便""以期""以求"と同じように，"以免""以防"も主節と従属節が同一主語を共有する文にも共有しない文にも生起しうる。ただし，"以免""以防"による目的表現は日本語の表現になると，従属節の述語が否定形になる。

(43) 6月15日是报名的最后一天，请抓紧时间递交申请材料，<u>以免错过6月19日的复试</u>。（《成都晚报》2012年6月14日）（6月15日は応募の締め切りです。6月19日の二次試験の機会を<u>逃さない（ように／ために）</u>，早く応募資料を提出してください。）

(44) 每台挖掘机上除了司机外，都坐着一个消防官兵，死盯工作面，<u>以防错过遇难者遗体</u>。（《华商报》2011年9月21日）（掘削機は運転手のほかに，消防隊員も乗っている。遭難者の遺体を<u>見逃さない（ように／ために）</u>，じっと切り場をみている。）

(45) 不要公开成立群众团体，不要进行土地改革，<u>以防敌人摧残群众</u>。（例 (12) を再掲）（<u>敵側が群衆に害を与えない（ように／*ために)</u>，公然と群衆の団体をつくるな。公然と土地改革を行うな。）

(46) 但老二老三绝不提起一句，<u>以免别人误会</u>。(例(13)を再掲)（しかし、<u>ほかの人たちが誤解しない</u>（ように／*ために），2番目の子と3番目の子はそのことについて一言も言及しなかった。）

例(43)(44)では主節と従属節が同一主語を共有し、例(45)(46)では主節と従属節の主語が異なっている。例(43)(44)の訳文に示すように、主節と従属節が同一主語を共有している場合の"以免""以防"は「V＋ナイ＋タメ」にも「V＋ナイ＋ヨウニ」にも共通しているのである。

しかし、例(45)(46)の訳文に示すように、主節と従属節の主語が異なる文における"以免""以防"は「V＋ナイ＋タメ」とは非対応の関係にある。つまり、例(43)(44)と例(45)(46)における"以免""以防"の統語機能については、一律に解釈してはならない。次は"借以""用以"とタメ及びヨウニとの関わり合いをみる。

(47) 让人民币适度升值，<u>借以缓解进口商品价格上涨的影响</u>。(例(14)を再掲)（輸入品の価格上昇を緩和させる（<u>ために</u>／*ように），人民元を適切に切り上げる。）

(48) 将更多的资源调配到自主创新阶段，<u>用以改善科研条件</u>，完善技术创新体系建设。(例(15)を再掲)（科学研究の条件を改善し技術開発の新たな体系を完備させる（<u>ために</u>／*ように），自主的に開発するプロセスに多くの資源を配置した。）

1.3で述べたように、目的を表す"借以""用以"は常に主節と従属節が同一主語を共有する文環境を要求している。そのため、タメと対応関係にあるが、ヨウニとは非対応の関係にあるのである。

今度は角度を変えて日本語のヨウニをベースにして対応・非対応関係をみる。さきにも述べたように、日本語のヨウニは形容詞や接尾語の「〜やすい」「〜にくい」を受けて目的節を構成することがある。

(49) 各会場ではメディアの取材対応が可能なようにオフィシャルバルーンを用意しています。(asahi.com2013年2月26日)

(49') 为了能够应对媒体的采访，各会场准备了公用气球。

(49") 各会场准备了公用气球，以便能够应对媒体的采访。

(50) 河本準一は「日本代表として韓国のステージへ上がることになるので，恥ずかしくないように実力を積んでいきたい」と意欲をみせた。(例(23)を再掲)

(50') 河本准一信心百倍地说："我是作为日本代表在韩国亮相的，为了不丢丑，我想不断地强化自己的实力。"

(50") 河本准一信心百倍地说："我是作为日本代表在韩国亮相的，我想不断地强化自己的实力，以免丢丑。"

　例(49)(50)では主節と従属節が同一主語を共有している。そのような文環境におけるヨウニは"以"類の目的表現とだけではなく，"为了""为了＋不"にも対応しているのである。しかし，次の例(51)(52)に示すように，主節と従属節の主語が異なる文環境であれば，"以"類の目的表現としか対応しない。

(51) 観光客が避難しやすいように，県は旅行者向けの避難情報をまとめたパンフレットを3万部作成した。(『朝日新聞』2013年5月9日)

(51') *为了游客易于疏散，县里印制了3万部载有疏散信息的小册子。

(51") 县里印制了3万部载有疏散信息的小册子，以便游客易于疏散。

(52) 小さなお子さまが転んでも怪我をしにくいように，フロアマットは柔らかい素材を使用しています。(『朝日新聞』2011年12月19日)

(52') *为了孩童们摔倒了也不至于受伤，地板垫子使用的是柔软的材质。

(52") 地板垫子使用的是柔软的材质，以免孩童们摔倒了受伤。

例(51)(52)は"为了""为"で訳すのなら，その後に使役のマーカーとしての"使"や"让"を入れなければならない。前述の例(39″)(40″)についても同じことがいえる。"使"や"让"の使用によって，主節と従属節の表す事柄が同一主体によってコントロールされることになるので，"为了""为"の生起が可能となるのである。

(51′) 为了(使)游客易于疏散，县里印制了3万部载有疏散信息的小册子。
(52′) 为了(使)孩童们摔倒了也不至于受伤，地板垫子使用的是柔软的材质。

否定形を受ける場合のヨウニは"以免""以防"と対応関係にあることはいうまでもないが，同一主体による動きであれば，"为了＋不"との間にも共通点がみられる。

(53) 東電は<u>汚染水を増やさないように</u>，19日から1，2号機の原子炉への注水量を減らしている。（例（1）を再掲）
(53′) 东电从19日开始一直在减少1号2号反应堆的注入水量，<u>以免</u>增加核污水量。
(53″) <u>为了不</u>增加核污水量，东电从19日开始一直在减少1号2号反应堆的注入水量。
(54) 上映中は赤ちゃんが<u>怖がって泣き出さないように</u>照明を明るめにしたり、眠った子を起こさないように音量は小さめにしたり配慮している。（asahi.com2016年2月3日）
(54′) 放映时提高照明亮度，<u>以免</u>婴儿恐惧啼哭；调小音量，以免惊醒睡梦中的孩子。
(54″) *<u>为了不</u>婴儿恐惧啼哭，放映时提高照明亮度；为了不惊醒睡梦中的孩子，调小音量。

例(53)では主節と従属節が同一主語を共有し，例(54)では，主節と従

属節が異なる主語を有しているのである。訳文に示すように，同一主語を共有した場合のヨウニは，"以免""以防"・"为了＋不"の両方と対応関係にあるのに対して，主語が異なった場合のヨウニは"为了＋不"とは非対応関係にあるのである。

1.6　まとめ

　中国語の"以"類の目的表現は，主節と従属節が同一主語を共有する文にも異なる主語を有する文にも生起しうるのに対して，日本語のヨウニは否定形を受ける場合を除いて，主節の主語と従属節の主語が異なる文においてしか機能することができない。以上の分析の結果は改めて次のようにまとめられる。

① 主節と従属節が同一主語を共有する文における"以便""以期""以求""以免""以防"はヨウニともタメとも対応する。しかし，主節と従属節が異なる主語を有する場合はタメとは非対応関係にある。一方，"借以""用以"は主節と従属節が同一主語を共有する文にしか現れないので，タメと対応するが，ヨウニとは非対応関係にある。

② 能力的可能の意味を含めた述語を受けた場合のヨウニは"以便""以期""以求"とだけではなく，"为了""为"とも対応関係にある。しかし，状況的可能の意味を含めた述語を伴い目的節を構成した場合のヨウニは"以便""以期""以求"とだけ対応し，"为了""为"とは非対応関係にある。

③ 形容詞を受けた場合のヨウニは"以"類の目的表現・"为了""为"の両方と対応関係にある。また，主語の状況にかかわらず，接尾語の「～やすい」「～にくい」を受けて目的節を構成した場合のヨウニは"以"類の目的表現としか対応しない。

④ 否定形を受けた場合のヨウニは主節と従属節が同一主語を共有する文環境であれば，"以"類の目的表現・"为了""为"の両方と対応し，主節と従属節が異なる主語を有する文環境であれ

ば，"以"類の目的表現としか対応しない。

2　"免得""省得"と「Ｖ＋ナイ＋ヨウニ」との対応・非対応関係

2.1　はじめに

　目的を表す"免得""省得"は日本語の「Ｖ＋ナイ＋ヨウニ」で訳すことができるし，「Ｖ＋ナイ＋タメ」で訳すこともできる。また「Ｖ＋ナイ＋ヨウニ」は"为了＋不"に対応することがあり，対応しないこともある。しかし，それぞれがどんな場合に対応し，どんな場合に対応しないかについては，まだ明確なルールが示されていない。この節では，"免得""省得"（場合によっては"为了＋不"）と「Ｖ＋ナイ＋ヨウニ」（場合によっては「Ｖ＋ナイ＋タメ」）との対応・非対応関係を明らかにし，第二言語習得のためのルールづくりを試みる。

2.2　先行研究の再検討

　"免得""省得""为了＋不"とヨウニ・タメとの対応・非対応関係に関する先行研究は未だみられていない。しかし，"免得""省得"の意味・用法に関する個別研究は江天（1983：287-289），邢福义（2001：126-134），北京大学中文系现代汉语教研室（2004：363-377）などに散見され，ヨウニ・タメに関する個別研究は前田直子（2006：37-47）や日本語記述文法研究会（2008：235-238）などにみられる。

　邢福义（2001：126-134）や北京大学中文系现代汉语教研室（2004：363-377）の記述と比べて，江天（1983：287-289）の記述はいささか詳しい。江天（1983：287-289）では，"免得""省得"を"为了"などと同等のものとして扱い，その意味特徴について"它们都表示采取的行动或措施的目的在于避免什么"（これらのものは行動，または対策の目的が何かを避けることにあるということを表す）のように解釈しているが，具体的な使用条件については，踏み込んだ記述がなされていない。

ことばのルールに関する記述は，単に意味解釈だけでは不十分である。つまり，何を表しているかということだけを説明するより，マーカーの担う統語機能をも説明できる形で行わなければならない。その意味でいえば，江天（1983：287-289）の記述は明確なルールを示していない。

一方，目的を表すヨウニ・タメの意味・用法について，前田直子（2006：37-47）では詳しく述べている。ヨウニの使用条件について，「前節と後節の主体が異なる場合」や「同一主体で，非意志的・状態的述語を受ける場合」にしか用いることができないとされている。しかし，下記の例(55)はこれにあてはまるが，例(56)はこれにあてはまらない。

(55) 上映中は赤ちゃんが怖がって泣き出さないように照明を明るめにしたり、眠った子を起こさないように音量は小さめにしたり配慮している。（asahi.com2016年2月3日）
(56) 東電は汚染水を増やさないように，19日から1，2号機の原子炉への注水量を減らしている。（『朝日新聞』2011年7月20日）

例(56)は「前節と後節の主体が異なる」わけでもないし，文中のヨウニが「非意志的・状態的述語」を受けているわけでもない。つまり，従属節の述語が否定形である場合は，同じ主体の動きでも意志的な動きでもかまわないのである。

"为了"とタメを一次的目的表現として位置づけるのなら，接続詞としての"免得""省得"[7]と「ようだ」の連用形としてのヨウニは二次的目的表現として位置づけてもよいように思われる。例(55)におけるヨウニはタメで置き換えられないのに対して，例(56)におけるヨウニはタメで置き換えても差し支えがない。ヨウニとタメのこのような使用条件の違いは中国語の目的表現との互換関係に何らかの形で制約を与える可能性がある。例えば，例(56)の従属節は次の例(56″)のように"为了＋不"で訳すことができるが，例(55)の従属節は例(55″)のように"为了＋不"

で訳すことができない。

(55') 放映时提高照明亮度，<u>免得 / 省得</u>婴儿恐惧啼哭；调小音量，以免惊醒睡梦中的孩子。

(55") *<u>为了不</u>婴儿恐惧啼哭，放映时提高照明亮度；为了不惊醒睡梦中的孩子，调小音量。

(56') 东电公司从19日起减少了往反应堆里注水的量，<u>免得 / 省得</u>增加污水排放。

(56") 东电公司<u>为了不</u>增加污水排放，从19日起减少了往反应堆里注水的量。

　なぜ例(55)における「Ｖ＋ナイ＋ヨウニ」は"免得""省得"でしか訳すことができず，例(56)の「Ｖ＋ナイ＋ヨウニ」は"免得""省得"と"为了＋不"の両方で訳すことが可能なのか。「Ｖ＋ナイ＋ヨウニ」はどんな場合に"为了＋不"と対応し，どんな場合に"为了＋不"と対応しないか。対応しない場合の制約条件は何だろうか。これらの問題を究明するのに，言語内部の諸形式の役割分担を視野に入れるほかに，対照研究の観点からそれぞれの構文的条件を照らし合わせる必要があるように思われる。

　統語論の観点からみれば，例(55)と例(56)の構文的条件は異なっている。前者では主節と従属節が異なる主語を有しているのに対して，後者は主節と従属節が同一主語を共有しているのである。このような構文的条件上の違いは"免得""省得""为了＋不"と「Ｖ＋ナイ＋タメ」「Ｖ＋ナイ＋ヨウニ」との対応・非対応関係を説明するのに有用になるかもしれない。

　つまり，例(55)の「Ｖ＋ナイ＋ヨウニ」が"免得""省得"としか対応せず，例(56)の「Ｖ＋ナイ＋ヨウニ」が"免得""省得"・"为了＋不"の両方と対応するのは，「同一主語の共有」の有無ということがからんでいる可能性があるように思われる。そこで，本研究は例(55)(56)と例

(55')(55")(56')(56")のような現象に基づいて，次の①②のような仮説を立てて「V＋ナイ＋ヨウニ」「V＋ナイ＋タメ」と"免得""省得""为了＋不"との対応・非対応関係について説明したい。

① 主節と従属節が同一主語を共有する場合の「V＋ナイ＋ヨウニ」の構文的条件は"免得""省得"や"为了＋不"と対応する。しかし，主節と従属節が異なる主語を有する場合の「V＋ナイ＋ヨウニ」は"为了＋不"とは対応しない。

② 主節と従属節が同一主語を共有する場合の"免得""省得"は「V＋ナイ＋ヨウニ」「V＋ナイ＋タメ」の両方に対応する。しかし，主節と従属節が異なる主語を有する場合の"免得""省得"は「V＋ナイ＋タメ」とは対応しない。

以下では，具体的な用例による検証を通じて，それぞれがどんな場合に対応し，どんな場合に対応しないかについて述べ，本研究の仮説の妥当性を証明する。

2.3 "免得""省得""为了＋不"の意味・用法の概観

接続詞としての"免得""省得"は従属節としての後件の文頭に用いられるのに対して，"为了＋不"は倒置法を除いて基本的には従属節としての前件の文頭に生起する。ただし，従属節述語の表す動きが主節の主体にとって不利益を含意するものでなければならない。

このことは例(57)(58)(59)(60)の従属節述部としての動詞フレーズ（"让您受累""闹笑话""着急等待""戳到脚"）の意味素性をみても一目瞭然である。

統語論の観点からみれば，接続詞としての"免得""省得"の構文的分布は2つのタイプに集約されうる。1つは主節と従属節が同一主語を共有するタイプであり，もう1つは主節と従属節が異なる主語を有するタイプである。まず"免得"の分布状況をみる。

(57) 妈，我以后真要好好跟您学学呢，免得老让您受累。(《广州日报》2012年4月16日）（お母さん，これからは苦労させないように，真剣にお母さんに教えてもらわなければならないよ。）

(58) 往后我也得学点数学，免得闹笑话。(《少年科学》1984年第3期）（これからは笑われないように，わたしも数学を学んでおかないといけない。）

(59) 医院将提前为每一个需要住院的患者安排好住院的时间段，免得患者着急等待。(《齐鲁晚报》2014年2月18日）（入院を待つ患者がいらいらして待つことがないように，病院は前もって患者の入院する期間を決めておく。）

(60) 我在这里修路，今天把路边的杂草根清理一下，免得爬山的人不小心戳到脚。(《人民网》2011年3月23日）（わたしはここで道路の補修をしています。登山の人たちが不注意で足を傷つけないように，今日は路肩の雑草を除去します。）

　主節の述語と従属節の述語が同じ主体の動きを表しているか否かという点においては，例(57)(58)と例(59)(60)との間にずれがある。つまり，例(57)(58)では主節述語の表す動きと従属節述語の表す動きが同じ主体によってコントロールされているのに対して，例(59)(60)では主節の述語と従属節の述語が異なる主体の動きを表している。

　角度を変えて統語的特徴をみれば，例(57)(58)の波線部の"我"は主節の主語であると同時に，従属節の主語でもある。それに対して，例(59)では，"医院"が主節の主語であり，"患者"が従属節の主語である。また例(60)では"我"が主節の主語として機能し，"爬山的人"が従属節の主語として機能しているのである。

　例(57)(58)に示すように，主節と従属節が同一主語を共有する場合は"免得"の後に動詞フレーズが続く。また例(59)(60)に示すように，主節と従属節が異なる主語を有する場合は"免得"の後に名詞フレーズが続く。同一主語を共有する場合は"免得"が"为了＋不"で置き換えら

れるが，同一主語を共有しない場合は"免得"が"为了＋不"で置き換えることができない。

つまり，例(57)(58)の従属節は"为了不老让您受累""为了不闹笑话"のように置き換えていうことが可能であるのに対して，例(59)(60)の従属節は"为了不患者着急等待""为了不爬山的人不小心戳到脚"のように置き換えると非文となるのである。"不"は副詞なので，名詞や名詞フレーズ（"患者""爬山的人"）の修飾語として機能しにくいからであろう。次は"省得"の構文的分布をみる。

(61) 这几天有些消费者开始早发快递，省得赶高峰。《北京日报》2014年1月11日）（この二，三日は，ピーク時を避けるために，早く速達を出す消費者が現れた。）

(62) 我只要在校内的新鲜事里看到装13的照片我就自动叉掉，省得污了我的眼睛。《扬子晚报》2012年5月11日）（キャンパスネットの珍情報という欄で間抜けな写真をみたら，わたしの目を害しないように，容赦なく削除をする。）

(63) 我说这是我女朋友，省得他们老问我。《农民日报》2014年1月24日）（わたしは彼らにしつこく聞かれないように，彼女がわたしのガールフレンドだと言ってのけた。）

(64) 我应该把那张假币撕了，省得他们再拿去骗人。《人民网》2010年10月3日）（彼らがまたそれを使って人を騙さないように，その偽札を破ればよかった。）

"省得"の意味・用法も主節と従属節が同一主語を共有する場合と，異なる主語を有する場合の2つに分布している。例(61)(62)が前者であり，例(63)(64)が後者である。

例(61)(62)については，主節述語の表す動きと従属節述語の表す動きが同じ主体によってコントロールされていると解釈できる。つまり，主節と従属節が同一主語を共有するタイプである。もっと具体的にいえ

ば，"省得"の後に動詞フレーズが現れ，その動詞フレーズが主節の述語と同じ主語（波線部の"消費者""我"）を共有しているのである。例(61)(62)のような構文的条件を有した文における"省得"は"为了＋不"で置き換えることが可能である。

例(61)(62)と異なって，例(63)(64)では，主節の述語と従属節の述語が異なる主体の動きを表し，"省得"の後に名詞フレーズが続いている。当然のことながら，後続の名詞フレーズが従属節の主語として機能しているのである。つまり，例(63)(64)では，主節の主語が"我"であり，従属節の主語が"省得"に続いた"他们"である。例(63)(64)のような文環境における"省得"は"为了＋不"で置き換えることが不可能である。

2.4 「Ｖ＋ナイ＋ヨウニ」「Ｖ＋ナイ＋タメ」の意味・用法の概観

タメとヨウニは動詞の否定形を受けて目的節を構成する場合，目的節述語としての前置成分には主節の主体や話し手にとって，或いは社会通念的にみて望ましい含意を持つものでなければならない。例えば，例(65)の「ハエが付かない」，例(66)の「困らない」，例(67)(68)の「孤立しない」「怖がらない」は願わしい状態として見なされうる。

否定形を受ける場合のヨウニの意味・機能は主節と従属節が異なる主語を有する場合と主節と従属節が同一主語を共有する場合の2つに分布している。次の例(65)(66)(67)(68)は主節と従属節が異なる主語を有しているものである。

(65) ハエが食材に付かない（ように／*ために），一人は追い払う係なの。(asahi.com2011年6月13日)
(66) そこで，観光庁は業者が資金面で困らない（ように／*ために）支援策を考えている。(『朝日新聞』2011年5月9日)
(67) 県は，災害時に介助の必要な障がい者が避難所で孤立しない（ように／*ために），基本的な介助方法や接し方を説明したハンド

ブックを今年度，作成する。(『朝日新聞』2011年6月15日)
(68) 子どもが怖がらない（ように／*ために）照明を少し明るくし，音量を調整して上映する。(『朝日新聞』2011年6月24日)

　例(65)(66)(67)では，波線部の「一人」「観光庁」「県」が主節の主語としてとらえられ，「ハエ」「業者」「障がい者」が従属節の主語としてとらえられる。例(68)では，従属節の主語が「子ども」であり，主節の主語が「わたし」「わたしたち」「彼ら」のようなものだと考えられる。つまり，主節と従属節が異なる主語を有していることが例(65)(66)(67)(68)の共通した統語特徴である。

　例(65)(66)(67)(68)に示すように，主節と従属節が異なる主語を有している場合はタメが排除される。しかし，次の例(69)(70)(71)(72)に示すように，主節と従属節が同一主語を共有する文環境であれば，ヨウニもタメも許容される。

(69) 私は無駄を出さない（ため／ように），剣で丁寧に根を切り取り，水で洗い，皮を剥いた。(大岡昇平『野火』)
(70) 毎日，僕は夕方には滅茶苦茶に混乱する電車に揉まれて，夜学の勤めに出なければならなかった。僕は疲れない（ために／ように），時間をゆっくり費して駅まで辿りつく。(『日本の原爆文学1』)
(71) 二度と悪夢に襲われない（ために／ように），このままで夜の明けるのを待とうとおぬいは決心した。(『日本文学全集25　有島武郎集』)
(72) 同じ過ちを繰り返さない（ため／ように），平和憲法を次の世代に引き継いでいきたい。(『朝日新聞』2009年3月6日)

　例(69)(70)(71)(72)については，同一主体が自分の意志でもって，従属節の表す動きの実現をはかり，主節の表す動きを遂行すると解釈することができる。その唯一の主体は構文上，主節の主語として機能してい

ると同時に，従属節の主語としても機能しているのである。

具体的にいえば，例(69)(70)(71)の波線部の「私」「僕」「おぬい」が主節の主語であると同時に，従属節の主語でもある。例（72）では，主語が形に現れていないが，同一主語を共有するタイプとして認められる。つまり，「V＋ナイ＋タメ」は主節と従属節が同一主語を共有する文にしか生起しえないのに対して，「V＋ナイ＋ヨウニ」はそのような制限を受けない。

ヨウニは形容詞の「ない」や形容詞の否定形，さらに接尾語の「にくい」を受けて目的節を構成することもある。そのような場合も従属節述語の表す状態の達成をはかるため，主節述語の表す動きを遂行すると解釈されうる。タメは同様な意味・用法を持っていないようである。まず形容詞の「ない」や形容詞の否定形を受けるヨウニの意味・用法をみる。

(73) 抜け駆けしてドル資産の売却に走ることが<u>ない</u>（ように／*ために）参加国が目配せする場になった。(『朝日新聞』2009 年 1 月 6 日)

(74) <u>河本準一</u>は「日本代表として韓国のステージへ上がることになるので，<u>恥ずかしくない</u>（ように／*ために）実力を積んでいきたい」と意欲をみせた。(『朝日新聞』2011 年 6 月 27 日)

ヨウニは形容詞の肯定形を受けて目的節を構成することもあるが，ここでは形容詞の「ない」や形容詞の否定形を受けるヨウニしか触れないことにする。例(73)(74)における「(資産の売却に走ることが) ない」「恥ずかしくない」は状態的述語である。これらの状態は利益を含意し，主節の主体にとって願うところである。また，例(73)(74)に示すように，形容詞の「ない」や形容詞の否定形を受けるヨウニは異なる主体の動きを表すことが可能であり，同一主体の動きを表すことも可能である。

次は接尾語の「にくい」を受けて目的節を構成するヨウニの意味・用

法をみる。

(75) 文具メーカーのプラスは，長時間使っても手が<u>痛くなりにくい</u>（<u>ように</u>／<u>*ために</u>）角を斜めにカットした。(asahi.com2010年9月22日)

(76) 「誤まって女子トイレに入った」と<u>言い逃れができにくい</u>（<u>ように</u>／<u>*ために</u>）男女のトイレを色分けしたり，店舗部分とトイレの通路を仕切る壁をガラス張りにして目が行き届くようにしたりといった改善策も考えられるという。(asahi.com2011年5月6日)

　接尾語としての「にくい」は，「手が痛くなる」のような不利益の含意を持つものと一緒になって「手が痛くなりにくい」のような形で使う場合，利益を含意することになる。つまり，話し手や主節主体の立場からみれば，例(75)(76)の従属節述語が望ましい状態を表しているのである。これがヨウニの生起可能の原因である。実現しようとして目指している事柄を意図的に達成しにくくするということは一般にはありえないからである。

　また，統語的特徴として，ヨウニは接尾語の「にくい」を含めた述語を受けて目的節を構成する場合，主節と従属節が異なる主語を有するのが普通である[8]。

2.5　対照分析

　言語間の表現形式の対応・非対応関係はけっして無秩序に存在しているわけではない。"免得""省得""为了＋不"と「Ｖ＋ナイ＋ヨウニ」「Ｖ＋ナイ＋タメ」との対応・非対応関係について統一的に説明するためには，意味論や統語論の見地に立って，それぞれの使用条件を突き合わせて分析する必要がある。

　2.3で触れたように，"免得""省得"は「同一主語の共有」という束縛を受けない。これと同様に，目的を表す「Ｖ＋ナイ＋ヨウニ」も主節

と従属節が同一主語を共有する文に生起しうるし，主節と従属節が異なる主語を有する文にも生起しうるのである。この点においては，両者の間に共通点があると認めなければならない。

(77) 人们经过这些险要之处时，必须保持寂静，免得得罪山神而受罚。(《中国宗教史》)
(78) 不能把事情闹大，也不能逃跑，免得连累张老梗父女俩。(《大地》1984年第6期)
(79) 早晨我都想开车撞树，搞个轻伤住院呢，省得看她凶狠而平静的样子。(《第一财经日报》2010年8月11日)
(80) 我只要在校内的新鲜事里看到装13的照片我就自动叉掉，省得污了我的眼睛。(《扬子晚报》2012年5月11日)

　例(77)(78)(79)(80)では，主節述語の表す動きと従属節述語の表す動きが同じ主体によってコントロールされている。例えば，例(77)における"人们"は主節述語としての"保持"の表す動きの主体であると同時に，従属節述語としての"得罪"という動きの主体でもある。
　2.4で述べたように，「V＋ナイ＋タメ」は「同一主語の共有」という構文的条件を満たしていない文には生起しえない。その意味でいえば，例(77)(78)(79)(80)は「同一主語の共有」という構文的条件を満たしているので，文中の"免得""省得"の構文的条件が「V＋ナイ＋ヨウニ」と対応していることはいうまでもないが，「V＋ナイ＋タメ」とも対応関係にあるのである。例(77)(78)(79)(80)は次のように訳せることがその裏付けである。

(77') 山神の機嫌を損ねない（ように／ために），人々はこれらの険しい場所を通るとき，静かにしなければならない。）
(78') 張老梗親子を巻き添えにしない（ように／ために），ことを大きくかきたててはいけない。逃げてもいけない。

(79') 朝，彼女の不気味で落ち着いた顔をみない（ように／ために），車で木に衝突して軽い怪我をして入院する気もあった。

(80') キャンパスネットの珍情報という欄で間抜けな写真をみたら，目を害しない（ように／ために），容赦なく削除をする。

　しかし，例(77)(78)(79)(80)と対照的に，主節述語の表す動きと従属節述語の表す動きが異なる主体によってコントロールされる文環境における"免得""省得"は「Ｖ＋ナイ＋ヨウニ」と対応するが，「Ｖ＋ナイ＋タメ」とは対応しない。このような見解は例(81)(82)(83)(84)の原文と訳文の比較によって支持される。

(81) 我在这旦修路，今天把路边的杂草根清理一下，免得爬山的人不小心戳到脚。(《人民网》2011年3月23日)（わたしはここで道路の補修をしています。登山の人たちが不注意で足を傷つけない（ように／*ために），今日は路肩の雑草を除去します。）

(82) 但郑田龙还是当即决定把钱还给银行，免得银行工作人员着急。(《齐鲁晚报》2012年3月4日)（しかし，鄭田龍さんは銀行員が困らない（ように／*ために）即座に金を銀行に返すことにした。）

(83) 余秋雨迁紧弃文从商吧，省得我们读你作品的时候，闻到铜臭。(《西安晚报》2011年2月23日)（余秋雨さんよ，われわれがあなたの作品を読んで金銭欲を感じない（ように／*ために），ペンを捨てて，商売を始めてはどうか。）

(84) 我应该把那张假币撕了，省得他们再拿去骗人。(《人民网》2010年10月3日)（彼らがまたそれを使って人を騙さない（ように／*ために），わたしはその偽札を破ればよかった。）

　例(81)(82)(83)(84)の訳文に示すように，主節と従属節が異なる主体の動きを表す文における"免得""省得"は「Ｖ＋ナイ＋ヨウニ」で訳

して何ら問題がない。しかし，「Ｖ＋ナイ＋タメ」で訳せば非文になってしまうのである。「同一主語の共有」という構文的条件を満たしていないからである。このような検証の結果は 2.2 で提示した仮説の②と一致しているのである。

　今度は角度を換えて「Ｖ＋ナイ＋ヨウニ」と"免得""省得""为了＋不"との対応・非対応関係に焦点を当てて対照分析を行う。「Ｖ＋ナイ＋ヨウニ」と"免得""省得""为了＋不"との対応・非対応関係について考える場合も，「同一主語の共有」の有無が重要なポイントである。

(85) その舞台裏では，選手も応援の人たちも，熱中症にならないように，水分補給や体を冷やす工夫をしたはずです。（asahi.com2010年9月7日）
(86) 牧童が自分の牛を他人の牛と取り違えないように焼き印を押す。（asahi.com2011年5月26日）
(87) 「相手が暴力団なので，トラブルにならないように金の受け渡しを撮影した。（『朝日新聞』2011年7月19日）
(88) 悔しさを忘れないように，当時身につけていた監督証を学校のロッカーに張った。（『朝日新聞』2011年7月17日）

　意味論の観点からみれば，例(85)における「選手・応援の人たち」は主節述語としての「工夫をする」という動きの主体であると同時に，従属節述語としての「熱中症になる」という動きの主体でもある。例(86)(87)(88)についても，主節の述語と従属節の述語が同じ主体の動きを表していると解釈されうるのである。

　統語論の観点からみれば，例(85)(86)(87)(88)では主節と従属節が同一主語を共有している。そのような構文的条件を満たした場合の「Ｖ＋ナイ＋ヨウニ」は"免得""省得"と対応し，また"为了＋不"とも対応関係にあるのである。つまり，文中の「Ｖ＋ナイ＋ヨウニ」は次のように，"免得""省得"と"为了＋不"の両方で訳すことが可能である。

(85') a 不管是运动员还是啦啦队，都想方设法补充水分，<u>免得/省得中暑</u>。

b 不管是运动员还是啦啦队，<u>为了不中暑</u>，都想方设法补充水分。

(86') a 牧童给自己的牛打上了烙印，<u>免得/省得认错</u>自己的牛。

b <u>为了不认错</u>自己的牛，牧童给自己的牛打上了烙印。

(87') a 因为对方是黑社会团伙，所以把接头交货的过程拍了下来，<u>免得/省得发生纠纷</u>。

b 因为对方是黑社会团伙，<u>为了不发生纠纷</u>，把接头交货的过程拍了下来。

(88') a 把当时佩带的教练证贴在学校的更衣箱上，<u>免得/省得忘记曾经的耻辱</u>。

b <u>为了不忘记曾经的耻辱</u>，把当时佩带的教练证贴在学校的更衣箱上。

　しかし，次の例(89)(90)(91)(92)の構文的条件は例(85)(86)(87)(88)と異なっているので，文中の「V＋ナイ＋ヨウニ」については同一視してはならない。

(89) <u>男性</u>は9日，発電所内の<u>放射性物質が飛散しないように</u>敷地内の建物や地面に樹脂をまく作業をしていたという。(『朝日新聞』2011年6月10日)

(90) その対策として，<u>水素がたまらないように</u>建屋の天井に穴を開けるほか，水素の検知器も設ける。(『朝日新聞』2011年6月15日)

(91) 県は，災害時に介助の必要な<u>障害者</u>が避難所で<u>孤立しないように</u>，基本的な介助方法や接し方を説明したハンドブックを今年度，作成する。(『朝日新聞』2011年6月15日)

(92) 長崎さんは，線路上に<u>生徒の両足が出ないように</u>側溝に移動させ，自分も側溝にうつぶせになった。(『読売新聞』2012年9月14日)

例(89)(90)(91)(92)は，主節と従属節が異なる主体の動きを表しているので,「同一主語の共有」という構文的条件を満たしていない。このような文環境における「V＋ナイ＋ヨウニ」は"为了＋不"とは非対応関係にある。

(89') a 据说该男子9日往院内的建筑或地面上喷洒了树脂，<u>免得/省得</u>发电厂内的<u>辐射物质飘散</u>。
　　　b *<u>为了不</u>发电厂内的<u>辐射物质飘散</u>，据说该男子9日往院内的建筑或地面上喷洒了树脂。
(90') a 作为应对措施，除了在厂房的天棚上凿洞以外，还将设置氢元素检测器，<u>免得／省得氢元素聚集</u>。
　　　b *作为应对措施，<u>为了不氢元素聚集</u>，除了在厂房的天棚上凿洞以外，还将设置氢元素检测器。
(91') a 县政府将于本年度编制介绍基本护理方法及接触方式的小册子，<u>免得/省得发生灾害时需要护理的残疾人</u>在疏散地<u>孤立无援</u>。
　　　b *<u>为了不发生灾害时需要护理的残疾人</u>在疏散地<u>孤立无援</u>，县政府将于本年度编制介绍基本护理方法及接触方式的小册子。
(92') a 长崎先生把学生的双腿移到侧沟方向，<u>免得/省得他们的双腿伸到线路上</u>，自己也趴在侧沟里。
　　　b *<u>为了不他们的双腿伸到线路上</u>，长崎先生把学生的双腿移到侧沟方向，自己也趴在侧沟里。

例(89')b(90')b(91')b(92')bは非文である。"为了＋不"は主節と従属節が異なる主語を有する文には生起しえないからである。例(89')a(90')a(91')a(92')aと例(89')b(90')b(91')b(92')bの示した対応・非対応関係は2.2で提示した仮説①の適切性を実証するものである。

ただし，次の例(89')c(90')c(91')c(92')cに示すように，"为了＋不"で訳す場合は，その後に使役を表すマーカーを置けば，正しい表現となるのである[9]。

(89') c <u>为了不（让）</u>发电厂内的辐射物质飘散，据说该男子9日往院内的建筑或地面上喷洒了树脂。
(90') c 作为应对措施，<u>为了不（让）</u>氢元素聚集，除了在厂房的天棚上凿洞以外，还将设置氢元素检测器。
(91') c <u>为了不（使）</u>发生灾害时需要护理的残疾人在疏散地孤立无援，县政府将于本年度编制介绍基本护理方法及接触方式的小册子。
(92') c <u>为了不（使）</u>他们的双腿伸到线路上，长崎先生把学生的双腿移到侧沟方向，自己也趴在侧沟里。

　例(89')c(90')c(91')c(92')c が成立するのは，使役を表すマーカーとしての"让"や"使"の生起によって，「同一主語の共有」という構文的条件を満たしたからである。このように，「同一主語の共有」の有無は"免得""省得""为了＋不"と「Ｖ＋ナイ＋ヨウニ」「Ｖ＋ナイ＋タメ」との対応・非対応関係を判断する場合のよりどころとなるのである。
　さきにも述べたように，ヨウニは，形容詞の「ない」や一部の形容詞の否定形を受けて目的節を構成することがある。

(93) <u>悔いがないように</u>，気持ちよく振ってこいよ。（asahi.com 2012年5月29日）
(94) 私は<u>失礼がないように</u>一言一句，心を込めて全部答えています。（『毎日新聞』2014年7月2日）
(95) 武士は<u>見苦しくないように</u>，身だしなみにはかなり気をつかっていたのです。（『読売新聞』2008年12月5日）

　例(93)(94)(95)では，ヨウニが許容されタメが排除される。しかし，タメとヨウニのこのような役割分担はそのまま中国語の目的表現にあてはまるわけではない。中国語では"为了＋不"も"免得""省得"も形容詞を伴い目的節を構成することができるからである。例(93)(94)(95)は次のように訳せることがその裏付けである。

(93') a 尽情地去投球吧！<u>免得 / 省得后悔</u>。
　　　 b <u>为了不后悔</u>，尽情地去投球吧！
(94') a 我用心地逐词逐句地回答了所有问题，<u>免得 / 省得失礼</u>。
　　　 b <u>为了不失礼</u>，我用心地逐词逐句地回答了所有问题。
(95') a 武士精心地修饰了自己的仪容，<u>免得 / 省得寒碜</u>。
　　　 b <u>为了不寒碜</u>，武士精心地修饰了自己的仪容。

　例(93)(94)の従属節における「悔い」「失礼」は従属節の主語として認めてもよさそうであるが，「悔いがない」「失礼がない」は主節主体自身の状態として認められる。例(95)の従属節における「見苦しい」も主節主体自身の状態である。例(93')(94')(95')に示すように，従属節の表す状態が主節主体自身の状態である場合のヨウニは"免得""省得"，"为了＋不"の両方で訳すことが可能である。

　しかし，従属節の表す状態が主節主体自身の状態でない場合は"为了＋不"が排除される。例(96)(97)は例(96')b(97')'bのように"为了＋不"で訳すと，不自然な表現になってしまうのである。

(96) 使い終わったヘパリンの注射器は<u>危なくないように</u>ペットボトルにため，病院で廃棄してもらう。(『毎日新聞』2012年2月21日)
(97) 赤ちゃんが<u>障害を持って生まれることがないように</u>，新年度も制度を存続させる(『朝日新聞』2014年4月15日)
(96') a 把使用过的肝磷酯注射器存放到塑料瓶里，<u>免得 / 省得危险</u>。
　　　 b＊<u>为了不危险</u>，把使用过的肝磷酯注射器存放到塑料瓶里。
(97') a 在新的一年里仍要保留这一制度，<u>免得 / 省得孩子带着残疾出生</u>。
　　　 b＊<u>为了不孩子带着残疾出生</u>，在新的一年里仍要保留这一制度。

　先にも触れたように，目的を表すヨウニは接尾語の「にくい」を含めた述語を受けて目的節を構成することが可能である。

(98) タイヤが<u>すべりにくい</u>ように空気圧を減らし，いよいよ砂漠へ突入。(『読売新聞』2011年3月28日)

(99) 小さなお子さまが転んでも<u>怪我をしにくい</u>ように，フロアマットは柔らかい素材を使用しています。(asahi.com2011年12月19日)

(100) 攻撃の「命令」内容が<u>見つかりにくい</u>ように，ウイルス開発者が，プログラムに意味のない文字や数字をわざと挿入することも多い。(asahi.com2009年2月17日)

例 (98)(99)(100) では，主節と従属節が異なる主語を有している。それが原因で文中のヨウニはタメで置き換えることが不可能である。タメの要求する構文的条件と同様に，"为了＋不"も主節と従属節が異なる主語を有する文環境にはなじまない。しかし，"免得""省得"は「同一主語の共有」の束縛を受けない。

(98') a 实施了减压措施，<u>免得/省得</u><u>轮胎打滑</u>。接下来就要向沙漠进发了。

b *<u>为了不</u><u>轮胎打滑</u>，实施了减压措施。接下来就要向沙漠进发了。

(99') a 楼层地毯使用的是柔软材料，<u>免得/省得</u>小孩子摔倒<u>受伤</u>。

b *<u>为了不</u>小孩子摔倒<u>受伤</u>，楼层地毯使用的是柔软材料。

(100') a 研发病毒的人经常故意在程序里加上没有意义的文字或数字，<u>免得/省得</u>攻击命令的内容<u>被发现</u>。

b *<u>为了不</u>攻击命令的内容<u>被发现</u>，研发病毒的人经常故意在程序里加上没有意义的文字或数字。

例 (98')a(99')a(100')a は適格であるが，例 (98')b(99')b(100')b は不適格である。このことからも，"免得""省得""为了＋不"と「V＋ナイ＋ヨウニ」「V＋ナイ＋タメ」との対応・非対応関係については明確なルールが存在していると言わなければならない。"免得""省得""为了＋不"と「V＋ナイ＋ヨウニ」「V＋ナイ＋タメ」との対応・非対応関

係について考える場合，「同一主語の共有」という構文的条件を満たしたか否かが重要なポイントである。

2.6 まとめ

以上，主節と従属節が同一主語を共有しているか否かという観点に基づき，"免得""省得""为了＋不"と「V＋ナイ＋ヨウニ」「V＋ナイ＋タメ」との対応・非対応関係について考察し，本研究の仮説の妥当性を証明した。"免得""省得""为了＋不"と「V＋ナイ＋ヨウニ」「V＋ナイ＋タメ」との対応・非対応関係は概略，次のようにまとめられる。

① 主節と従属節が同一主語を共有する文における"免得""省得""为了＋不"の意味・機能は「V＋ナイ＋タメ」「V＋ナイ＋ヨウニ」の両方に対応するが，主節と従属節が異なる主語を有する文における"免得""省得"は「V＋ナイ＋ヨウニ」としか対応しない。

② 主節と従属節が同一主語を共有する文における「V＋ナイ＋ヨウニ」「V＋ナイ＋タメ」は"免得""省得""为了＋不"の両方と対応する。しかし，主節と従属節が異なる主語を有する場合の「V＋ナイ＋ヨウニ」は"免得""省得"と対応し，"为了＋不"とは対応しない。

③ 形容詞の「ない」，または形容詞の否定形を受けたヨウニは，従属節の述語が主節主体自身の状態を表していれば，"免得""省得""为了＋不"の両方と対応する。しかし，主節の述語と従属節の述語が異なる主体の状態を表している場合は"为了＋不"とは対応しない。

④ 接尾語の「にくい」を受けたヨウニは"免得""省得"としか対応しない。

以上の結論は第二言語習得において，特に注目されるべきものである。統語機能上の非対応の部分は誤用や不自然さをもたらす主な原因となるのである。それを問題点として留意することは第二言語習得を有効

に促進するだろう。

3 本章のまとめ

中国語の"以便""以期""以求""以防""以免""用以""借以"及び"免得""省得"は主節と従属節が同一主語を共有する文にも異なる主語を有する文にも生起しうるのに対して，日本語のヨウニは主節と従属節が同じ主語を共有し，従属節の述語が動作を表す肯定形であるという文には生起しえない。ただし，否定形を受けた場合のヨウニはそのような束縛を受けない。以上の対照分析の結果は改めて次のようにまとめられる。

① 主節と従属節が同じ主語を有している文環境における"以便""以期""以求"の意味・機能は日本語の一次的目的表現としてのタメの意味・機能と対応している。しかし，可能の意味を表す述語を受け，主節と従属節の主語が異なる場合の"以便""以期""以求"は日本語の二次的目的表現としてのヨウニに似通っている。

② "借以""用以"は主節の述語と従属節の述語が同一主語を共有する文にしか現れないので，タメの意味・用法と対応している。

③ 主節と従属節が同じ主語を有している場合の"以免""以防"の意味・機能は「V＋ナイ＋タメ」にも「V＋ナイ＋ヨウニ」にも対応する。しかし，主節と従属節が異なる主語を有する場合の意味・機能は「V＋ナイ＋ヨウニ」としか対応しない。

④ 主節と従属節が同一主語を共有する文環境における"免得""省得"の意味・機能は「V＋ナイ＋タメ」と「V＋ナイ＋ヨウニ」の両方に対応し，主節と従属節が異なる主語を有する文おける"免得""省得"は「V＋ナイ＋ヨウニ」としか対応しない。

⑤ 能力可能の意味を表す述語を受けた場合のヨウニの意味・機能

は"以便""以期""以求"だけではなく，"为了""为"にも対応する。

⑥ 形容詞を受けた場合のヨウニの意味・機能は"以"類の目的表現と"为"類の目的の両方に対応する。

⑦ 主語の状況にかかわらず，接尾語の「〜やすい」「〜にくい」を受けたヨウニは"以"類の目的表現としか対応しない。

⑧ 否定形を受けるヨウニは主節と従属節が同一主語を共有する文環境であれば，"以"類の目的表現と"为"類の目的表現の両方に対応し，主節と従属節が異なる主語を有する文環境であれば，"以"類の目的表現にしか対応しない。

注
1) 江天（1983：287-289）では，"以便""以免""借以""用以"の意味について大まかに記述されている。しかし，これらの形式の間にどんな隔たりがあり，どんなつながりがあるかについてはまったく言及されていない。また，江天（1983：287-289）では，"以期""以求""以防"は取り上げられていない。
2) 例えば，「警方还提取了马尼奥塔的DNA，以便确认其是否和其他凶杀案有关。」「北约正在对忠于卡扎菲的部队进行"攻心战"，以期他们放下武器放弃反抗。」「发达国家加快调整科技和产业发展战略，以求塑造新的竞争优势。」のように"以便""以期""以求"に後接する述語は，動作の主体や話し手にとって，利益を含意するものでなければならない。一方，「每台挖掘机上除了司机外，都坐着一个消防官兵，死盯工作面，以防错过遇难者遗体。」「通常情况下，父母会竭尽全力保护自己心爱的孩子，以免他们受到意外伤害。」のように従属節の述語には動作の主体や話し手にとって，不利益の含意があるものでなければならない。
3) 例えば，「我只是他们借以透视中国改革和命运的一个象征，一个符号。」"幽默"不过是他用以调节课堂气氛的手段。」における"借以""用以"は動詞として認めなければならない。
4) 動詞の連用形に格助詞の「に」が後接し，その直後に移動動詞がついて，移動の目的を表すという目的表現（例えば，「遊びに行く」）のパターンはあるが，ここでは取り上げないことにする。
5) このことについては，前田直子（2006：37-47）では詳しい記述がなされている。
6) 8人のネイティブに対して聞き取り調査をした結果，8人がタメは排除すべきだと答えた。
7) "免得""省得"は"往后我也得学点数学，免得闹笑话。""早晨我都想开车撞树，搞个轻伤住院呢，省得看她凶狠而平静的样子。"のように，動詞フレーズを伴い

接続詞として機能するが，"柯新伤心地想，正好，<u>免得</u>我跑着费劲。""我这就回去，<u>省得</u>你们再觉得我可疑了。"のように名詞を伴い動詞として機能することもある。
8) コーパスを調べた結果，同一主語を共有する用例がみられなかった。
9) 肯定形を受けたヨウニについても，同じ現象がみられる。
　　(1) 今回の本は日本人や外国人留学生が語学テキストとしても<u>使えるように</u>，日本語と英語の両方で書いた。(『朝日新聞』2011 年 7 月 28 日)
　　(1') <u>为了（使）</u>日本人和外国留学生可以把它当作学习语言的教材使用，这一次出的书用日英两种语言写成。

終　章
本研究の言語学的意義と言語教育学的意義

　本研究の第1編と第2編の議論で，中国語の目的表現と日本語の目的表現について，類義語研究の観点から両言語においての意味論的特徴，統語論的特徴，さらに語用論的特徴を記述し，目的表現に属する語群，特に中国語の目的表現に属する語群がどのような体系をなしているか，その一端を明らかにした。第1編と第2編の議論の言語学的意義は次のようにまとめられる。

Ⅰ．中国語の"为"類の目的表現は可能の意味を表すものを伴う場合を除いて基本的には主節と従属節の主語が同じでなければならない。"以"後置型の目的表現も同一主語の文環境を要求するのである。しかし，"以"前置型の目的表現や「その他の目的表現」としての"免得""省得"は主節と従属節の主語が同じでも異なってもかまわない。

Ⅱ．日本語では，目的を表すタメはとりたて詞によってとりたてられた場合を除いて基本的には主節と従属節の主語が同じでなければならない。目的を表すヨウニは主節と従属節が同じ主語を共有し，従属節の述語が動作を表す肯定形であるという文を除いて，主節と従属節の主語が同じでも異なってもかまわない。

　ことばの対照研究は個別言語に関する研究成果の支えがなければ成り立たない。本研究の第3編では個別研究の成果に基づいて，習得研究の観点から中国語の目的表現と日本語の目的表現について照らし合わせ

た。

　目的表現は日常の言語生活において頻繁に使われるものである。中国語母語話者や日本語母語話者が目的表現をどのように扱っているかということは，どのように目的の意味・内容を認知しているかということを反映している。第3編において目的表現について，形式的側面，意味的側面，統語的側面を対照分析の対象とした。ほんのわずかであるが，語用論的側面にも触れ，目的節の述語の生起環境について，利益を含意する文脈が重要であることを説いた。第3編の言語教育学的意義は次のようにまとめられる。

Ⅲ．肯定形を受けるタメの意味・用法は"为了""为"とだけではなく，"以便""以期""以求""借以""用以"にも対応する。一方，肯定形を受けるヨウニの意味・用法は"以便""以期""以求"とだけではなく，主節と従属節が同じ主語を共有する文環境であれば，"为了""为"にも対応するのである。否定形を受けるタメの意味・用法は"为了＋不"とだけではなく，"以免""以防""免得""省得"と似通う部分がある。さらに，否定形を受けるヨウニの意味・用法は"以免""以防""免得""省得"とだけではなく，主節と従属節の主語が同じという文環境であれば，"为了＋不"にも対応するのである。

Ⅳ．日本語では目的を表すマーカーを変えず，前置の述語の語尾を変えることによって異なる意味を表すことが可能である。それに対して，中国語には活用という現象がないので，異なるマーカーを用いて異なる目的内容を表さなければならない。このような相違点は第二言語の習得に影響を与える可能性がある。特に中国語の二次的目的表現は日本語母語話者の中国語学習者にとって難関になる恐れがあると考えられる。

　このような結論はどんな場合にどんなマーカーが使え，どんな場合に

どんなマーカーが使えないかという誤用の問題をある程度解消することが可能となり，このような研究は言語学的意義のみならず，言語教育学的意義もある。特に第二言語教育を行う際の教科書編纂や辞書の編纂に役立つことと思われる。

　以上が本研究の考察の内容であるが，中国語の目的表現，とりわけ二次的目的表現に属する語群の"以便""以期""以求""用以""借以""以防""以免""免得""省得"の内部がどのように関連しどのように役割を分担しているか，それは中国語の学習者にどのような影響を与える可能性があるかについては十分な考察ができなかった。これらの問題については，今後の課題とする。

主要参考文献

【第1編】

赵元任（1979）《汉语口语法》商务印书馆
赵元任（1980）《语言问题》商务印书馆
吕叔湘（1980）《现代汉语八百词》商务印书馆
朱德熙（1980）《现代汉语语法研究》商务印书馆
吕叔湘（1982）《中国文法要略》商务印书馆
朱德熙（1982）《语法讲义》商务印书馆
三野昭一（1982）『中国語文法の基礎』三修社
江天（1983）《现代汉语语法通解》辽宁人民出版社
杨树达（1984）《高等国文法》商务印书馆
藤堂明保・相原茂（1985）『新訂中国語概論』大修館書店
黄伯荣・廖序东主编（1991）《高等学校文科教材　现代汉语》高等教育出版社
邢福义主编（1991）《高等师范学校教学用书　现代汉语》高等教育出版社
郑懿德等（1992）《汉语语法难点释疑》华语教学出版社
胡明扬主编（1996）《词类问题考察》北京语言学院出版社
邵敬敏（1998）《句法结构中的语义研究》北京语言文化大学出版社
张旺熹（1999）《汉语特殊句法的语义研究》北京语言文化大学出版社
陆俭明・马真（1999）《现代汉语虚词散论》语文出版社
陆俭明・马真（2003）《现代汉语虚词散论》（修订版）语文出版社
张谊生（2000）《现代汉语虚词》华东师范大学出版社
古川裕（2000）＜有关"为"类词的认知解释＞《语法研究和探索（十）》pp.31-48，商务印书馆
邵敬敏（2000）《汉语语法的立体研究》商务印书馆
邢福义（2001）《汉语复句研究》商务印书馆
陈信春（2001）《介词运用的隐现问题》河南大学出版社
陈阿宝主编（2002）《现代汉语概论》北京语言文化大学出版社
郭锐（2002）《现代汉语词类研究》商务印书馆
陈昌来（2002）《介词与介引功能》安徽教育出版社
周刚（2002）《连词与相关问题》安徽教育出版社

邢福义（2002）《汉语语法三百问》商务印书馆
刘丹青（2003）《语序类型学与介词理论》商务印书馆
胡明杨主编（2004）《词类问题考察续集》北京语言学院出版社
李健行（2004）《现代汉语规范词典》外语教学与研究出版社・语文出版社
北京大学中文系现代汉语教研室（2004）《现代汉语》（重排本）商务印书馆
卢福波（2004）《对外汉语教学语法研究》北京语言大学出版社
赵金铭主编（2004）《对外汉语教学概论》商务印书馆
张庆翔・刘焱（2005）《现代汉语概论》上海大学出版社
金立鑫主编（2005）《对外汉语教学虚词辨析》北京大学出版社
曹逢甫（2005）《汉语的句子与句子结构》北京语言大学出版社
木村英樹（2006）「『持続』・『完了』を超えて―北京官話における『実存相』の提案―」『日本語文法』6巻2号．pp.45 − 61．くろしお出版
下地早智子（2006）「中国語の条件表現」益岡隆志編『条件表現の対照』pp.83-98．くろしお出版
张豫峰（2006）《现代汉语句子研究》学林出版社
张先坦（2007）《古今汉语语法比较概要》巴蜀书社
鳥井克之（2008）『中国語教学（教育・学習）文法辞典』東方書店
中国社会科学院语言研究所词典编辑室（2008）《现代汉语词典》（第5版）商务印书馆
罗端[Redouane Djamouri]（2009）"从甲骨、金文看"以"字语法化的过程"，《中国语文》1，pp.3-9.
安本真弓（2009）『現代中国語における可能表現の意味分析』白帝社
朱德熙（2010）《语法分析讲稿》商务印书馆
戦慶勝（2010）「目的を表す"为了""为""为了不"の使用条件について」『中国語研究』第52号，pp.75-85．白帝社
戦慶勝（2010）「"以"類の接続表現の目的用法について」『日中言語研究と日本語教育』第3号，pp.44-55．好文出版
沈家煊（2011）《语法六讲》商务印书馆
戦慶勝（2011）「"免得""省得"の目的用法について」『中国語研究』第53号，pp.77-88．白帝社
木村英樹（2012）『中国語文法の意味とかたち』白帝社
刘宇红（2013）《词汇与句法界面的双向互动研究》北京大学出版社

张谊生（2014）《现代汉语副词研究》（修订本）商务印书馆
曹广顺（2014）《近代汉语助词》商务印书馆
崔蕊（2014）《现代汉语虚词的主观性和主观化研究》知识产权出版社
陈昌来（2014）《汉语介词框架研究》商务印书馆

【第2編】
国広哲弥（1982）『ことばの意味3』平凡社
文化庁（1983）『外国人のための基本語用例辞典』大蔵省印刷局
佐治圭三（1984）「類義表現分析の一方法―目的を表す言い方を例として―」『金田一春彦博士古稀論文集第二巻言語学編』三省堂
奥津敬一郎・沼田善子・杉本武（1986）『いわゆる日本語助詞の研究』凡人社
森岡健二（1988）『文法の記述』明治書院
森田良行・松木正恵（1989）『日本語表現文型』アルク
仁田義雄・益岡隆志（1989）『日本語のモダリティ』くろしお出版
寺村秀夫（1993）『寺村秀夫論文集』くろしお出版
渋谷勝己（1995）「可能動詞とスルコトガデキル―可能の表現」宮島達夫・仁田義雄編『日本語類義表現の文法』（上）pp.111-120，くろしお出版
前田直子（1995）「スルタメ（ニ）、スルヨウ（ニ）、シニ、スルノニ〜目的を表す表現〜」宮島達夫・仁田義雄編『日本語類義表現の文法』（下）pp.451-459，くろしお出版
塩入すみ（1995）「スルタメニとスルタメニハ〜目的を表す従属節の主題化と非主題化形式〜」宮島達夫・仁田義雄編『日本語類義表現の文法』（下）pp.460-467，くろしお出版
益岡隆志・野田尚志・沼田善子（1995）『日本語の主題と取り立て』くろしお出版
渡辺実（1996）『日本語概説』岩波書店
益岡隆志（1997）『複文』くろしお出版
グループ・ジャマシイ編著（1998）『日本語文型辞典』くろしお出版
松岡弘（監修）（2000）『初級を教える人のための日本語文法ハンドブック』スリーエーネットワーク
草薙裕編（2000）『現代日本語の語彙・文法』くろしお出版

于日平（2000）『原因・理由・目的表現の相関性についての研究』世界知識出版社
白川博之監修（2001）『中上級を教える人のための日本語文法ハンドブック』スリーエーネットワーク
森田良行（2002）『日本語文法の発想』ひつじ書房
田中寛（2004）『日本語複文表現の研究』白帝社
日本語教育学会編（2005）『新版日本語教育事典』大修館書店
益岡隆志（2006）『日本語モダリティ探求』くろしお出版
前田直子（2006）『「ように」の意味・用法』笠間書院
日本語記述文法研究会（2008）『現代日本語文法6』くろしお出版
前田直子（2009）『日本語の複文』くろしお出版
沼田善子（2009）『現代日本語とりたて詞の研究』ひつじ書房
稲垣俊史（2009）「中国語を母語とする上級日本語学習者による目的『ために』と『ように』の習得」『日本語教育』142．pp.91-101
战庆胜（2009）＜「ため」的语意考察＞《日语学习与研究》3，pp.1-8
茂木俊伸（2010）「目的を表す『ないために』の実態」『鳴門教育大学研究紀要第25巻』
近藤安月子・小森和子（2012）『日本語教育事典』研究社
村木新次郎（2012）『日本語の品詞体系とその周辺』ひつじ書房
戦慶勝（2013）「『Ｖ＋ナイ＋タメ』・『Ｖ＋ナイ＋ヨウニ』の使い分けについて」Proceedings of the Thirty‐Seventh Annual Meeting of The Kansai Linguistic Society 33. pp.109-120.
益岡隆志ほか編（2014）『日本語複文構文の研究』ひつじ書房

【第3編】
石綿敏雄・高田誠（1990）『対照言語学』おうふう
赵永新（1995）《语言对比研究与对外汉语教学》华语教学出版社
卢福波（1996）《对外汉语教学实用语法》北京语言大学出版社
潘文国（1997）《汉英语对比纲要》北京语言大学出版社
Ｋ・ジョンソン・Ｈ・ジョンソン編（1999）『外国語教育学大辞典』大修館書店
许余龙（2002）《对比语言学》上海外语教育出版社

刘珣（2002）《汉语作为第二语言教学简论》北京语言大学出版社
生越直樹（2002）『対照言語学』東京大学出版会
益岡隆志編（2002）『条件表現の対照』くろしお出版
田中寛（2003）「目的表現をめぐる日中対照研究」『大東文化大学紀要41』pp.359-389
西垣内泰介・石居康男（2003）『英語から日本語を見る』研究社
卢福波（2004）《对外汉语教学语法研究》北京语言大学出版社
小池生夫編（2004）『第二言語習得研究の現在』大修館書店
俞理明（2004）《语言迁移与二语习得》上海外语教育出版社
彭小川・李守纪・王红（2004）《对外汉语教学语法事宜201例》商务印书馆
金立鑫（2005）《对外汉语教学虚词辨析》北京大学出版社
崔永华（2005）《对外汉语教学的教学研究》外语教学与研究出版社
邓云华（2005）《英汉句法对比研究》湖南师范大学出版社
潘文国（2006）《对比语言学：历史与哲学思考》上海教育出版社
吴旭东（2006）《第二语言习得研究》上海外语教育出版社
門田修平（2006）『第二言語理解の認知メカニズム』くろしお出版
白畑智彦（2006）『第二言語習得における束縛原理』くろしお出版
房玉清（2008）《实用汉语语法》北京语言大学出版社
王顺洪（2008）《日本人汉语学习研究》北京大学出版社
岸本秀樹編（2010）『ことばの対照』くろしお出版
耿二岭编著（2010）《汉英对照汉语语法》北京语言大学出版社
白畑智彦・若林茂則・村野井仁（2010）『詳説第二言語習得研究』研究社
戦慶勝（2010）「"为了＋不＋V"・『V＋ナイ＋タメ』型目的節の使用条件に関する対照分析」『鹿児島国際大学大学院学術論集』第2集，pp.11-18.
戦慶勝（2011）「"为了"・タメの目的用法に関する対照分析」『日中言語対照研究論集』第13号，pp.16-31.白帝社
森篤嗣・庵功雄（2011）『日本語教育文法のための多様なアプローチ』ひつじ書房
卢福波等（2012）《对外汉语教学实用语法》（修订本）北京语言大学出版社
戦慶勝（2014）「中国語の"以"類の目的表現と日本語のヨウニの対応・非対応関係」『日中言語対照研究論集』第16号，pp.90-110.白帝社

用例出典

国家语委《现代汉语语料库》
《人民日报》
《人民网》
『CD-ROM 版新潮文庫 100 冊』
『朝日新聞』
『毎日新聞』
『読売新聞』
asahi.com

あとがき

　1978年大連外国語大学日本語学部に入学した当初，中国の大学で日本語を教えたり日本の大学で中国語を教えたりするとは，思いもよらなかった。
　1982年初秋，大連外国語大学の教壇で日本語を教えるようになった。そのときから長い間，如何にして辞書で中国語の"为了""为"と対応関係にあるとされている日本語のタメとヨウニの使い分けを説明するべきかということで頭を悩まされていた。1997年4月から，日本の大学で中国語を教えるようになり，今度は如何にして中国語の"为了""为"と"以便""以期""以求""用以""借以""以防""以免""免得""省得"の使い分けを説明するべきかということで苦労していた。
　第二言語の習得成果は思考の土台である第一言語の習得によって構築された理解能力の如何にかかわっている。つまり，しっかりとした第一言語の基盤がないと，高度な第二言語の運用能力が身につかない。第二言語に関する研究の成否の鍵も第一言語の運用能力にあると思う。つまり，第一言語の意味・構造に関して，ずば抜けた見識があれば，第二言語の研究能力も高くなる可能性があるかもしれない。
　以上のようなことを念頭に置いて本書の執筆を開始した。本書は現代中国語と現代日本語における目的表現のあり方を明らかにしようと試みたものである。序章と終章を除いて，ほとんどすでに中国或いは日本の学術誌に発表したものであるが，全体が統一できるように，加筆・修正を行った。
　中国語の"为了""为"は目的を表す意味・機能のほかに，原因・理由を表す意味・機能を持っている。それと同じように，日本語のタメも目的のほかに，原因・理由を表す意味・機能を持っている。この点においては共通性がみられる。しかし，現代中国語と現代日本語における目的表現の構文的分布はまったく共通しているわけではない。相違点もある。例えば，中国語の"以便""以期""以求""用以""借以""以防""以

免""免得""省得"は接続詞として機能するのに対して，日本語のヨウニは単独で用いることができず，常に他の成分の後について用いなければならない。

　本書の第1編と第2編の議論で，中国語の目的表現と日本語の目的表現について，類義語研究の観点から両言語においての意味論的特徴，統語論的特徴，さらに語用論的特徴を記述し，目的表現に属する語群，特に中国語の目的表現に属する語群がどのような体系をなしているか，その一端を明らかにした。

　本書の第3編では第1編と第2編の個別研究の成果に基づいて，対照研究の観点から中国語の目的表現と日本語の目的表現について照らし合わせた。全容解明に至っていないが，対照研究というアプローチから中国語の目的表現の特質や日本語の目的表現の特質が多少見えてきたように思われる。

　まだ残された問題点が多く，不十分な研究ではあるが，中国語教育や日本語教育に関わりを持つ人，または第二言語教育に携わる人に何らかの役に立てば有難いと思う。本書の言語学的意義と言語教育学的意義は次のようにまとめられる。

Ⅰ．中国語の"为"類の目的表現は可能の意味を表すものを伴う場合を除いて基本的には主節と従属節の主語が同じでなければならない。"以"後置型の目的表現も同一主語の文環境を要求するのである。しかし，"以"前置型の目的表現や本書で「その他の目的表現」として位置づけられた"免得""省得"は主節と従属節の主語が同じでも異なってもかまわない。

Ⅱ．日本語では，目的を表すタメはとりたて詞によってとりたてられた場合を除いて基本的には主節と従属節の主語が同じでなければならない。それに対して，目的を表すヨウニは主節と従属節の主語が同じでも異なってもかまわない。

Ⅲ．肯定形を受けるタメの意味・用法は"为了""为"とだけではなく，"以便""以期""以求""借以""用以"にも対応する。

一方，肯定形を受けるヨウニの意味・用法は"以便""以期""以求"と対応するが，主節と従属節の主語が同じ文環境であれば，"为了""为"にも対応するのである。
　Ⅳ．否定形を受けるタメの意味・用法は"为了＋不"とだけではなく，"以免""以防""免得""省得"と似通う部分がある。また，否定形を受けるヨウニの意味・用法は"以免""以防""免得""省得"とだけではなく，主節と従属節の主語が同じという文環境であれば，"为了＋不"にも対応する。

　本書は鹿児島国際大学の論文出版助成金の交付を受けて刊行されるものである。ここで関係者に衷心より感謝を申し上げたい。

　本書の出版に際して，まず筆者を日本語学・中国語学の世界に導いてくださった山田泉先生，故・初玉麟先生に感謝を申し上げたい。日本語学・中国語学に興味を持つようになったのは，両先生の勧めがあったからである。

　また，30年以上にわたりずっとご教示を賜り，様々な形で研究方法や生きがい等を教えてくださった京都大学名誉教授の渡辺実先生に心からお礼を申し上げたい。

　張麟声先生には幾度となく有益なコメントをいただいた。張先生との出会いがなければ，本書の出版はなかったかもしれない。この場を借りて感謝の意を表したい。

　友人の李長波先生，藤山清郷先生からも言葉に言い尽くせないほどお力添えをいただいた。厚くお礼申し上げたい。そして，30年以上にわたりずっと温かく見守ってくださり，昨年他界された京都大学名誉教授の徳岡善助先生に本書を以ってご報告申し上げる。

　最後に執筆中に他界した母親と今も病床に臥している老父に感謝の意を込めて本書を捧げたい。

　　　　　　　　　　　　2015年年末　鹿児島国際大学研究室にて

初出一覧

第1章　"为"類の目的表現の構文的分布
　　　　「目的を表す"为了""为""为了不"の使用条件について」『中国語研究』第52号，pp.75-85.

第2章　"以"類の目的表現の構文的分布
　　　　「"以"類の接続表現の目的用法について」『日中言語研究と日本語教育』第3号，pp.44-55.

第3章　"免得""省得"の構文的分布
　　　　「"免得""省得"の目的用法について」『中国語研究』第53号，pp.77-88.

第4章　"为"類の目的表現と"以"類の目的表現の役割分担
　　　　書き下ろし

第5章　"为了＋不"と""免得""省得"の使用条件
　　　　書き下ろし

第6章　タメの構文的分布
　　　　『ため』的语意考察《日语学习与研究》2009.3, pp.1-8.

第7章　ヨウニの構文的分布
　　　　「目的を表すヨウニの構文的分布」『鹿児島国際大学国際文化学部論集』第16巻，第3号，pp.199-209.

第8章　タメとヨウニの役割分担
　　　　「『V＋ナイ＋タメ』・『V＋ナイ＋ヨウニ』の使い分けについて」Proceedings of the Thirty - Seventh Annual Meeting of The Kansai Linguistic Society 33. pp.109-120.

第9章　一次的目的表現の対照分析
　　　　「"为了"・タメの目的用法に関する対照分析」『日中言語対照研究論集』第13号，pp.16-31.
　　　　「"为了＋不＋V"・『V＋ナイ＋タメ』型目的従属節の使用条件に関する対照分析」『鹿児島国際大学大学院学術論集』第2集，pp.11-18.

第10章　二次的目的表現の対照分析
　　　　「中国語の"以"類の目的表現と日本語のヨウニの対応・非対応関係」『日中言語対照研究論集』第16号，pp.90-110.

索　引

あ行

アスペクト　73, 77, 78, 79, 80, 83, 86, 87, 127, 133
意義　1, 2, 294, 295, 296
"以"後置型の目的表現　44, 58, 61, 64, 67, 117, 294
意志　35, 63, 139, 140, 143, 185, 186, 260, 261, 279
意志性　63, 64, 65, 140, 143, 149, 155, 157, 158, 162, 177, 181, 187
意志的コントロール　35, 148, 155, 160, 174, 175, 187, 189, 215, 216, 217, 261
意志的な動き　91, 101, 140, 150, 151, 154, 155, 157, 159, 165, 166, 178, 190, 207, 208, 219, 228, 229, 249, 250, 251, 263, 273
意志動詞　65, 66, 67
"以"前置型の目的表現　44, 45, 52, 57, 58, 59, 67, 294
一次的目的表現　1, 2, 4, 5, 50, 88, 150, 227, 233, 247, 253, 254, 265, 273, 291
意味関係　12, 21, 22, 31, 42, 72, 74, 87, 107, 109, 113, 133, 151, 170, 209, 213, 216, 258, 260
意味情報　16, 17, 35, 36, 40, 170, 189, 221, 229, 242
意味素性　55, 80, 142, 143, 145, 181, 227, 228, 232, 239, 245, 250, 275
因果関係　22, 43, 107, 152

か行

受身表現　35, 155, 173, 178, 236, 237, 241
介詞　31, 113, 123, 129
介詞フレーズ　23
仮説　4, 11, 13, 14, 19, 20, 24, 32, 39, 90, 91, 149, 151, 172, 183, 184, 186, 275, 284, 290
カテゴリー化　3
疑問詞　90, 94, 195, 202, 209, 210, 221, 222
疑問文　90, 94, 95, 123, 202, 209, 210, 211, 212, 222
共起　12, 18, 26, 29, 30, 34, 36, 40, 45, 98, 111, 170, 205, 227, 234, 235, 236, 237, 238, 241, 245, 246, 251, 255
共起制限　18, 33, 52, 53, 148, 182, 227, 230, 231, 232, 245, 252
共通する　34, 46, 52, 55, 63, 69, 78, 79, 86, 89, 98, 127, 132, 143, 159, 165, 189, 219, 234, 240, 245, 252, 268, 279
共通点　1, 5, 47, 227, 244, 245, 247, 270, 282
継起関係　93, 96, 102, 122, 124, 126
形式　3, 11, 12, 34, 46, 65, 66, 69, 70, 71, 87, 127, 132, 145, 207, 210, 212, 213, 252, 259
継続中　79, 80, 82, 83, 133
顕在化　51, 133

語彙的意味　17, 55, 100, 113, 139, 142, 143, 149, 169, 170, 178
後件　3, 21, 42, 45, 46, 48, 49, 50, 59, 69, 72, 73, 74, 87, 95, 102, 104, 115, 116, 117, 122, 124, 126, 131, 150, 151, 163, 251, 255, 275
構造　29, 31, 34, 40, 57, 67, 106, 107, 110, 134, 140, 149, 152, 157, 158, 164, 171, 173, 193, 206, 250
構文的条件　11, 19, 40, 65, 66, 71, 72, 73, 74, 76, 83, 86, 89, 90, 91, 98, 107, 109, 114, 115, 118, 120, 121, 122, 124, 130, 135, 140, 166, 174, 186, 193, 195, 196, 201, 202, 209, 210, 211, 217, 218, 221, 227, 232, 242, 247, 250, 264, 265, 274, 275, 278, 282, 284, 286, 287, 289, 290
構文的分布　4, 5, 11, 13, 20, 32, 39, 41, 42, 44, 45, 52, 53, 57, 58, 65, 66, 67, 69, 70, 73, 78, 82, 86, 118, 139, 149, 150, 165, 179, 180, 181, 182, 183, 186, 193, 206, 254, 255, 256, 259, 275, 277
誤用　12, 228, 244, 248, 250, 290, 296

さ行

時間的順序　21, 107, 126
時間の前後関係　91, 93, 94, 102, 107, 108, 110, 111, 114, 115, 123, 124, 126, 127, 128, 213, 214, 215
習得研究　5, 6, 71, 88, 152, 227, 228, 244, 263, 294
主述構造　50, 56, 67, 84, 256, 258
状況可能　260, 261, 267
状況的に可能　18, 185, 186, 192, 260

使用条件　4, 12, 13, 88, 124, 134, 139, 140, 141, 165, 176, 179, 180, 182, 191, 193, 194, 196, 197, 207, 223, 228, 229, 240, 250, 253, 267, 272, 273, 281
叙述内容　125, 127
真偽疑問文　211, 223
生起環境　13, 16, 20, 32, 39, 139, 142
成分　2, 61, 72, 74, 114, 202, 213
制約　19, 31, 169, 175, 179, 215, 221, 235, 273
接続詞　2, 41, 43, 44, 47, 50, 58, 59, 62, 63, 64, 65, 66, 67, 69, 71, 72, 73, 74, 75, 76, 78, 86, 100, 101, 104, 109, 122, 123, 124, 126, 128, 129, 132, 193, 255, 257, 258
前件　3, 21, 42, 48, 49, 59, 69, 72, 73, 74, 87, 95, 102, 104, 115, 116, 117, 122, 124, 126, 131, 151, 163, 251, 275
潜在化　133
相違点　2, 5, 60, 227, 244, 247, 250
束縛　127, 213, 281, 289, 291

た行

対応関係　264, 266, 267, 268, 270, 271, 282, 284
第二言語教育　12, 71, 252, 253, 296
第二言語習得　3, 252, 253, 272, 290
妥当性　4, 19, 24, 91, 167, 176, 179, 233, 275, 290
断定文　93, 157
単文　30, 31, 32, 40, 58, 61, 62, 65, 66, 67, 140, 155, 163, 164, 165, 196, 200, 221

使い分け　135, 180, 193, 194, 195, 196, 206, 209, 223, 227
適格性　55, 218, 249
テンス　152, 153
統語機能　32, 45, 47, 48, 50, 55, 62, 72, 132, 227, 257, 268, 273, 290
統語的　19, 42, 44, 67, 73, 74, 76, 114, 115, 122, 132, 150, 195, 223, 227, 229, 242, 255
とりたて詞　142, 153, 154, 157, 177, 182, 192, 195, 197, 203, 206, 214, 221, 243, 264, 294

な行

二次的目的表現　1, 2, 4, 5, 50, 88, 102, 183, 227, 252, 253, 254, 255, 259, 273, 291, 295, 296
認知　22, 107, 295
能力可能　260, 261, 267, 291
能力的に可能　185, 186, 192, 260

は行

発話　53, 80, 82, 83, 175
反語　94
判定動詞　103, 127
非情物の動き　18, 148
非対応関係　252, 253, 254, 255, 258, 263, 264, 266, 268, 271, 272, 274, 275, 281, 284, 286, 287, 289, 290
品詞分類　4, 71
複文　31, 32, 40, 42, 58, 59, 62, 65, 66, 67, 74, 140, 164, 213
文頭　42, 46, 50, 72, 104, 128, 255, 275

分布　44, 53, 125, 159, 179, 183, 185, 187, 191, 259, 277, 278
分布状況　32, 45, 47, 78, 183, 189, 257, 258, 275
文脈　13, 14, 17, 23, 24, 35, 36, 40, 53, 55, 144, 145, 175, 176, 232, 235, 241, 243, 295
文脈的意味　17, 18, 19, 142, 143, 149
補充疑問文　211, 223

ま行

マーカー　18, 26, 68, 72, 84, 228, 270, 273, 287, 295
未発生　79, 80, 82, 83, 133, 152, 153
目的関係　22, 107, 109, 126, 152
モダリティ　90, 91, 93, 94, 96, 123, 125, 126, 155, 156, 157, 159, 177, 179, 195

や行

役割分担　6, 73, 88, 179, 193, 194, 208, 221, 222, 254, 265, 274, 287
有効性　11, 39, 166, 172, 250

ら行

類義関係　58, 73
類義語　4, 5, 78, 122, 203, 227, 294
類似点　2, 250

わ行

枠組み　2, 73, 88, 122, 124, 167, 195, 206

著者略歴

戦慶勝［Zhan Qingsheng］
1959 年中国大連市生まれ
大連外国語大学日本語学部卒業。大阪府立大学大学院人間社会学研究科（言語文化学専攻）博士後期課程単位修得退学。
大連外国語大学副教授，岡山商科大学助教授を経て，現在鹿児島国際大学国際文化学部教授。博士（国際文化学）

中国語と日本語における目的表現の対照研究

2016 年 6 月 3 日　初版印刷
2016 年 6 月 6 日　初版発行

戦　慶　勝 ―― 著者
佐藤康夫 ―― 発行者
白　帝　社 ―― 発行所

〒 171 - 0014　東京都豊島区池袋 2 - 65 - 1
TEL：03-3986-3271　FAX：03-3986-3272
http://www.hakuteisha.co.jp

モリモト印刷㈱ ― 組版・印刷・製本　　アイ・ビーンズ ― 装丁

Ⓒ Zhan Qingsheng 2016　　　　Printed in Japan ISBN 978-4-86398-233-8
Ⓡ本書の全部または一部を無断で複写複製（コピー）することは，著作権法上での例外を除き，禁じられています。本書からの複写を希望される場合は，日本複写権センター（03-3401-2382）にご連絡ください。